圖說中國 09

明

第二版

主編　龔書鐸　劉德麟

智能教育

圖說天下

前言

以史為鑑，可以思接千載，視通萬里，可以把握中國社會治亂興替的內在規律，可以洞悉修齊治平的永恆智慧。然而，讓人們全面深入地瞭解中國歷史，掌握中國歷史中所蘊含的深層價值，並不是一件容易的事。

上下五千年之中，人物多，事件多，神話與傳說並存，正史與野史交錯，頭緒繁多，內容龐雜。政治、經濟、軍事、中外交往、思想、文學、藝術等各方面的內容，如果未經梳理就雜亂無章地堆積在一起，那麼往往會使讀者一頭霧水。除了典籍史料所承載的歷史之外，文物、遺址、古蹟、藝術作品等等，也同樣反映著歷史的真實性。如何把這些組織在一起，讓讀者能夠清晰明白地去瞭解歷史，感受歷史的真實，無疑成為了編輯出版《圖說天下》的緣起。

《圖說天下》，按照不同的歷史分期，通過新的體例、模式來整合講述中國歷史，涵蓋政治、經濟、軍事、中外交往、藝術、思想、科技、社會生活等方面，以時間為經，以人物和事件為緯，經緯交織，全面反映每一朝代治亂興衰的全部過程。每一個故事都蘊含了或高亢激昂或哀婉悲痛的場景，讓人們重溫那一段歷史，不斷喚起人們內心塵封已久的記憶，與中國歷史再次進行親密接觸，深入地尋繹歷史中所蘊藏的民族智慧，感悟民族精神。隨機穿插的知識花絮、專題和附錄，緊密結合內文，讓知識訊息更為密集，從而營造出一種接近真實的歷史鏡像。

通過文字，可以感受歷史鏡像，而通過圖片，則可以閱讀圖片中的歷史。圖片與文字相互映襯，可以立體反映中國歷史，展示中國歷史文化的源遠流長、博大精深。通過這種結合，使得文字訊息更為生動，更為多彩，使讀者深刻感受中國文化的底蘊，從而產生一種閱讀上的震撼。

在中華民族偉大復興的時刻，在討論榮與辱的時候，閱讀歷史，瞭解歷史，把握歷史，其意義是顯而易見的：歷史是民族復興的內在動力之所在，是榮與恥的感性事例的集中呈現，和理性判斷的一個標準。在不遠的將來，閱讀歷史，瞭解歷史，會成為一種時尚，人們透過歷史，可以感受到真正實現自我價值，尋找到寄托心靈的精神殿堂。

明朝

目次

明朝·6

中國人民大學歷史系 ■毛佩琦教授

明朝

西元一三六八～一六四四年

紅巾軍領袖朱元璋在元末大動亂中脫穎而出，翦滅群雄，於洪武元年（一三六八年）建立明朝，是為明太祖，中經十六帝，至崇禎十七年（一六四四年）滅亡，歷二百七十六年。

明朝實行兩京制度，初以應天為南京（今江蘇南京市），以汴梁（今河南開封市）為北京。洪武三十一年（一三九八年）建文帝即位，第二年明成祖朱棣發動靖難之役，在建文四年（一四○二年）奪得皇帝位，並於永樂十九年（一四二一年）遷都於北京（今北京市）。其後，歷仁宗、宣宗、英宗。正統十四年（一四四九年），明英宗率師北伐瓦剌，兵敗被俘，郕王即皇帝位，是為景帝。景帝任用兵部尚書于謙擊敗瓦剌，迎還英宗。英宗於景泰八年（一四五七年）復辟。其後歷憲宗、孝宗、武宗、世宗、穆宗、神宗、光宗、熹宗、思宗。崇禎十七年（一六四四年）李自成大軍攻破北京，思宗自縊，明亡。

明朝在地方上撤消了行省，設立承宣布政司、提刑按察司和都指揮使司。在中央，明朝初設中書省、大都督府、御史臺。洪武十三年（一三八○年），撤消中書省，廢丞相不設，大都督府分為中、前、後、左、右五軍都督府，皇權進一步加強。

其後歷永樂、洪熙、宣德，逐漸形成內閣制度。內閣參贊機務，但首輔無丞相之名，一切決策取決於皇帝批紅。與此同時，宮中宦官形成以司禮監為首的一套機構，通過錦衣衛、東廠、西廠、內廠等控制各級官員，干預朝政，並利用代皇帝批紅的機會擅行大權，王振、劉瑾、魏忠賢等宦官倒行逆施，為患甚烈。

明朝的疆域不及元朝，但極盛時，北控蒙古，西有西域，東北征服女真，西南管轄西藏，南方建立了交阯郡，其間又有鄭和遠航揚威於海外，號稱「四海咸賓」，實遠踰於唐，而不遜於清。明朝在少數民族地區實行羈縻衛所制度和土

司、土官制度，促進了中華多民族的統一和發展。

明朝取消了元朝的驅口、驅奴制，以黃冊、魚鱗圖冊控制土地人民，使生產力大大增高。明中期以後，社會生產力進一步發展，黃冊制度破壞，在張居正等人的推動下，實行一條鞭法。在農業、手工業中，商品經濟因素日益增加，生產中僱傭關係開始向規模化、組織化發展。

永樂年間，明朝著力向海外拓展，曾派遣鄭和率大規模船隊到海外宣揚國威，最遠到達非洲東海岸。後來明朝長期實行海禁政策，不許民間進行海外貿易。商人為利不惜用武力與朝廷對抗，甚至與倭寇勾結擾害海疆。嘉靖末年，在戚繼光等人領導下，明軍平定倭患。隆慶元年（一五六七年），明朝宣布解除海禁，准許百姓到東、西二洋經商。

萬曆十一年（一五八三年）耶穌會士義大利人利瑪竇來到廣東香山縣，從此開始了西學東漸。以徐光啟、李之藻為代表的知識分子最先接受西學，大量西洋文獻介紹到中國來，中西科學技術合流。中國人開始進一步瞭解世界。

明朝官方支持程朱理學。到明中期，王陽明的心學已成為思想主流，注重人的主體精神，承認人的價值。而王艮為主的泰州學派主張「百姓日用即道」，平民色彩最濃。與此相呼應，世俗生活中頹風熾烈。崇尚金錢，捨本逐末，追逐享樂成為風氣，「三言」「二拍」、《金瓶梅》等市民文學，都在鼓吹人性和自由。知識階層的自我意識更加提高，各種各樣的社團普遍出現，強烈要求參政和干預社會生活。東林黨人和其後的復社成為影響朝政的重要政治勢力。

明朝中期以後，出現了大批流民，逃避賦役，放棄土地，與官府對抗，形成巨大的破壞力量。在城市中市民階層與城市遊惰共同加速了明朝傳統社會結構的解體，整個社會處在轉型時期。崇禎年間，以張獻忠和李自成為首的民間武裝組織成為朝廷的最大威脅。崇禎十七年（一六四四年）李自成軍攻陷北京，明朝滅亡。

從和尚到元帥

●時間：西元一三四四～一三五五年
●人物：朱元璋

元朝末年，政治愈發黑暗腐敗，不堪忍受壓迫的人民紛紛起而抗爭。未來的明朝開國之主朱元璋，在元末中土戰爭中迅速成長。

⊙棄寺投軍

朱元璋（一三二八～一三九八年），生於濠州（今安徽鳳陽）一個貧苦農民家庭，幼名重八。從小幫大戶人家放豬放牛，在飢寒煎熬中成長。由於是家裡最小的孩子，生性又聰明伶俐，父母送到私塾讀過幾個月的書，但終因交不起學費而退學，憑著記性好，也認識了幾百個字。

「永昌等處行樞密院斷事官府印」銅印　明

方體，長方形立鈕。印文為八思巴文字「永昌等處行樞密院斷事官府印」。背面右側陰刻漢字同印文，左側刻「天元元年二月禮部造□日」。為北元時期的珍貴文物。

元順帝至正四年（一三四四年），淮北發生嚴重旱災和蟲災，疾病流行，朱元璋的父母和長兄先後病餓而死。十六歲的朱元璋依靠鄉鄰幫助草草埋葬了親人，孤苦無依，便到附近的皇覺寺當了小和尚。

災情逐漸嚴重，寺中缺糧。不過幾個月，朱元璋被迫出寺，帶著木魚和瓦缽游方化緣，實際與乞討無異。此後三年多，他走遍淮西、豫南一帶，風餐露宿，飽嘗人世艱辛，同時也深刻瞭解民間疾苦，增長了社會見識。至正七年（一三四七年）底，朱元璋回到皇覺寺，自此「立志於學」。

至正十一年（一三五一年），韓山童（舉事前夕被捕遇害）、劉福通領導的元末民間武裝抗爭爆發。次年，濠州出現了一支幾千人的隊伍，為首的是定遠（今安徽定遠）人郭子興。接到同鄉湯和的相邀信後，朱元璋思慮再三，決定還俗從軍，投奔郭子興的隊伍，開始了戎馬生涯。

⊙獨掌大旗

朱元璋入伍後，對陣機智勇敢，又粗通文墨，很快便得到郭子興的注意，由一名普通士兵提升為親兵九夫長。郭子興見朱元璋具有膽略和見地，又受到戰士擁護，覺得前途無量，便把養女馬氏嫁給他。朱元璋的地位更加穩固，軍中都稱呼「朱公子」，這時他正式起名元璋，字國瑞。

不久，朱元璋見軍中各部帥間問題叢生，不是長久之計。於是回到家鄉濠州鍾離暨起大旗，招兵買馬，少年時的夥伴和同鄉徐達、周德興、郭興等人紛紛前來投效，很快便募兵達到七百多人。郭子興非常高興，讓朱元璋帶領這支隊伍，升為鎮撫。通過不斷招撫和收編，朱元璋的隊伍迅速壯大。

至正十四年（一三五四年），為避免與別部摩擦生事，朱元璋帶隊攻占定遠。之後，加緊整編並訓練隊伍，準備南下。

進軍滁州（今安徽滁縣）途中，定遠人李善長來軍中謁見。朱元璋問李善長：「如今四方戰亂，甚麼時候才能太平呢？」李善長回答說：「秦末大亂時，漢高祖以布衣起兵。他為人豁達大度，知人善任，不亂殺無辜，五年便成就了帝業。您是濠州人，離劉邦的家鄉沛縣不遠，只要認真學習這位老鄉的長處，天下可以平定。」朱元璋聽後十分高興，把李善長留在身邊，出謀劃策。這一年，朱元璋攻克滁州。

十五年（一三五五年）正月，為了解決軍糧問題，朱元璋建議攻取和州（今安徽和縣）。郭子興命朱元璋率領張天祐、湯和等將士圍攻和州。

和州攻陷後，將士「暴橫多殺掠，城中夫婦不相保」。朱元璋決定整肅軍紀，誡諭諸將說：「軍無紀律，何以安眾。凡軍中所得夫婦，悉皆還之。」雷厲風行，令行禁止，第二天就將所有被擄的婦女釋放。

此後，朱元璋治軍更加嚴明，禁止官兵殺傷擄掠，因此深得百姓愛戴。

十五年（一三五五年），劉福通把逃匿在碭山夾河的韓林兒（韓山童之子）及其母楊氏迎回亳州（今安徽亳縣），擁立韓林兒為帝，號小明王，建國號大宋，年號龍鳳，定都亳州，立楊氏為皇太后。

三月，郭子興病死，韓林兒任命郭子興的兒子郭天敘為都元帥，部將張天祐、朱元璋為左、右副元帥。不久，郭天敘、張天祐戰死，朱元璋成為大元帥，郭子興的舊部全歸指揮。

朱元璋像

朱元璋是從草莽英雄中湧現出來的帝王。他的成功，就在於很好把握時機，把軍事手段與政治手段緊密結合。

碧玉鏤雕龍紋嵌件　明

玉器，長九．一公分，寬六公分，厚○．八公分，玉料呈碧綠色。嵌件四邊緣鏤雕卷草紋，內開光，在鏤雕水波紋的飾地上凸雕一隻三爪、魚尾的龍。龍昂首，張口，曲身。嵌件四角有孔，應為帶飾。

【大腳皇后】

●時間：元末明初
●人物：馬皇后

朱元璋登基當了皇帝之後，封結髮妻子馬氏為皇后。俗話說：「姑娘腳大，難尋婆家。」馬氏恰恰是個沒有纏足的姑娘。

中國古時一段時間，婦女盛行纏足。受到時代的審美觀念束縛，姑娘從小就把腳纏得小小的，以為只有這樣才會好看。朱元璋的妻子馬氏沒有纏足，眾人都叫「馬大腳」。做了正宮娘娘，百姓暗中稱為「大腳皇后」。

⊙勤學助夫

馬氏的父親馬公是郭子興的好朋友。馬公病故，馬氏無依無靠，郭子興便接回家裡，當作親女兒看待。朱元璋加入民軍後，郭子興見他精明強幹，年輕有為，十分賞識，想收為心腹，便將養女馬氏許配給他。

馬氏聰明伶俐，又有遠見。軍中常有文書往來，馬氏不識字，幫不上丈夫，便暗下決心學習。她時常向人請教，邊認字邊學著寫，時間一長，認識了不少字。馬氏替朱元璋整理保管文書，進而提醒該辦的事情，節省了朱元璋不少精力。

元至正十五年（一三五五年），朱元璋帶領大軍渡江作戰，將士家屬留在和州。馬氏親率留下的將士鎮守，照管家眷，使軍隊無後顧之憂。

紫禁城太和門前的銅獅 明

次年，朱元璋攻下集慶（今南京市），改名應天府，作為根據地，眷屬也遷至集慶。馬氏又帶領婦女為士兵縫補衣衫，製做鞋子。陳友諒率領六十萬大軍兵臨城下，人心惶惶，馬氏把金銀財寶都拿出來，獎賞有功將士，幫助朱元璋鼓舞士氣。

⊙苦心勸諫

平定天下後，馬氏當了皇后，仍然令人每天教導讀書。朱元璋很有才幹，但是主觀武斷，脾氣頗大，容易發怒，輕易受人挑撥。

馬皇后看見丈夫怒責，便假意生氣，命令將人扭送宮正司（管理宮中人役的機構）治罪。朱元璋認為自己就可以懲罰，何必要送宮正司呢？皇后便對他說：「當帝王的不要以喜怒好惡來懲治或獎賞別人。當發怒的時候，容易處罰不當。送宮正司斟酌情況，才能公平處理。」馬皇后苦心規勸，朱元璋少做了許多莽撞事。

李希顏是朱元璋幾個孩子的老師，十分嚴格，不好好學就加以訓斥，甚至體罰。有個小王子調皮搗蛋，李希顏氣急了，在他頭上敲了幾下，他便哭著到父親面前告狀。

金陵第一名勝——莫愁湖

莫愁湖公園位於南京西門外。相傳朱元璋建都後常與開國元勳中山王徐達在園內的勝棋樓下棋。徐達贏了，朱元璋便將勝棋樓和莫愁湖送給了徐達，勝棋樓也因此得名。

朱元璋一聽就生氣，臉色難看。馬皇后忙說：「你幹啥啊？老師教書管孩子，是自古以來的規矩，生甚麼氣呢！」一句話提醒了朱元璋，他撫摸著小王子的頭說：「好啦好啦！以後可得聽老師的話。」

開國功臣宋濂也曾經當過諸王子的老師。洪武十三年（一三八〇年），丞相胡惟庸被殺，宋濂的孫子宋慎也受牽連。朱元璋逮捕宋濂，定了死罪。

馬皇后知道後，對丈夫說：「鄉下人給姪男子弟請個老師很不容易，所以百姓對先生都十分敬重，我們帝王家就更應該這樣。何況宋先生早已告老還鄉，隔得那麼遠，孫子的事情爺爺並不一定知道，不能殺他。」

朱元璋堅持要殺宋濂，馬皇后十分難過。吃飯的時候，她不吃肉，不喝酒，也不說話。朱元璋見她反常，便問：「妳是不是身體不舒服？」皇后回答說：「不是。宋先生要死了，我們沒有按照老師的禮節對待他，只能為他祈禱修福。」朱元璋被打動了，第二天赦免了宋濂的死罪。

⊙最後的勸諫

洪武十五年（一三八二年）秋，馬皇后得了重病，朝廷內外忙著尋求良醫，但她甚麼藥都不吃。朱元璋焦急問原因，她說：「如果吃藥救不了我的命，你會治醫生死罪。」不管明太祖怎樣勸說，她一點藥也不沾唇，寧願病死，也不讓丈夫枉殺一人。

病情很快惡化，臨終時，朱元璋俯身輕聲問她：「妳有甚麼話要說嗎？」馬皇后艱難說：「希望你改改脾氣，求賢納諫，對待功臣善始善終，把子孫教育好，使天下臣民各安其所。」話一說完，她就嚥了氣，死時才五十一歲。

馬皇后死後，滿朝文武大臣為之哀悼，朱元璋也很傷心，從此不再立后。但不久就把妻子臨終的規勸忘得一乾二淨，晚年更加喜怒無常，屢興大獄，肆意殺戮功臣。

徐圖霸業

●時間：西元一三五六年
●人物：朱元璋　朱升

徽州名儒朱升看到朱元璋胸有大志，便給了他三句勸告：「高築牆，廣積糧，緩稱王。」朱元璋遵循這九字箴言，花了整整十年時間，厲兵秣馬，韜光養晦，最終逐滅群雄，一統天下。

⊙朱升獻策

朱元璋於至正十六年（一三五六年）攻占集慶後，東征西討，欲成就帝王之業。此時朱元璋雖有立國安邦之志，卻無如此謀略，聽說徽州（今安徽歙縣）學者朱升飽讀詩書，滿腹經綸，便想向他討教。

銅俑　明

次年，起義軍攻占徽州，朱元璋做的第一件事便是在大將鄧愈的陪同下拜訪朱升，請求朱升出山輔佐，受到婉言拒絕。

無奈之下，朱元璋向朱升請教安邦定國良計，他禮賢下士，胸懷大志，讓朱升留下了很好的印象。念及天下生靈，朱升沉思良久道：「我送您九個字——高築牆，廣積糧，緩稱王。」朱元璋心中豁然開朗，當即拜朱升為中書咨議。

遵循「高築牆，廣積糧，緩稱王」的策略，朱元璋最終傲視群雄，奪得天下。

明朝建立後，朱元璋力圖報恩，召朱升到京城（今南京）修國史。朱元璋因為朱升年紀較大二十九歲，曾說：「朕與卿，分則君臣，情同父子。」

一次戶部呈送貢品，朱元璋見其中有徽州的蓮心菜、馬蹄鱉、清水鰻鱺，一筆勾銷，令不再進貢，並說：「朱升鄉里，應世世霑皇恩也。」

後來，朱升辭官到徽州石門山講學，道德文章聞名遐邇，世人稱為楓林先生。六十多歲在故里建樓時，朱元璋還親筆題寫「梅花初月」之匾賜之。

⊙高築牆，廣積糧，緩稱王

朱升送給朱元璋「高築牆，廣積糧，緩稱王」這九字箴言，預言只要依照行事，便能成就帝王大業。這簡單的九個字，蘊涵著重要的軍事戰略。

「高築牆」，就是要加強軍事防備，鞏固後方。做皇帝的第一步是要把王位坐穩，必須先建築好防禦工事，鞏固地盤，不到時機成熟，不要暴露野心。

朱元璋在很長時間內，都把韓林兒的旗號擺在前頭。攻克南京後，他開始採取「高築牆」的策略，鞏固地盤。南京的城牆堅固而雄偉，大部分都是用花崗石或石灰岩的條石砌成，城磚由優質黏土和白瓷土燒製，磚縫澆灌用石灰、糯米汁（或高粱汁）加上桐油攙和而成的「夾漿」。南京城牆始開城門十三座，有的並建有「藏兵洞」，戰時可供士兵休息和存放軍事物資，這一特殊設施在中國古代其他大城市中極為少見。

要維持長期戰爭，必須有堅實的經濟基礎作保障，所以要「廣積糧」。朱元璋採取一系列措施發展經濟。為發展生產，任命經驗豐富的康茂才為都水營田使，興兵屯田，大修水利。為保證軍餉，採取對「根據地」內交易最為活躍的兩種商品——食鹽和茶葉抽稅的辦法，規定百姓販賣食鹽和茶葉，就要向軍隊交稅，作為軍餉。同時，朱元璋鑄造大中通寶錢，發行貨幣，這樣不僅有了糧食，也奠定了較為紮實的社會經濟基礎。

稱王如果不在實力、威望達到適當程度時進行，就很容易失敗，「緩稱王」，是一種韜晦之計。至正十五年（一三五五年），力量並不強大的朱元璋遙奉紅巾軍首領韓林兒為「大宋皇帝」，以增強在軍隊中的影響力。每年正月初一，軍帳中都要設立御座，向韓林兒拜禮。當時長江中游的陳友諒、張士誠等紛紛稱王，只有朱元璋一直用著韓林兒的「龍鳳」年號，沒有行動。起義軍北伐討元，朱元璋按兵不動，暗中壯大勢力。

至正二十四年（一三六四年）之前，朱元璋一直尊奉韓林兒為帝，北面稱臣，維持著相互呼應的同盟關係。朱元璋認為「倡仁義，收人心，勿貪子女玉帛，天下足定也」，軍隊所過之處，都能夠保持當地社會安定。後來也把仁義作為治國方略，讓農民盡心盡力耕種土地，文人士大夫全心全意奉行仁義道德，商人好好做買賣流通貨物，工匠專心致志提高技藝。

遵循「高築牆，廣積糧，緩稱王」這九字方針，朱元璋營建起一個鞏固的根據地，為奠定日後進一步發展的基礎。

藏兵洞
明代南京古城中華門前後四重，共有藏兵洞二十七個。

鄱陽湖大戰

●時間：西元一三六三年
●人物：朱元璋　陳友諒

朱元璋的勢力向南方發展時，控制著長江中游的陳友諒是主要障礙。這次，這個強大的敵手率六十萬大軍浩蕩而來。

⊙劉基獻計

陳友諒原是徐壽輝軍的部將，後來殺了徐壽輝，自立為王，國號漢。陳友諒占據江西、湖南和湖北一帶，地廣兵多，建立了強大的割據政權。

元至正二十年（一三六〇年），陳友諒率軍沿江東下，進攻應天府，預計吞併朱元璋的據點。朱元璋召集部下商議對策，有大臣認為和漢軍的力量相差太大，不如趁早投降，有的主張退到鍾山死守，也有的主張拚一死戰，如果失敗，再逃不晚。眾人七嘴八舌，議論紛紛，只有新來的謀士劉基站立一旁，一聲不吭。

散會後，朱元璋把劉基單獨留下，問他有甚麼主意。劉基說：「我看那些主張投降和逃走的人都應該殺！」

朱元璋又問他退敵的方法，劉基說：「敵人遠道而來，我們以逸待勞，還怕不能取勝？您多用財物賞賜將士，再用一支伏兵，抓住漢軍的弱點痛擊，打敗陳友諒大有希望。」朱元璋聽了劉基的話，滿心歡喜，兩人又商量一陣，把計策定了下來。

⊙康茂才詐降

朱元璋的部將康茂才和陳友諒是舊識。朱元璋讓康茂才寫信給陳友諒，假裝投降，答應作為內應，要他兵分三路攻打應天，以分散陳友諒的兵力。康茂才又派曾給陳友諒當過差的僕人送信。陳友諒見信非常高興，並未懷疑。

朱元璋派大將徐達、常遇春等分數路在沿江重要關口埋伏，自己統率大軍守在盧龍山，只等陳友諒自投羅網。

陳友諒收信後，親自帶領全體水軍出發，直駛約定地點江東橋。到達後，按約定方法一連喊了幾聲「老康」，沒人答應。陳友諒這才發現上當，急忙命令船隊撤退。

朱元璋見敵人發現中計，立刻發動進攻。霎時間，戰鼓齊鳴，岸上伏兵一起殺出，水港裡的水軍也加入戰鬥。陳友諒突然受到襲擊，幾萬大軍一下子亂了套，殺死和落水淹死的難以計數，兩萬兵士、一百多艘戰船被朱元璋軍隊俘獲。陳友諒在部將保護下，搶了一條小船逃走。

這一仗，陳友諒大傷元氣，朱元璋的聲勢卻更大了。

⊙火燒大軍

陳友諒不甘心失敗，決心報仇。

三年間，陳友諒造了大批戰船。

至正二十三年（一三六三年）春，陳友諒帶領六十萬大軍，進攻洪都（今江西南昌）。朱元璋親自帶領二十萬大軍援救，陳友諒才撤去包圍，把水軍全部撤到鄱陽湖。朱元璋把鄱陽湖出口封鎖，堵住陳友諒大軍，雙方在鄱陽湖上展開決戰。

陳友諒的水軍人多勢眾，戰艦如雲。朱元璋的水軍卻盡是一些小船，論實力比陳友諒要差得多。陳軍巨艦相連，艘船高十餘丈，艦隊成陣，展開達數十里，氣勢逼人。前三天的戰鬥，朱軍大都失敗。

部將郭興對朱元璋說：「雙方兵力相差太遠，硬仗不行，非用火攻不可。」朱元璋採納建議，用七艘小船裝載火藥，每艘船尾帶一條輕快的小船。

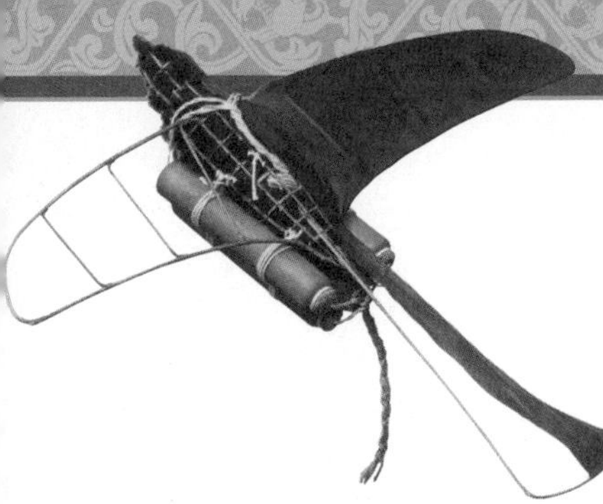

神火飛鴉（模型）　明

長四十五．五公分，寬五十七公分，是明代研製成的一種用竹篾紮成烏鴉形狀的飛彈，其內部裝滿火藥，由四支火藥筒作推進器，可飛三百餘公尺，落入敵營，鴉身火藥燃燒以攻擊敵方。

那天傍晚，正好刮起東北風，朱元璋派敢死隊駕駛七艘小船，乘風點火，直衝陳友諒大船。風急火烈，陳軍戰艦相連，行動不便，大船一下子全部燃燒起來，火焰騰空，把湖水照得通紅。陳軍將士不是燒死，就是被俘。

陳友諒冒死突圍，但左衝右突，均被朱軍擊退。朱軍又用火舟火筏攻擊，血戰十餘小時，陳軍仍無法逃脫。最後，陳友諒被亂箭射死，龐大的艦隊隨之覆沒，朱元璋取得徹底勝利。

鄱陽湖一戰，朱元璋消滅了南方最大的割據勢力，奠定統一的基礎。

鄱陽湖

鄱陽湖水系東、南、西三面環山，中、北部有丘陵、平原，地勢南高北低。當年朱元璋與陳友諒兩軍決戰就在這片水域上展開。

【平江之戰】

●時間：西元一三六五～一三六七年
●人物：朱元璋　張士誠

鄱陽湖之戰後，張士誠部成為朱元璋最大的死敵。朱元璋命徐達為大將軍，一舉擊敗張士誠，攻克平江，盡得蘇、浙、皖，加快了北上滅元的步伐。

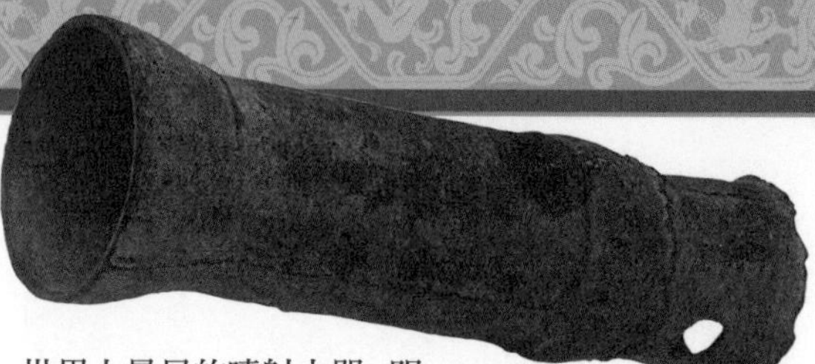

世界上最早的噴射火器　明

在箭支前端縛火藥筒，利用火藥向後噴發產生的反作用力把箭射出去。

元末群雄中，以陳友諒兵力最強，張士誠據地最富庶。鄱陽湖之戰，朱元璋併滅陳友諒。然而，在南達紹興、北抵徐州、西距濠州和潁州的廣大地區，張士誠仍舊是朱元璋最大的敵對勢力。張士誠占據富庶的糧食產地，又有魚鹽之利，人口殷盛，但其人庸碌無為，安逸自居，沒有很大野心。

至正二十三年（一三六三年），張士誠稱吳王。至正二十五年到二十七年（一三六五～一三六七年），朱元璋用「鎖城法」，日夜圍攻平江城，張士誠多次突圍，均被擊回。朱元璋兩次勸降未果，張士誠困守十個月，城破被俘。

⊙興兵討伐張士誠

至正二十四年（一三六四年），朱元璋併滅陳友諒，稱吳王，仍用小明王龍鳳年號。張士誠的東吳與朱元璋的西吳兩吳併立，實力相當，長期爭戰。二十五年（一三六五年）十月，朱元璋盡占長江中游廣大地區，發布討伐文告，興兵征伐張士誠。

朱元璋發兵前，做了周密部署，針對張士誠屬地狹長、中隔長江、南北兵力不便調動的弱點，決定採取先占淮東，再取浙西，斷其兩翼，最後攻取平江的戰略。

東吳地區多是魚米之鄉，張士誠屯兵數十萬，霸據一方，但生性保守，安逸自居，很快便稱了王，部下將領紛紛追逐官位財富，軍心渙散，作戰能力與朱元璋麾下的西吳軍無法匹敵。

至正二十年（一三六〇年）十月，朱元璋命徐達、常遇春率馬步舟師先攻泰州，隨後北進高郵、淮安。濠州曾被張士誠從西吳手中奪去，此時腹背受敵，守將李濟投降。

二十六年（一三六六年）夏，西吳軍盡占江北之地，迫使東吳退守長江以南，取得討張戰役的重大勝利。

八月，朱元璋再派徐達、常遇春率領二十萬大軍進軍浙西。為迷惑張士誠，朱元璋揚言進攻平江（今江蘇蘇州），暗中卻揮軍進圍湖州（今屬浙江）。常遇春攻打湖州，東吳右丞張天騏兵敗堅守。張士誠派司徒李伯昇領兵來援，又急派朱暹、呂珍率兵六萬增援，屯駐湖州城東舊館，被徐達分割包圍。常遇春分兵隔斷舊館與州城的聯絡，張士誠親率精兵援救，在皂林被徐達截擊，兵敗撤回。張士誠再派徐志堅率兵增援湖州，徐志堅戰敗被俘。

九月，常遇春縱火焚燒東吳來援的水軍船械。十月，徐達攻打升山水寨，舊館糧盡援絕，呂珍及五太子投降，湖州四面被圍。十一月，朱元璋遣派大將李文忠率軍進圍杭州，很快，湖州、杭州、紹興、嘉興等地守軍相繼投降。

年底，朱元璋順利占據東吳廣大地區，取得第二場戰役中的重大勝利。朱元璋乘勝追擊，進兵圍攻平江，張士誠退守平江，孤立無援。

架火戰車　　（模型）　明

長一百二十公分，寬五十二公分，高八十七公分。這是一種明代創製的獨輪車裝載火箭的戰車，前有棉簾，需要時可放下擋鉛彈，車兩側設置六筒火箭，計一百六十支，火銃兩支，長槍兩支，由二～三人操作。

⊙合圍平江

朱元璋翦斷張士誠兩翼，再斷兩臂，對平江形成北、西、南合圍之勢。為貫徹圍困平江、攻其腹心的戰略，朱元璋於十一月二十五日完成圍困平江的戰略部署：徐達屯葑門，常遇春屯虎丘，郭興屯婁門，華雲龍屯胥門，湯和屯閶門，王弼屯盤門，張溫屯西門，康茂才屯北門，耿秉文屯城東北，仇成屯城西門，何文輝屯城西北。

十二月，徐達大軍圍困平江，逼迫張士誠投降。松江府、嘉定州於第二年正月相繼投降，平江更形孤立。

圍攻戰延續十個月，張士誠堅持據守。朱元璋大軍在城外構築長圍，搭起木塔，築敵樓三層鳥瞰城中，每層配備弓弩、火銃和襄陽砲，日夜攻擊。張士誠先後兩次突圍均被擊退，困守城中。

至正二十七年（一三六七年）九月，徐達率部攻入葑門，常遇春率部攻入閶門，潘元紹等將領投降，東吳軍潰。徐達旋即攻入平江城，張士誠及副樞密劉毅率餘部殘兵巷戰失敗，退入內城，張士誠被西吳軍俘獲，東吳政權傾覆。張士誠押往應天府，後自縊身亡。

朱元璋採取長期圍困的「鎖城法」，使得已成孤城的平江陷於糧盡兵疲、束手待斃的困境，最終攻破。朱元璋攻占平江，盡得蘇、浙、皖，為北上滅元奠定雄厚基礎。平江失陷結束了張士誠軍隊的抵抗，二十五萬久經戰陣的士兵投降，使朱元璋得以進一步充實兵力，南征北伐。平江城在朱元璋的統治下，苛捐雜稅繁重，吳民苦不堪言。

明軍攻克大都

朱元璋於洪武元年（一三六八年）稱帝以後，命令明軍繼續北伐，山東、河南等地都已經被明軍占領，攻下元大都已是指日可待。

●時間：西元一三六八年
●人物：徐達　常遇春

⊙大軍北伐

元至正二十七年（一三六七年）十月，平定張士誠之後，朱元璋命徐達為征虜大將軍，常遇春為副將軍，率主力部隊北伐中原。朱元璋為北伐制定了戰略，同時戒諭將士保持軍紀，並發布檄文，提出「驅逐胡虜，恢復中華，立綱陳紀，救濟斯民」的民族戰爭口號，保證大軍所過之處秋毫無犯，以爭取北方人民的支持。

洪武元年（一三六八年）四月，為佈置攻克元大都（今北京）的戰略路線，朱元璋從應天來到汴梁。

六月，朱元璋召集徐達等將領議事。在當時的形勢下，朱元璋認為必須停止西進，乘勝迅速揮師北上，攻取元大都，同時防止在山西的元軍將領擴廓帖木兒和在陝西的元軍將領李思齊聯合對付明軍。大將軍徐達也說：「元大都已經沒有後援，現在攻打這座孤城，一定能夠攻克。」

朱元璋制定了具體的進軍策略和路線。徐達又提出擔心元順帝北逃，朱元璋則有意為順帝留出一條去路，認為把元順帝逐出塞外後，可以減少抵抗，攻占大都便可宣告元朝覆亡，然後再掃平各地殘敵。

徐達會合各地軍隊，率幾十萬大軍以馬、步、舟三路齊發，沿運河北上。大軍抵達德州，與常遇春、張興祖等會合。接著，徐達軍攻破長蘆、青州，到達直沽。常遇春、張興祖各率水軍，在河東西兩路齊進，步兵和騎兵在陸上行軍。

元丞相也速在海口（今天津）設防，看見明軍的氣勢，望風喪膽，軍

明代修建的嘉峪關

士一時奔逃潰散，元都上下大為震驚。

徐達大軍水陸並進，到河西預備，打敗元平章俺普達朵兒，擒獲三百多人。徐達進兵通州，駐紮在通惠河東岸，常遇春駐紮在西岸。

⊙攻取通州城

通州是元大都的東部門戶，也是交通要道，要進攻大都，首先必須攻下通州。

金製酒具　明

通州由元將五十八國公率領嫡系精兵敢死隊堅守。

在攻取通州的戰略上，大多數主張強攻，指揮郭英卻主張設伏兵，誘敵深入，以求智殲。他說：「我軍遠道而來，敵人以逸待勞，攻城對我軍不利，宜出其不意攻之。」

第二日大霧，郭英以千人埋伏道旁，親自率精騎三千直攻通州城下。元將五十八國公率萬餘敢死隊迎戰，從兩翼包抄。雙方激戰許久，明軍佯裝不敵，節節敗退，元兵乘勝追擊，緊咬不放。這時突然伏兵四起，元軍陷入徐達佈置好的軍事「口袋」中，被分割包圍，全部殲滅，擒獲元將卜顏帖木兒。

徐達於閏七月二十七日率諸將入通州城。通州大捷，徐達消滅元大都主力部隊，占據了通州這一戰略要地。元順帝聽說通州陷落，驚恐萬分，認為大都也不能保全，召集后妃太子商議避兵北逃。

⊙元順帝出逃

通州城失守後第二天，元順帝在皇宮召群臣會商。當時大都又一次遭到孛羅帖木兒和擴廓帖木兒之變，民生喪亂，不設守備，元順帝歎息道：「今日豈可復作徽、欽！」決定北逃。

左丞相失列門、知樞密院事黑廝等人勸說固守京城，順帝堅決不聽，下令淮王帖木兒不花監國，丞相慶童留守。

當夜三更，元順帝攜太子、諸妃等，倉皇逃出健德門，北逃上都。

八月二日，徐達率數十萬大軍在大都齊化門外列陣，命將士填壕登城而入。徐達登上齊化門樓，監國淮王帖木兒不花、太尉中書左丞相慶童、平章迭兒必失朴、賽不花、右丞相張康伯等均處死。

大軍入大都城，獲宣府、鎮南、威順諸王子六人，搜繳玉印二枚、成宗玉璽一枚。徐達下令封存府庫、圖書、珍寶以及宮城諸殿，設兵守護。

大都城陷落，宣告元朝統治結束。朱元璋改大都為北平，意在平定北方，仍以應天為都城。

剝皮實草懲貪吏

●時間：西元一三七五～一三九七年
●人物：明太祖　郭桓

明朝開國皇帝朱元璋以重典治吏，但由於沒有掌握問題產生的根源，雖見效於一時，卻無法真正遏制貪污腐敗此後的發展和蔓延。

⊙重典治吏

和以往的帝王不同，明太祖朱元璋出身社會底層。在那些四處流浪的日子裡，朱元璋見過眾多州縣官吏魚肉百姓，貪財好色，飲酒廢事，漠視民間疾苦。如今做了皇帝，當然要嚴立法禁，對官吏貪污蠹害百姓的事情，決不寬恕。

作為一國之主，朱元璋分析了元朝敗亡的教訓，清楚認識綱紀廢弛，官吏放縱，使得社會問題叢生，衝突不斷，是最終導致動蕩不安、元朝崩潰的動因。為此，他極力主張「立國之初，當先正綱紀」，用重典懲治「奸頑」。

洪武三十年（一三九七年），《大明律》正式頒行。《大明律》沿用唐律「六贓」的規定而略有改動。所謂「六贓」即：監守盜、常人盜、受財枉法、受財不枉法、竊盜和坐贓。其中，以「監守盜」取代唐律中的「受所監臨財物」，加強對官吏利用職權侵吞國家財產、挪用公款等貪污犯罪的懲罰。

大彬款提樑壺　明

這件紫砂壺是傳世大彬壺中最完美的一件作品。壺高二十．五公分，口內徑八．三公分，刻款「大彬」。壺的外觀呈紫黑色，提樑特別高大，拱起如長虹臥波。

為了加強威懾力量，明初反貪刑罰手段之殘忍，令人毛骨悚然。在集中反映重典懲貪思想的三編《大誥》和《大誥武臣》中，朱元璋把廢棄多年的肉刑重新納入法規，包括挑筋、去膝蓋、閹割等三十多種酷刑。

⊙剝皮酷刑

三編《大誥》和《大明律》一起，構成了明初以嚴刑酷法整頓吏治的法制體系。其中最令人髮指的，就是朱元璋創立的「剝皮實草」之刑。凡貪污六十兩以上白銀的官員，即砍

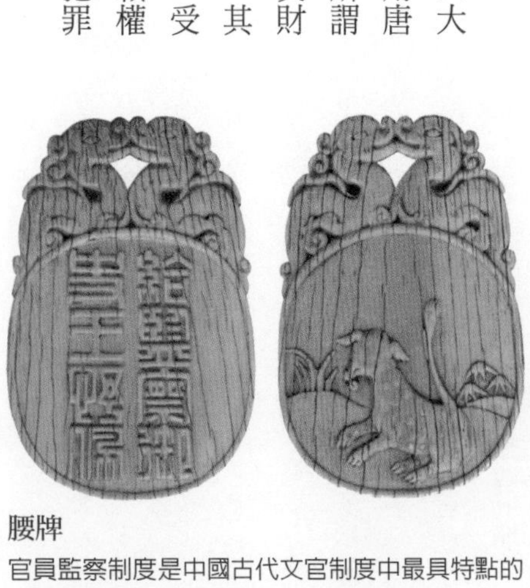

腰牌

官員監察制度是中國古代文官制度中最具特點的內容。圖為明代監察御史的象牙腰牌。

延伸知識

朱元璋殺婿

朱元璋對貪官污吏不僅嚴懲不貸，而且執法嚴明，鐵面無私，即便是親屬違法，也絕不留情。

明代初年，為了有更多的戰馬保衛邊疆，明政府確定了以陝西、四川茶葉與少數民族交換馬匹的政策，並在洮州、河州等地設立了茶馬司專門管理，禁止茶葉走私。但由於利潤豐厚，不少商人不顧禁令販賣私茶，一些邊鎮守官也參與其中，朝廷的茶馬互市受到很大衝擊。

洪武三十年（一三九七年），明太祖朱元璋下決心遏止茶葉走私之風。派遣官員四處巡查，並宣布對偷運私茶出境與關隘失察者都將處以極刑。儘管如此，還是有人走險作案。

附馬都尉歐陽倫是朱元璋的女兒安慶公主（為馬皇后所生）的丈夫，自恃為皇親國戚，無視朝廷禁令，多次派手下到陝西偷運私茶，然後販出境外，牟取暴利。這年，歐陽倫指使陝西地方官吏在民間徵調車輛和工人為他前往河州運送私茶。這支販茶大軍一路不斷向茶農小商敲詐勒索，臭名遠颺，最後終於被一個小吏告發。朱元璋堅持按國法辦事，下令將歐陽倫賜死，陝西一干知情不報的官員和歐陽倫的幾個家奴也一併處以死刑。

頭示眾，並剝皮實草。

所謂「剝皮實草」，就是在各州縣設立的「皮場廟」內，當眾剝下貪官的皮，然後以稻草填之，製成人皮草袋懸掛在官府門前，旨在令官吏怵目驚心，不敢以身試法。

朱元璋對自己制定的法律，帶頭實行，甚至將「剝皮實草」的酷刑用在公、侯一級官吏的身上。永嘉侯朱亮祖出鎮廣東時，收受賄賂，貪贓枉法，強迫番禺知縣道同釋放犯法的土豪和親戚，誣告道同致死。朱元璋得知後，將朱亮祖處死，把其爪牙及子姪剝皮懸掛在大堂房樑之上或鬧市顯著位置，夜間任由野獸來食，以為警戒後世。

⊙全民反貪

為了將監察貪污腐敗的權利推行到民間，朱元璋立法規定，普通百姓可以將貪官污吏「綁縛赴京治罪」，各關卡都要放行，不得阻擋。如有阻擋者，一律處死，甚至還要株連九族。

洪武十八年（一三八五年），蘇州府常熟縣長官顧英財政吃緊，遂巧立名目，害民取財，致使民怨沸騰。鄉民陳壽六家僅有的口糧和來年的種糧被顧英的爪牙搜刮殆盡，陳壽六忍無可忍，趁顧英喝醉將其身邊的衙役打昏，連夜押送顧英離開常熟縣。陳壽六把朱元璋當年剛剛發布的反貪法律《大誥》作為護身符，隨身攜帶，沿途官吏不敢阻攔。

陳壽六將顧英押送到京後，朱元璋把顧英打入大牢，賞賜陳壽六及其同伴錢財和衣服，並免除他們的雜役。陳壽六等人離京後，朱元璋專門發布諭令警告地方官吏：膽敢對類似陳壽六者打擊報復者，一律處死，株連九族。

⊙空印案

朱元璋嚴法懲貪的良好初衷，卻因為量刑過重，變成一場社會浩劫。貪官固然應受法律制裁，但因連坐慘

西安的鐘樓外貌

鐘樓位於西安城中心東、西、南、北四條大街的交會處，初建於明洪武十七年（一三八四年），通高三十六公尺，樓體為重簷複屋四角攢尖頂的木質結構。鼓樓在鐘樓西北二百公尺處，比鐘樓早建四年，通高三十三公尺，樓體呈長方形，是歇山頂重簷三滴水木構建築，用青磚砌築。

遭殺戮的蒙冤者更是人數眾多。僅「空印案」和「郭桓案」，遭到牽連的就有數萬人。

空印案發生在洪武八年（一三七五年）。朱元璋在戶部視察時，發現有些空白賬冊上蓋有官印。朱元璋質問為甚麼用空白賬冊進行結算，結算的憑據在哪裡？

戶部司官解釋說，因為疆域廣闊，有些偏遠地方距京城幾千里，各地布政使司計吏（即現在的會計）往返奔走對帳，難免過於勞頓，而且耽誤時間，因此便事先持蓋有官印的空白賬冊，遇有戶部駁回，隨時填用。空白賬冊蓋有騎縫印，不能作別的用途，因此戶部從不干預，已成慣例。此為明初沿襲元朝之舊習。

朱元璋並不認同。他認定這種做法是地方官吏和戶部勾結舞弊、貪沒銀兩的伎倆。因為依照明初的財政政策，每年各布政使司、府、州、縣均需派遣計吏到戶部，呈報地方財政的收支賬目及所有錢穀之數。府與布政使司、布政使司與戶部的數字必須完全相符，稍有差錯就必須重造賬冊。而使用空白賬冊正好可以規避這一制度。

朱元璋立即著手調查，下令朝廷考校錢穀書冊。同時下旨，自戶部尚書至各地掌管令印者一律處死，其餘相關人員杖刑一百，充軍邊地。明初著名政治家方孝孺的父親方克勤，雖然遭人誣陷正被流放，也難逃酷刑，在千里以外的邊陲被行刑殺害。

⊙郭桓案

郭桓案是朱元璋在位三十年中最大的一起貪污案。郭桓原為戶部侍郎，洪武十八年（一三八五年）三月，御史余敏、丁廷舉告發北京承宣布政使司、提刑按察使司官吏李彧、趙全德等人與戶部侍郎郭桓、胡益、王道亨等勾結，貪污舞弊，吞盜官糧。朱元璋立刻命令司法部門依法嚴查。隨著調查深入，禮部尚書趙瑁、刑部尚書王惠迪、兵部侍郎王傑、工部侍郎麥志德等高級官員和許多布政使司的官員都牽扯到案件中。經調查發現，這些官員不僅侵吞寶鈔金銀，並貪污稅糧及魚鹽等，折合糧米二千四百多萬石。朱元璋勃然大怒，下令將趙瑁、王惠迪等人棄屍街頭，郭桓等六部侍郎及各地方布政使司以下官員有上萬人處死。供詞中所牽連到的各布政使司官吏，數萬人以貪污罪打入大獄。各地捲入這個案件的下級官吏、富豪抄家處死的不計其數，株連之人遍天下。

金爵、金盤　明

⊙積重難返

朱元璋「重典治吏」的政策對肅整吏治、緩和社會問題有一定的積極作用。但是，依託王權與專制制度，嚴法整治貪官贓吏，只可收一時之效，無法從根本上杜絕貪腐。隨著時間的推移，起初的威懾作用大大削弱，最後只好不了了之。朱元璋哀歎說：「我欲除貪贓官吏，卻奈何朝殺而暮犯。」

細究之下，明朝官員的薪俸太低，是貪沒不斷的一個重要原因。與其他各個朝代相比，明朝官員的俸祿是最低的。封疆大吏、各省官員每年的俸祿是五百七十六石大米，逐級遞減，到七品知縣每年僅九十石大米。同時，官員的開銷卻很多，除了養活妻兒老小，還要負責幕僚、婢女、小廝的開銷，加上招待往來客人、晉級考覈和上京朝覲等，更是微薄的俸祿難以支撐的。

隨著官僚集體的膨脹，整個官僚集團以貪污挑戰皇帝的權威，俸祿外收入已經成為官場公開的祕密。各級官僚以不同名目、按不同數量收受財物，正式的俸祿制度名存實亡。明中後期，貪污到了普遍、公開甚至合法化存在的程度，從帝王以下，宗藩外戚、宦官權臣、將帥督撫、知府縣吏，甚至衙役小吏，幾乎無人不貪。此時的明朝，早已變成貪污大朝，等待的只有自取滅亡了。

歷史詞典

大明寶鈔

大明寶鈔是明代官方發行的紙幣。洪武初年，市面上流通的貨幣多為銅錢「洪武通寶」。由於缺乏銅料，銅質貨幣遠遠不能滿足市場的需要。為此，洪武八年（一三七五年）三月，朱元璋下令印製「大明寶鈔」與銅錢並行，以紙幣為主，銅錢為輔。

大明寶鈔用綿紙印製，高一尺，闊八寸。寶鈔正面：外用墨蘭周界，界內上端橫書「大明通行寶鈔」，下有龍文欄界。中一橫墨線，界為兩方。上方橫書「壹貫」兩大字。兩旁篆書「大明寶鈔，天下通行」八字；下方細書七行「中書省奏准，偽造者斬，告捕者賞銀二百五十兩，仍給犯人財產。洪武年月日」。寶鈔背面：下截為花文欄，界內橫書「壹貫」兩大字。上截空處有一朱印。鈔分一貫、五百文、四百文、三百文、二百文、一百文六等，形制並同，惟橫書字各如其數。

由於當時政府禁止用銀，而大量發行寶鈔，導致寶鈔很快貶值，流通受阻。至十五世紀中葉，市面已很少使用，到了嘉靖元年（一五二二年），正式停用寶鈔。

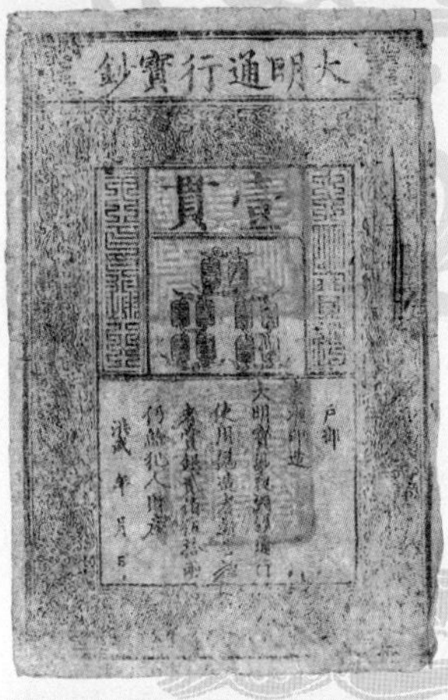

明代官服

明朝從蒙古貴族手中奪取政權，對整頓和恢復禮儀非常重視。明朝廢棄了元朝服制，並根據漢族人的習俗，上採周漢，下取唐宋，對服飾制度作了重新規定。這套服制的規定，先後用了約三十年的時間，直到洪武二十六年（一三九三年）才基本確定。

明代文武官員的冠服有朝服、祭服、公服和常服等。對於各種服飾的樣式和尺寸、衣料、帽飾、色彩及其靴履，都有嚴格的制度規定。唐宋以來，龍袍和黃色就為王室所專用。百官公服自南北朝以來以紫色為貴。明朝因皇帝姓朱，所以以朱為正色，又因《論語》中有「惡紫之奪朱也」之句，因此紫色從官服中廢除不用。一至四品用緋色，五至七品用青色，八至九品用綠色。

△帶扣

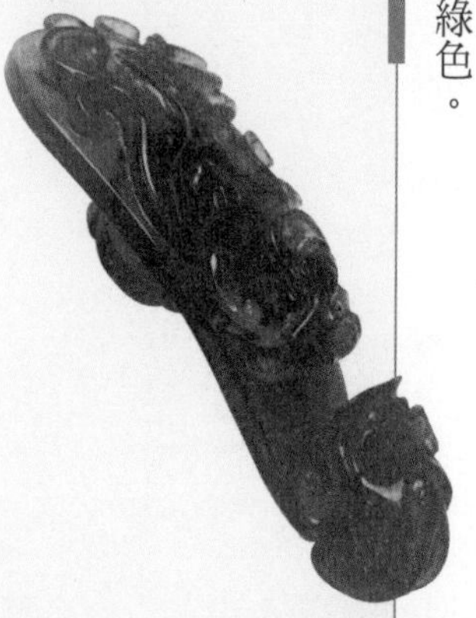

△帶鉤

裝在革帶的頂端用以束腰，同時也是一種裝飾，製作十分精巧。

▷將官甲冑穿戴展示圖

明代軍戎大體與宋、元時期相同。盔、甲、護臂等全副武裝，材質大多採用鋼鐵。甲冑以衣身長短和甲片形制取名，有魚鱗甲、圓領甲、長身甲、齊腰甲等。頭盔大體分為三類，便帽式、可插羽翎較高的缽體式和尖頂形。

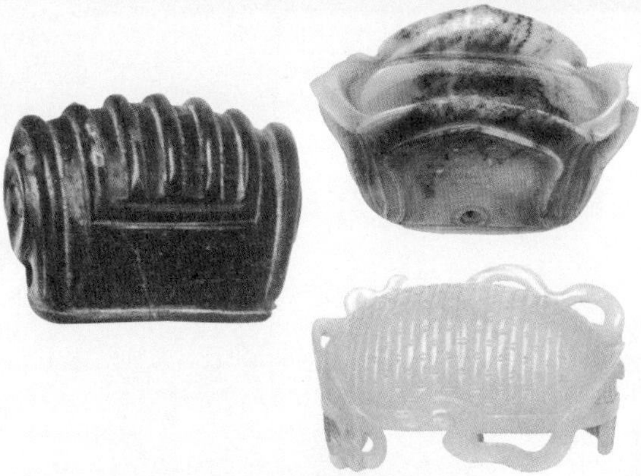

▲玉製束髮冠

束髮是早自商周以來漢族男子的傳統髮式，即將頭髮全盤到頭頂，民間男子只用簪子插髮加以固定，或在髮髻處加包巾裹髮。官員士紳則用束髮冠，罩於髮髻之上，中間用簪穿過髮髻以固定。

▶戴烏紗帽、穿盤領補服的明朝官吏

◀烏紗帽

明代官員的主要首服沿襲宋元襆頭而稍有不同。皇帝戴烏紗折上巾，帽翅自後部向上豎起。官員朝服戴展翅漆紗襆頭，常服戴烏紗帽。官員穿朝服時所戴的梁冠、冠上的梁數及所佩的腰帶也是等差分明。

▶官吏常服

官吏常服為一種盤領窄袖大袍，胸前和後背綴有一方補子，織繡紋樣文官用飛禽，武官用走獸。文官一品用仙鶴，二品用錦雞，三品用孔雀，四品用雲雁，五品用白鷴，六品用鷺鷥，七品用鸂鶒，八品用黃鸝，九品用鵪鶉；武官一品二品用獅子，三品四品用虎豹，五品用熊，六品七品用彪，八品用犀牛，九品用海馬。御史用獬豸。

傳奇軍師劉伯溫

●時間：西元一三六〇～一三七五年
●人物：劉伯溫

劉伯溫輔佐朱元璋建立帝業，功勞卓著。洪武初年，他雖然不居高位，且退身以自保，但仍未能得到善終。

⊙歸附朱元璋

劉基，字伯溫，浙江青田人。劉基出身官僚世家，從小博覽儒家經典、歷史著作和用兵打仗的書籍。劉基在元朝中過進士，曾擔任江西高安縣丞等小官職，後來升任江浙行省元帥府都事。為官清廉正直，但在極端腐敗的元末社會，正直守法者很難得到重用，才高之士處處受到排擠。經過官場上的三起三落，對元朝心灰意冷的劉基開始冷靜思考將來的出路。

至正十八年（一三五八年），朱元璋攻下婺州（今浙江金華）。為了鞏固新生政權，朱元璋迫切需要地方力量的支持，但當地名門望族葉琛、章溢和劉基等人都躲在山中結寨自保。朱元璋早就仰慕劉基的才學，派人請他出山。

至正二十年（一三六〇年）三月，劉基到達應天，宋濂、章溢、葉琛（都是浙江人）也相繼歸附。朱元璋非常高興，特意開闢「禮賢館」安置四人，常常與他們議論經史和治國平天下的方針政策。

⊙初顯鋒芒

當時朱元璋的力量不大，為了緩和各支紅巾軍之間的衝突，防止樹敵過多，他沿用小明王韓林兒的「龍鳳」紀年，在官邸裡供著韓林兒的牌位，每逢過年便帶領文武官員參拜。

有一次，朱元璋和大臣向韓林兒牌位行禮，劉基卻站在一旁不動。朱元璋問他原因，劉基說：「韓林兒不過是個放牛的小孩子，為何拜他？主公應該立志平定天下，怎能屈居他人之下呢？」

朱元璋說：「我早有這樣的想法，但具體應該怎麼做呢？」朱元璋的對手，左有陳友諒，右有張士誠。劉基分析說：「張士誠胸無大志，只想保住既得利益，不足為慮。我們最主要的威脅來自陳友諒，他占據長江

劉基廟

上游，擁有精兵巨艦。我們先集中力量除掉陳友諒，平定上游，張士誠勢單力薄，就更容易剷除。然後再揮軍北上，平定中原，主公的王業就成功了。」朱元璋聽罷，十分讚賞劉基的才識膽略。

至正二十年（一三六〇年）五月，陳友諒攻陷太平（今安徽當涂），揮軍東進，氣焰囂張。朱元璋召集眾將商量對策。劉基說：「陳友諒自恃兵多將廣，驕橫輕敵，一定會長驅直入。主公可誘敵深入，於險要處設下埋伏，等陳軍進入伏擊圈後，殲其數部，全線即可土崩瓦解。」朱元璋採用劉基的戰略戰術，把陳友諒打得大敗而逃。

後來鄱陽湖一戰，陳友諒徹底潰亡。隨後，朱元璋東取張士誠，北伐中原，成就帝業，基本上是按照劉基的戰略構思實施的。

⊙拒做丞相

朱元璋稱帝後，大封創業功臣。朱元璋是淮河流域人，跟隨起兵成為王侯和朝廷重要官員的，絕大多數是這一帶人。這些人因為地理和親緣關係，漸漸形成以左丞相李善長為首的淮西集團。

劉基是開國元勳，可是淮西集團見朱元璋信任劉基，非常嫉妒，常在朱元璋面前說劉基的壞話。朱元璋封劉基為誠意伯，歲祿二百四十石，是伯爵中最低的，李善長卻封為韓國公。

一次，朱元璋把劉基召進宮裡，對他說：「有人上書彈劾李善長，我也想撤換他，先生以為

藍釉美人圖製硯屏　明

硯屏是豎立在硯的背後，以阻擋塵埃的用具。流傳至今的硯屏則以觀賞用的居多，材料有漆製、陶瓷、象牙等。

延伸知識

惠山泥人的傳說

無錫惠山泥人是明代享有較高聲譽的民間泥塑，具有造型飽滿、形態生動傳神、色彩鮮豔明亮的特點。

關於惠山泥人，還有一段傳說。相傳洪武年間，有一次軍師劉伯溫上朝啓奏說：「臣夜觀天象，發現無錫龍山（今惠山）有龍脈龍氣，恐怕要出三斗三升芝麻多的文官和三王十八將，與朝廷為敵。」朱元璋一聽大驚，便問如何是好。劉伯溫説陛下不用擔憂，待臣先到無錫龍山查看再做定奪。

劉伯溫來到無錫，登上了龍山，他抓起一把泥土，隨手一捏，便黏成了一個泥團。他看著手中的泥團，有了主意。於是立即吩咐部下廣告龍山百姓說：「天子深知民間疾苦，特派軍師前來龍山察訪，現在發現龍山泥土可以捏成泥人販賣，無錫人將永世享受不盡。」

劉伯溫又招來一些能工巧匠，用泥土捏成了許許多多頭戴朝冠、身穿朝服、腳登朝靴的文官武將，這樣便破了龍山文官武將與朝廷為敵之説。於是無錫的百姓學會了捏製泥人，惠山泥人也逐漸有了名氣。

今天，惠山泥人享譽中外，成為著名的手工藝品。

如何？」劉基連忙說：「善長是陛下舊人，又有功勞，能調和諸將，萬萬撤換不得。」

朱元璋說：「他多次想要害你，你為甚麼還替他說好話呢？我看你既有大功，又忠心誠實，可以取代他當丞相，怎麼樣？」劉基一聽，嚇出一身冷汗，連忙跪下說：「這使不得，換丞相如同換房屋的大樑，得用大木頭，假如用小木做大樑，要不了多久，房子就會倒塌。」

朱元璋說：「那麼你看楊憲行不行？」劉基和楊憲關係密切，他怕朱元璋是在試探他，又覺得楊憲不適合當丞相，便說：「楊憲有做丞相的才能，卻沒有做丞相的器量。丞相得不偏不倚，用一個標準衡量一切，這點楊憲做不到。」

朱元璋又問：「汪廣洋行不行？」劉基回答說：「汪廣洋偏狹淺薄，還不如楊憲。」

朱元璋又問：「那麼胡惟庸呢？」劉基說：「胡惟庸是個小牛犢，用牠駕車，會把車弄翻，用牠拉犁，會把犁弄壞。」

朱元璋見劉基不認同，便說：「我的丞相，沒有比先生更合適的了。」劉基忙說：「我這人嫉惡如仇，又沒耐性處理繁雜的事情，若做丞相，恐怕辜負了皇上的信任。其實天下有的是人才，只要皇上能多留意尋訪。不過目前這幾位，確實沒有一個合適的。」

⊙官場紛擾難容身

洪武元年（一三六八年）六月，朱元璋到汴梁（今河南開封）巡視。劉基時任御史中丞，主管稽察文武大臣不法之事。李善長的部下李彬貪贓枉法案發，劉基立即把李彬拘禁。李善長一向非常器重李彬，三番五次向劉基求情。劉基知道淮西勢力不易處理，便向汴梁朱元璋請示，得到批示之後，便把李彬正法。

朱元璋回到南京，李善長立即告狀。因為有皇帝的意旨，李善長不敢說劉基殺李彬不對，只說他專斷獨行，在祭壇下殺人，對上天不敬。淮西集團的文臣武將紛紛落井下石，朱元璋覺得事情不好善後。恰好劉基因妻子病逝請假回家，朱元璋乘機同意他回到原籍。

劉基一走，淮西集團非常得意，引起朱元璋的疑慮。這年冬天，朱元璋召回劉基，賞賜財物，追封他的祖父和父親，並多次想為他晉爵。劉基知道朝廷中淮人林立，晉爵只能招來禍患，再三謝絕。

琺琅纏枝蓮紋象耳爐　明

⊙難逃劫難

劉基回青田後，仍時常上章問候朱元璋的起居情況，朱元璋有事也經常請教劉基。

在浙江和福建交界處，有個兩不管的地方，叫做淡洋，盜賣私鹽的人都躲在這裡。官吏怕上司責難，隱瞞不報。劉基知道後，讓大兒子劉璉直接向朱元璋報告，請求設立巡檢司。

當時的左丞相胡惟庸指使同黨官吏誣告劉基，說淡洋這個地方有王氣，劉基想占據淡洋建造墳墓，當地百姓不同意，他就請朝廷在那裡設巡檢司。朱元璋雖然不太相信，但聽說劉基想在有王氣的地方建造墳墓，心裡很不自在，加上胡惟庸在一旁煽惑，更生疑心，便把劉基的俸祿取消。

劉基趕到南京謝罪，朱元璋寫詩給他：「冽冽北風吹倒人，乾坤無地不生塵。」意思是說，凜冽的寒風能把人吹倒，天下哪裡沒有塵埃呢？你得留心，已經有人說你壞話了。

這時正逢梅花傲雪，競相怒放。劉基便寫了一首梅花詩呈給朱元璋。

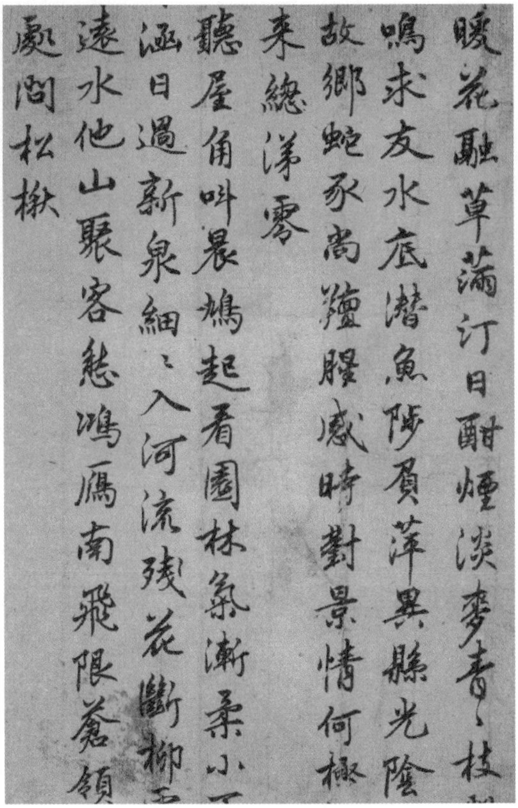

楷書七律詩冊　明　劉基

詩中說：「我家洗硯池邊水，朵朵開來點墨痕，不要枝頭好顏色，只留清氣滿乾坤。」意思說，我在家裡只是寫字作畫，並不追求榮華富貴，只想讓世人知道我有清白的氣節就夠了。

朱元璋看了劉基表白心事的詩，知道他確實沒有野心，就放心了，但還是把他留在京城裡。

洪武八年（一三七五年）初，劉基病死，享年六十五歲，謚文成。二十三年（一三九〇年），朱元璋頒誥，令劉基子孫世襲誠意伯爵祿。

梅花紋銀杯　明

開國文臣之首宋濂

●時間：西元一三一〇～一三八一年
●人物：宋濂

宋濂是元末明初有名的大儒，以文學見長，與劉基、高啓並列為明初詩文三大家，官至翰林學士，並主持編修《元史》，朱元璋尊為「開國文臣之首」。

宋濂（一三一〇～一三八一年），字景濂，號潛溪，浦江（今浙江義烏）人。中國古代文學史上，宋濂與劉基、高啟並列明初詩文三大家。

元至正二十年（一三六〇年）三月，宋濂被朱元璋聘入應天禮賢館。朱元璋稱帝後，任命宋濂為文學顧問、江南儒學提舉，授太子經師。洪武二年（一三六九年），宋濂奉旨修《元史》。後朱元璋欲殺宋濂，皇后及太子力保，他才得以倖免，但仍遭貶官。洪武十四年（一三八一年），宋濂死於夔州。正德年間，追諡文憲。

《元史》書影
明洪武年間內府刻本。

⊙自幼苦學，終成大器

宋濂出生在一個貧窮的農民家庭，幼時進私塾上了幾年學。當時皇上昏庸，政府腐敗，百姓生活每況愈下，宋濂剛滿十二歲，不得不終止學業，拿著鞭子去做羊倌，當父親的幫手，整天同羊群打交道。

宋濂天天放羊，心裡卻想著讀書，把家中的幾本書讀了又讀，幾乎到了滾瓜爛熟的地步。為了讀書，宋濂到處尋借，本村借不到的，他就到鄰村借。書借來後，宋濂先行抄寫，把書還給主人，然後再慢慢研讀手抄本。抄書很辛苦，除了需要時間，還要克服自然條件帶來的困難，冬天天寒地凍，硯臺裡的墨汁經常結冰，宋濂的手指有時凍得甚至不能彎曲。

後來經過推薦，宋濂結束羊倌生涯，進入府庠讀書。宋濂聽說諸暨縣白門書院有一位學識淵博的吳萊先生，便離開府庠，來到白門書院拜吳先生為師，後來又跟隨吳老師到東明書院學習。宋濂聰明好學，學業超群，吳老師因病離職後，他被破格重用，成為東明書院的主要任課老師。宋濂憑藉孜孜不倦的刻苦學習，終於從一個放羊娃成為一位大文學家。

⊙拒仕元朝，出山輔明

元至正九年（一三四九年），宋濂被舉薦為翰林院編修，他藉口父母年老，堅辭不就，隱居在龍門山著述。

二十年（一三六〇年），朱元璋攻

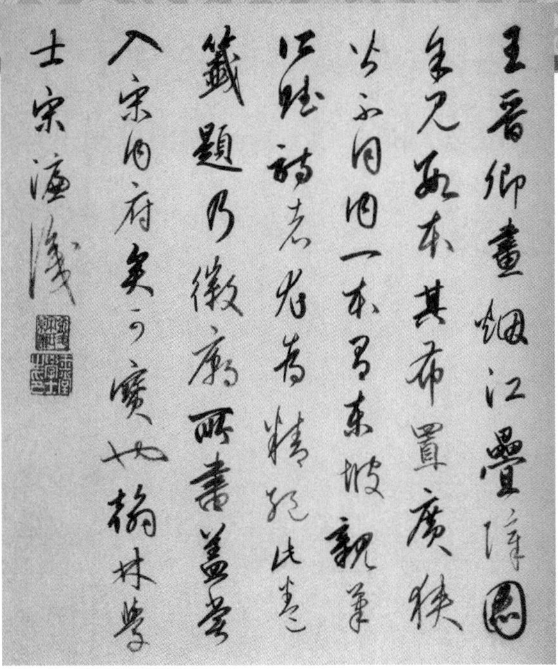

行書煙江疊嶂圖跋　明　宋濂

取南京後，經人引薦，宋濂與劉基、葉琛等一道徵召到應天，任命為江南儒學提舉和太子經師。

宋濂學識通達，深得朱元璋賞識，經常跟隨左右，以備顧問。一次，宋濂受命講授《春秋左氏傳》，他藉機進言：「《春秋》乃孔子褒善貶惡之書，如能遵行，賞罰適中，天下可以一統。」宋濂並向朱元璋建言，「得天下以人心為本」，人心不穩，即使金銀珠寶再多，也沒有用，得人心則天下可定，朱元璋一一採納。

宋濂做了很長時間的太子師，常用禮法對太子的言行加以規勸。鑑於皇子的品行不端，朱元璋命宋濂和禮部尚書陶凱各自編纂一部總結歷代親王歷史教訓的教材，兩人的文本拼合一起，構成《宗藩昭鑑錄》，頒發給諸皇子。

⊙編修《元史》，連坐獲罪

宋濂官至翰林學士知制誥，朝廷的典章制度、宗廟山川的祭祀文章、元勳功臣的傳記碑文，大都出自他的手筆。

洪武元年（一三六八年），元朝滅亡，明太祖朱元璋下令編纂《元史》，以宋濂為總裁官。官修史書的做法始於唐代，歷經宋、元，漸成慣例，歷代新皇朝都十分重視編寫前朝史書。明朝初建，修《元史》的重任落在宋濂身上。

宋濂從洪武二年（一三六九年）二月開始，到八月完成除元順帝以外的《元史》一百五十九卷，第二年又僅用六個月時間，補充完成元順帝部分的五十三卷。整個《元史》的編撰，前後僅用了不到一年的時間。雖然在今天看來，這部《元史》由於成書過於倉促，許多史料未加考覈訂正，謬誤不少，但能在這麼短的時間內成書，是「二十四史」中僅見的一例，宋濂因此獲得「太史公」的美譽。

宋濂六十八歲退休，不料朱元璋晚年興大獄，在整肅胡惟庸的事件裡，宋濂的長孫宋慎也受到牽連，宋濂因連坐獲處死刑，幸得馬皇后解救，免死流放茂州。宋濂全家放逐到四川，他中途染病，客死夔州。

明朝武宗時，宋濂追謚文憲，遺著即為《宋文憲集》。宋濂是明初第一大文豪，制定明朝禮樂制度，推為「開國文臣之首」，最後卻落得兔死狗烹的下場。

文字獄的興起

●時間：明初
●人物：明太祖

中國舊時社會歷史上，知識分子為堅持言論而抗爭，帝王則竭盡全力壓制自由思想，文字獄就是這個抗爭過程中最慘烈的一幕。

文字獄是統治者為維護和強化皇權而採取的文化專制手段，不少知識分子因此喪命。中國傳統社會雖然強調「萬般皆下品，唯有讀書高」，可是知識分子從來沒有逃過統治者的屠刀，從秦始皇焚書坑儒，到明清時代嚴密的文網，動輒就有幾十甚至上百人因文字而喪命。

⊙政治控制，屢興大獄

在一脈相承的中國傳統文化中，知識分子歷來備受尊重，士大夫人格獨立，言論自由，可以與天子「坐而論道」，「分庭抗禮」，以致有「刑不上大夫」的成規。可是這種政治傳統在宋代發展到極至，直接導致軍事上的積弱。

朱元璋登基後，總結前代經驗，一反傳統，對士大夫採取嚴密措施，充分利用宋代中後期朱熹關於君臣綱常的政治倫理，強調「君叫臣死，臣不得不死」，對於不合作的知識分子，採取殘酷的打擊措施。

在素有「人文淵藪」之稱的蘇州，文化繁榮，才俊輩出。元末占據這裡的張士誠廣召名士，優待文人。江浙一代的知識分子為了逃避戰亂，都依附於張士誠，一時間，形成文人匯聚、文風昌盛的局面。

明朝建立後，吳中士人仍然尊稱早已敗亡的張士誠為「張王」，拒絕和新王朝合作，因此飽受摧殘，馳名詩壇的「吳中四傑」高啟、楊基、張羽、徐賁，竟無一人能免於毒手。

高啟曾對著鳥雀悲歎道「不須羨彼珍禽羽，翩翩高集珠樹林。一朝身陷虞羅裡，回首空城不如爾」，對自由的渴望，對生活的恐懼，交匯出明初知識分子的生存狀態。不久，高啟就被毫無人道地處以腰斬。

⊙文人的災難

更可悲的是，許多知識分子不是死於控制思想的政治目的，而是死於朱元璋陰暗的猜忌心理。

在奪取江山的時候，朱元璋禮賢下士，身邊聚集了一批傑出的文人，

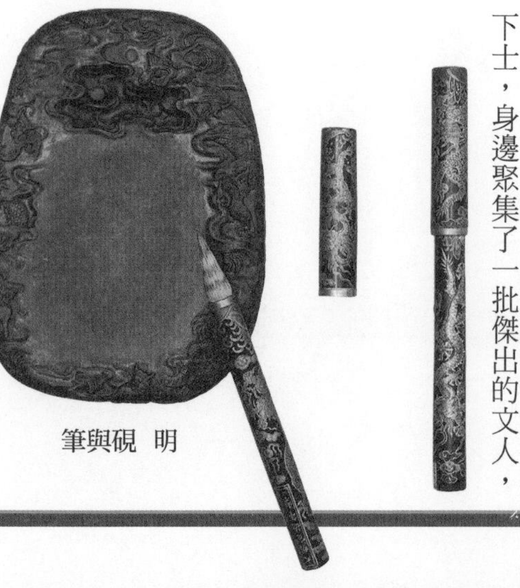

筆與硯　明

以劉伯溫為代表的這些士人，為大明江山的建立屢出奇謀，屢建奇功。能夠吸引、團結這些士人為己所用，成為朱元璋在元末群雄割據的混亂時局中脫穎而出、取得最終勝利的法寶。然而政權建立後，與殘害功臣相應的，朱元璋開始對知識分子殘酷迫害，大興文字獄。

在骨子裡，朱元璋仇視知識分子。這種仇視，來自他潛意識中的自卑。朱元璋當游方和尚時，穿著破舊的衣衫四處化緣，經常遭人辱罵，那些罵他的達官貴人都是知識分子。同時朱元璋也輕視知識分子，從軍後，四處征戰，多少顯貴一時的高官文士都命喪在他的馬蹄之下。加上幼年失學，沒有受過文化教育，朱元璋對傳統禮教更是嗤之以鼻，不在乎「以德服人」，只相信武力。因此，日後的施政中，他不斷用跪對、廷杖、文字獄來濫施淫威。

一朝登上寶座，作為一位由社會最底層升至最高層的皇帝，朱元璋為了維護自尊，對有些字眼非常敏感，常把一些微不足道的事情看成是莫大的恥辱。

延伸知識

孝陵軼聞

明孝陵是明朝開國皇帝朱元璋的陵墓，座落在南京東郊紫金山南麓獨龍阜玩珠峰下，洪武十四年（一三八一年）開始營建，十六年（一三八三年）建成，朱元璋死後葬於此，稱孝陵。

對於孝陵，曾有明太祖死後從都城十三個城門同時抬出棺材的民間傳說，因此，人們常常懷疑朱元璋是不是真的葬在明孝陵裡面。有人說朱元璋葬在皇城的萬歲殿下，有人說葬在城西朝天宮三清殿下，還有人說葬在北京的萬歲山等等。所以有如此多的猜測，大概是由於朱元璋的性格多疑，再加上生前殺人太多，怕人掘墓報仇的心理所使然吧！

孝陵神道

明孝陵由前後兩部分組成，前為神道部分，後為陵園主體部分。神道部分全長一千八百公尺，自下馬坊起至御河橋止，依據地形，曲折迂迴，佈局巧妙，在神道的前端增建了平面為方形、體形高大的神功聖德碑樓，給人以崇高莊重的感覺。神道兩側排列著一里多長的石刻群，既渲染了陵墓的神祕崇聖，增加了陵墓建築的空間層次，又是區別陵墓等級的標誌。陵園的主體部分採用嚴格對稱的縱軸形制，同前半部分依山勢迂迴之法正相反。前後共分為三進院落，方城明樓及寶頂座落於後院。祾恩殿和方城明樓相結合，構成了陵墓建築的主體，如同宮殿和廟宇中的前朝後寢，突出了陵體的主體部分，並取代宋陵方形陵臺和土城，提高了陵墓建築的藝術性。

朱元璋為人聰慧，在戎馬倥偬中不斷向周圍的文人請教，以致「文學明達，博通古今」，「能操筆成文章」。但他對字音字義、文理文脈、用典藻飾等文法不過一知半解，對於高級文人寫下的玄妙詩句，自然難以完全理解。可是，朱元璋不願也不能請教臣子，在自卑和疑心的作祟下，他總是望文生義，從意義或形聲上加以曲解。一旦生疑，朱元璋寧信其有，不信其無，暴虐的性格發作起來，只有士人的鮮血才是平息怒氣的唯一有效方法，必欲除之而後快。

⊙呈賀表招來殺身禍

根據明初制度，每到元旦、冬至、皇帝生日等喜慶的日子，各級官員都要呈上賀表以示祝賀。這些賀表都是官樣文章，不過寫些頌揚吹捧的句子。但朱元璋卻能在這些文章中，雞蛋裡挑骨頭，讀出譏誚諷刺的味道，許多執筆文人因此莫名其妙丟了性命。

據記載，北平府學訓導林伯瑾在〈賀冬節表〉中有「垂子孫而作則」一句，頌揚朱元璋和子孫都是百姓的楷模。可是朱元璋卻認為「則」暗藏「賊」的意思，是諷刺他早年做過盜賊。於是，林伯瑾被殺。

杭州府學教授徐一夔的賀表更為典型，他寫到「光天之下，天生聖人，為世作則」。富於聯想的朱元璋看後大發雷霆，不僅把「則」附會為「賊」，還把「聖」附會為「僧」，而「光」則是暗喻自己曾剃過光頭。徐一夔被處死。

陳州訓導周冕也極為冤枉。他在〈萬壽賀表〉內寫有「壽域千秋」一句，好端端的一句話，在朱元璋眼中，「壽」就是「獸」，把「域」又誤讀為「或」字，認為是「禍」的意思。周冕被殺。

德安府訓導吳憲作〈賀立太孫表〉，內有「天下有道，望拜青門」之句，本來也是頌揚的話，朱元璋卻認為「有道」就是「有盜」，「青門」就是「寺廟」，這句話先罵他是強盜，後又譏諷他曾是和尚。吳憲被殺。

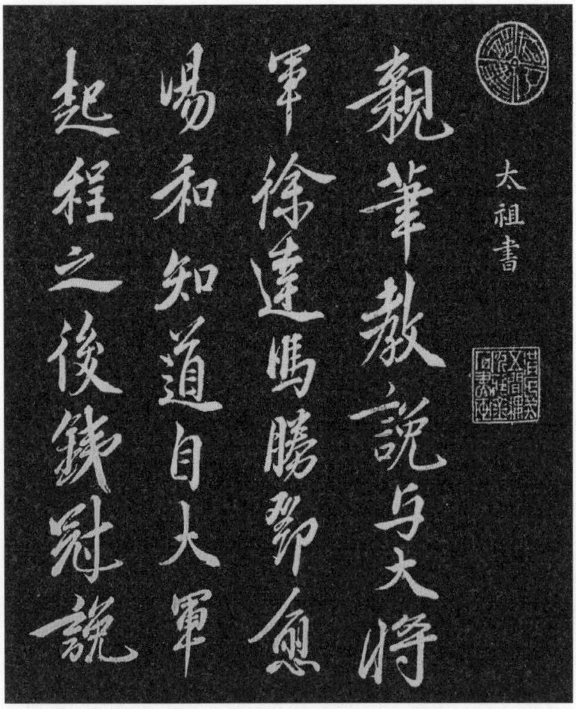

朱元璋書〈教說大將軍〉（局部）

掐絲琺琅甪端香薰　明

甪端，銅胎。獨角，雙耳，二目圓睜，方形口，圓形垂尾，四爪為足直立。通體以豆綠色琺琅為地，用紅、黃、白、藍等色的琺琅裝飾花紋。頭部可轉動，以為放置薰香之用。

類似的例子不勝枚舉，直殺得天下讀書人膽戰心驚，不知所措。朱元璋命翰林學士劉三吾制定了一篇〈慶賀謝恩表箋成式〉，從此，賀表有了固定的模式，只要照抄此成式便可苟活。

⊙文化浩劫

明初幾十年，眾多名人雅士死於非命。據吳晗在《朱元璋傳》中統計：「處州教授蘇伯衡以表箋論死，太常卿張羽坐事投江死，江南布政使徐賁下獄死。蘇州經歷孫賁曾為藍玉題畫，泰安州知州王蒙嘗謁胡惟庸，在胡家看畫，王行曾做過藍玉家館客，都以黨案被殺。郭奎曾參朱文正軍事，文正被殺，奎也論死。王彝坐魏觀案死，同修《元史》的山東副使張孟兼、博野知縣傅恕、福建僉事謝肅都坐事死。曾在何真幕府的趙介，死在被逮途中。曾在張士誠處做客、打算投奔擴廓帖木兒的戴良，得罪自殺。不死的如曾修《元史》的張宣，謫徙濠州，楊基罰做苦工，烏斯道謫役定遠，顧德輝父子在張士誠亡後，並徙濠梁，都算是十分僥倖的了。」

著名士人駢首就戮，使文化事業遭受了無可挽回的損失。歷經浩劫的文化界籠罩著濃重的恐怖氣氛，喪失了活力，窒息了文學藝術、學術思想的發展。僥倖存活的士人或是對未來心灰意懶，或是為了保全身家性命，約束自己的感情，鉗制自己的思想，不敢有絲毫突破，文化學術陷入極其嚴重的僵化保守境地。

歷史詞典

府、州、縣學與社學

明代十分重視興辦學校。洪武二年（一三六九年）十月，朱元璋詔令府、州、縣設立學校，並規定了學校的規模。其中府學四十人，州學三十人，縣學二十人。主要的學官，府設教授，州設學正，縣設教諭。

到了後來，府、州、縣學的學生規模屢有增加。府州縣學的學生，在學年久，可以保送到京師最高學府國子監深造，從而獲取一官半職，更多的則是直接通過科舉考試求得功名。

在洪武八年（一三七五年），明朝政府又下令各地農村建立社學，用來教授民間子弟，後來因為地方官員擾民，曾一度停辦。至洪武十六年（一三八三年），又讓民間自辦社學，自己聘請老師教授學生。

學校的功課主要有「五經」「四書」、《御製大誥》、《大明律》等等。從其課程設置可以看出，社學並非為科舉入仕之目的而設立，而主要是為了宣講聖諭，類似普法教育。

明朝的學校體系比以往任何朝代都要完備。加上科舉制度的發展，入學讀書的人數也比前代大大增加。

胡藍之獄

●時間：西元一三八〇～一三九三年
●人物：胡惟庸　藍玉

同是開國君主為保子孫之位，處置當年一同打拚的功臣戰友，昔日宋太祖趙匡胤以和平的方式「杯酒釋兵權」，朱元璋卻向功臣集團揮起了屠刀。

新朝建立，立下汗馬功勞的功臣集團在朝廷上勢力龐大，威信很高。朱元璋十分忌憚這股力量，處處防範、監視他們的一舉一動。

⊙靜觀功臣內鬥

朱元璋是濠州人，一起奪天下的李善長、徐達、常遇春、湯和、胡惟庸等都來自濠州及其附近地區（即淮西一帶）。這些老鄉在朝堂上形成龐大的勢力集團，即淮西集團。淮西集團居功自傲，在朝政上為所欲為，極力排擠非淮西籍大臣。新興的統治階層內部，逐步形成淮西功臣集團與非淮西功臣之間爭權奪利的局面。

朱元璋不但沒有安撫群臣，制止黨爭，反而坐山觀虎鬥，放任兩股勢力內鬥。名臣劉基被害，就是這場鬥爭的惡果。

劉基是浙東集團的代表，知識淵博，博通經史，是朱元璋建國過程中功勳卓著的軍師謀士，屢出奇策。立國後，明朝禮樂、刑罰、科舉等典章制度的確立，也都滲透著劉基的見解和思想。劉基性格剛毅，嫉惡如仇，與淮西功臣不合，視為眼中釘，即便告老還鄉，也未被放過。

胡惟庸等人不斷在朱元璋面前進讒言，最終使朱元璋革掉了劉基的歲祿。不久，劉基憂憤成疾，一命嗚呼。另有說法是，劉基生病時，胡惟庸派醫生來診病，而劉基服藥後，不

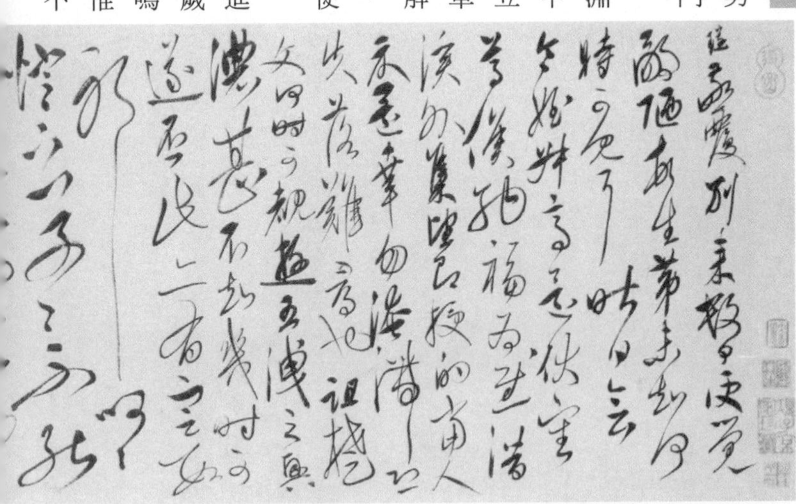

敬覆帖　明　宋璲

宋璲，明代書法家。字仲珩，浦江（今屬浙江）人。宋濂次子，洪武九年（一三七六年）官中書舍人，因牽涉於胡惟庸一案，連坐而死。《名山藏》稱其精篆、隸、真、草，小篆之工，為國朝第一。陶宗儀《書史會要》稱：「璲大小篆純熟姿媚，行書亦有氣韻。」何良俊《四龍齋書論》評其書師法康里子山，可稱入室弟子。

久就死了。不論劉基是否真是胡惟庸毒死的，在他憂鬱成病的過程中，朱元璋不聞不問，用心明顯。

延伸知識

地方官制的改革

洪武九年（一三七六年），朱元璋下令把行中書省改為承宣布政使司，簡稱布政司，設布政使和左右參政使各一人，掌管民政和財政。同時，布政使也有把中央政令傳達到地方的職責，所以叫「承宣布政」。除了南直隸外，全國共分為十二個布政司，分別是浙江、江西、福建、北平、廣西、四川、山東、廣東、河南、陝西、山西和湖廣。洪武十五年（一三八二年），又增設了雲南布政司。

各個布政司的轄區，基本沿襲了元朝的劃分。由於行中書省在元代以來已經成為一個約定俗成的稱謂，因此布政司一般也簡稱為行省，或者省。同時，把原來行中書省的監察司法權力分出，另外設立提刑按察使司，簡稱按察司，設按察使一人，掌管刑政。又設立都指揮使司，簡稱都司，設都指揮使掌管一省的軍政。

布政司、按察司和都司合稱為「三司」，三司不相統屬，直接隸屬中央，這樣三權鼎立，三司互相牽制，有利於中央對地方的統治。

⊙胡惟庸之獄

淮西功臣集團的得意只是短暫的，替朱元璋清除其他功臣之後，僅存的利用價值也消失了。當他們還天真地把天子當作從小一起長大的玩伴時，朱元璋早已準備好殺戮的屠刀。

胡惟庸，淮西定遠人，朱元璋的故舊。洪武三年（一三七〇年），胡惟庸入中書省，任參知政事。在李善長的推薦下，胡惟庸幾年內連升三級，官拜中書左丞、右丞相、左丞相。洪武十年（一三七七年），胡惟庸成為皇帝之下第一人，位極人臣。

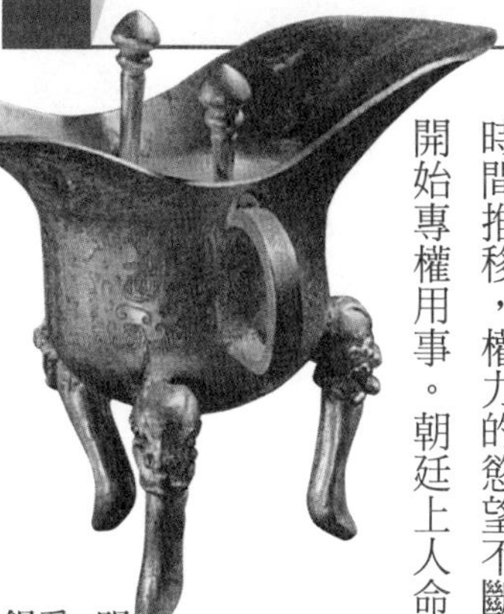

銀爵　明

造型仿青銅器。敞口，尾較長，直腹、圓底、空心、蹄足。口上立二柱。

起初，胡惟庸還注意收斂，隨著時間推移，權力的慾望不斷膨脹，他開始專權用事。朝廷上人命生死、官員升降等大事，都要得到胡惟庸的批准才能處理。朱元璋對大權旁落的景況十分不滿，再加上他發現胡惟庸和陸仲亨、費聚等淮西功臣往來密切，這種軍政勾結的情況，更是朱元璋的心腹大患。

洪武十三年（一三八〇年），朱元璋以「擅權枉法」的罪名逮捕胡惟庸，處以極刑。御史大夫陳寧、御史中丞涂節等數人同案被殺。「擅權枉法」並不構成死罪，為了把此案定成鐵案，朱元璋將胡惟庸的罪名升級，變成私通倭寇，陰謀造反，此時胡惟庸已經處死，死無對證。

胡惟庸案成為一個引線，隨後十年中，朱元璋以此為藉口，同謀犯越查越多，無數功臣遭到冤殺。在胡惟庸案爆發十年後，洪武二十三年（一三九〇年），朱元璋以發現李善長和胡惟庸共同謀反的線索為藉口，大開殺戒，已經七十七歲的太師韓國公李善長賜死，全家七十餘人一同處死，只留下朱元璋的親生女兒臨安公主和她的丈夫，即李善長的長子李祺，以及他們的兩個兒子，這也許是朱元璋大屠殺中唯一一次例外。朱元璋還特意編撰《昭示姦黨錄》，附錄李善長的供詞，昭告全國。

至此，胡惟庸案才算告一段落。十年中，唐勝宗、陸仲亨、費聚、趙庸等功臣宿舊和依附胡惟庸的六部官屬，約三萬多人受到株連殺害。

在處治胡惟庸案的當年，朱元璋趁機裁撤中書省，收回丞相權，不再設丞相一職，以防皇權旁落。此後，皇權兼併相權，國家政事由六部分別處理，再經「朝廷總之」，皇帝通過大臣之間的互相制衡來控制朝政，大權獨攬，威臨天下。

德化窯鶴鹿老人

但是以皇帝一人之力，要處理天下之事幾乎是不可能的。明成祖朱棣繼位後，命官品較低的翰林院編修、檢討等在午門內的文淵閣當值，以備處理政務時商討咨詢之需。這個協理皇帝的部門叫「內閣」，協理官員叫「大學士」，由此，逐漸形成了內閣制。

久而久之，六部離皇帝越來越遠，內閣離皇帝越來越近。遇有大事，皇帝往往向內閣垂詢，交六部執行，大學士從制度上的祕書變成實際上的丞相。

⊙藍玉之獄

胡惟庸案使淮西集團文官勢力剷除殆盡，剩下的就是武將了，為此，朱元璋又興藍玉之獄。

藍玉是明初猛將，驍勇善戰，數次統兵出征，立下大功，朱元璋比喻為大破匈奴的漢代名將衛青和唐代名將李靖，封涼國公。明朝建國後，藍玉日益驕橫，莊園裡豢養了幾千名莊奴和家丁，橫行鄉里，侵占民田，無惡不作，御史前來按問，也被鞭打驅逐。此外，藍玉北征歸來，到達喜峰關關口，不等關吏開門，便率領手下兵丁毀關而入，種種惡跡令朱元璋忍無可忍。

第二次屠殺的過程和胡惟庸案大致相仿，此時朱元璋年事已高，時不我待，殺戮更為迅速。洪武二十六年（一三九三年），藍玉被告謀反，朱元璋立即將他逮捕下獄，三天後處死，滿門抄斬。

隨後兩個多月裡，一萬五千人族誅，其中有一個公爵，十三個侯爵，兩個伯爵。有人早已死亡，但朱元璋的法律追溯既往，死者的子孫株連抵罪。朱元璋又編撰《逆臣錄》，昭告全國。

胡惟庸和藍玉兩案，史稱「胡藍之獄」，共四萬五千餘人被殺。到朱元璋駕崩時，開國功臣宿將幾乎已被殺光。

⊙殺戮之後的隱憂

「胡藍之獄」確實達到了朱元璋為加強中央集權、提高皇權威懾力的目的，但殺戮太過，株連甚廣，對明朝政權統治，甚至整個中華民族文明發展都帶來嚴重後果。

從短期看，朱元璋大肆屠戮最直接的結果，就是削弱了中央政府的軍事力量。久經沙場的將領是明初政權穩固的重要財富，朱元璋毀滅性的打擊方式，使中央政府無將才可用。日後朱棣發動「靖難之役」，建文帝沒有得力的將領可以領兵抵禦，朝廷雖然在軍力上占據優勢，卻節節敗退，最終帝座易主。朱元璋做夢也想不到，為了穩固皇權殺戮功臣，卻導致孫子喪失皇位。

從長期看，朱元璋缺乏節制的誅戮行為，對官僚集團的素質和行政績效也造成不利影響。在恐怖的氛圍下，朝廷上下人人自危，官員每日早晨上朝，都像是趕赴刑場，不知道是否能活著回來。許多優秀人才不願入朝為官，官員為求自保不敢施展才華，每日只是唯唯諾諾，畏首畏尾，很難創造性地開展工作。

朱元璋的濫殺，給後代子孫樹立了惡劣的樣板。朱元璋的兒子太子朱標性情仁弱，看到功臣的悲慘下場，心中不忍，曾勸諫說：「陛下誅殺太濫，恐傷和氣。」

朱元璋沒有直接反駁，而是把一根棘杖丟在地上，讓太子拿起來。太子面有難色，朱元璋語帶雙關說：「你怕棘杖上的刺扎手，我幫你把刺除掉，不是更好嗎？」

在朱元璋心中，大臣都是扎人的刺，必先除之才能永固大明江山，朱家子孫永享君臨天下的最高權力。

先例既開，後世效仿，明成祖朱棣以極其殘酷的手段誅殺建文帝時期的臣子，不能不說是受了其父的影響。

石獸（麒麟） 明

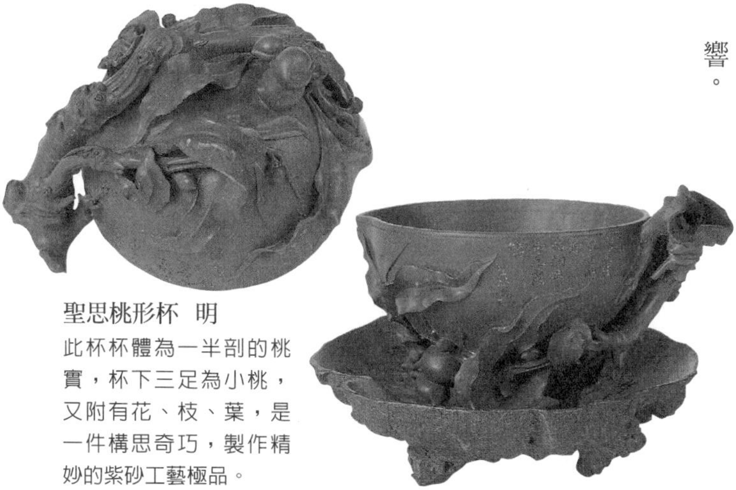

聖思桃形杯 明

此杯杯體為一半剖的桃實，杯下三足為小桃，又附有花、枝、葉，是一件構思奇巧，製作精妙的紫砂工藝極品。

從錦衣衛到東西廠

●時間：明朝
●人物：明太祖　明成祖　明憲宗

錦衣衛和東廠、西廠構成了歷史上有名的明代特務統治機構，最初是為加強專政集權而設立，後來反而成了亂政的根源。

整個明朝，特務統治的恐怖氛圍一直盤踞在中原大地上，死於錦衣衛和東、西廠酷刑之下的正直人士不計其數。這種無節制的濫捕，雖然有效壓制了社會各階層的反抗，但為此付出的代價卻是社會活力的極大降低，百官民眾與皇帝離心離德，有人甚至說明朝不是亡於「流寇」，而是亡於廠衛。

⊙初設錦衣衛

特務統治的惡劣開端始於明太祖朱元璋，新朝建立後，朱元璋對臣子百官心存猜忌，為加強監視，洪武十五年（一三八二年），朱元璋「改儀鑾司為錦衣衛」，掌管侍衛緝捕刑獄之事，成為加強集權統治的重要手段。

錦衣衛因穿橘紅色服裝、騎馬，又稱為「緹騎」。明初只有數百人，到明中後期發展為十幾萬人之眾。錦衣衛的首領稱為指揮使，由朱元璋的親信武將擔任。作為皇帝的私人警察部隊，錦衣衛除擁有侍衛職權外，並有巡察、緝捕、審問的權力，後來又擁有獨自的監獄，可以自行逮捕、刑訊、處決犯人，不必經過司法機構和正常司法程序。

朱元璋起初的目的是監視群臣，杜絕營私舞弊、結黨亂政。據說一天大臣錢宰下朝回家作了一首詩：「四鼓鼕鼕起著衣，午門朝見尚嫌遲。何時得遂田園樂，睡到人間飯熟時。」誰知第二天上朝時，朱元璋就告訴他：詩寫得不錯，只是不如把「嫌」改成「憂」字更好些，錢宰聽後大驚失色。類似的事例還有很多，大臣提心弔膽，人人自危。

其實朝野上下並沒有太多大奸大惡之人，錦衣衛為了表功，往往捕風捉影、濫殺無辜，製造冤獄，逐漸形成一種靠搆陷他人作為晉升跳板的風氣。錦衣衛的肆意濫行，激起民情沸騰，怨聲載道。

洪武二十年（一三八七年），胡惟庸案接近尾聲，朱元璋認為皇權已經十分牢固，不再需要特殊機構來鞏固

錦衣衛木印　明

木質印信，印面邊寬十一．五公分，印面厚一公分，通高四公分。此印縮肩平紐，有部分裂紋。印面篆刻「錦衣衛印」，背面刻「成化十四年三法司置」。

勢力，下令焚毀錦衣衛的刑具，所押囚犯轉交刑部審理，同時下令以後一切案件歸三法司審理，錦衣衛廢除。

⊙東廠、西廠為虎作倀

明成祖朱棣以藩王的身分登基，登位之初國內政局不穩，需要特務機構幫助鞏固統治。明成祖恢復錦衣衛，由北鎮司專門管理。

永樂十八年（一四二〇年），朱棣另設東廠（因位於東安門北側而得名），由宦官統率。朱棣之所以信任宦官，很大程度是因為靖難之役中，宦官潛伏在建文帝左右刺探軍情，對朱棣取得最後的勝利出力不少。此後廠衛相連，形成嚴密的特務網。

在與錦衣衛的關係上，東廠後來居上，東廠廠主身處大內，與皇帝關係密切，更容易得到信任。東廠和錦衣衛逐漸由平級變成了上下級關係，在宦官權傾朝野的年代，錦衣衛指揮使見到東廠廠主甚至要下跪叩頭。

成化十三年（一四七七年），明憲宗朱見深設立西廠，由太監汪直統領。正德初年，劉瑾設內行廠自領，比東、西廠更為酷烈。正德五年（一五一〇年），劉瑾被誅，西廠和內行廠作為臨時產物，永遠消失在歷史上。

縱觀整個明朝，西廠、內行廠存在時間不長，錦衣衛、東廠則存至明亡。這些特務網更多時候被汪直、劉瑾、魏忠賢等宦官利用，成為擅權專政、打擊不滿大臣的有力武器。明朝中後期，緹騎四出，上至宰相藩王，下至平民百姓，都處於錦衣衛監視之下，稍有拂逆就會家破人亡，全國上下籠罩在一片恐怖氣氛中。

歷史詞典

都察院

明朝建立初期，沿用元朝的制度，在中央設立御史臺，作為中央的監察機構。御史臺與中書省、大都督府統稱為「三大府」。御史臺設左右御史大夫、御史中丞、侍御史等官。

到了洪武九年（一三七六年），裁撤了侍御史等屬官。十三年（一三八〇年），專設左右中丞、左右侍御史。十五年（一三八二年），朱元璋對御史臺也進行了改革，改為都察院，置左右都御史各一人，左右副都御史各一人，左右僉都御史各一人。

都御史為都察院最高長官，同六部長官合稱「七卿」。都察院掌管糾劾百司，提督各道監察御史，是皇帝的耳目風紀之臣。下設十三道監察御史，以一布政司為一道，掌管地方上的監察事務。

監察御史品秩僅為七品，但是權力很大，可以監督地方大員，不必經過都御史直接上書皇帝，這就是朱元璋「以小制大」的思想。

此後，皇帝派往各地的總督、提督、巡撫、經略、總理等大員，都兼都御史銜，以便監察地方事務。

雕填彩漆雙龍紋長方盒　明

【科舉取士的南北之爭】

●時間：明朝
●人物：劉三吾　楊士奇

明洪武年間，科舉史上著名的「南北榜」事件引發了有關南北舉額分配的激烈爭論，結果是全國自由競爭被依考生地域分南北不同比例錄取進士的制度取而代之。

⊙科舉取士

明朝建立之初，朱元璋決心實施科舉取士制度，意欲將天下有識之士盡數招於麾下，為朝廷效力，鞏固大明基業。

洪武三年（一三七〇年），朱元璋開始在全國各省舉行鄉試。次年二月，在南京舉行會試，錄取進士一百二十名，連同會試中錄取的舉人，立即授予官職，走馬上任，出任朝官。這一年是明代首次進行科舉考試，朱元璋希望通過這種形式，發現並公正選拔出能夠為朝廷出力的人才，集天下英才於一殿，改變前朝政治腐敗，官員素質低下的局面。

後來，朝廷頒行「科舉成式」，科舉制度開始逐步定型，許多規制雖然與前代有所不同，但在會試一級仍承舊制，實行全國自由競爭。洪武十五年（一三八二年），朱元璋把科舉制度確立為永久制度，並頒布了具體的科舉考試規則。

⊙北舉砸黃榜

洪武三十年（一三九七年），會試主、副考官劉三吾、白信蹈從全國幾百名舉人中點出五十二名貢生，其中以宋琮為貢生第一，上報皇帝。經皇帝過目，會試發榜。貢院的負責官員將貢生名單抄錄在黃榜上，張貼在貢院門口。

剔黑鳳凰牡丹菱花盤　明

黃榜剛一貼出，群情嘩然，紛爭不絕。從第一名宋琮到最後一名劉子信，都是江南考生，北方舉子統統落選。接下來的殿試中，福建閩縣的陳某取為狀元，北方舉子愈發不滿，認為主考官翰林學士劉三吾、副主考官白信蹈都來自南方，便有意壓制北方才子，使南方的考生都得以高中。

這一說法很快得到大多數北方舉子認同，群情激憤，紛紛揚言鬧事，不肯善罷甘休。有人用泥團土塊將高懸的黃榜打得七零八落，隨後召集同樣不滿的落第學子，浩浩蕩蕩向禮部闖去。

禮部接到控訴劉三吾等人私取同鄉的奏報，趕緊請負責國家安全事務的錦衣衛鎮壓考生遊行隊伍。事態越鬧越大，未離京的北方考生再度遊行示威，並且寫了大批字帖，貼滿南京的大街小巷。禮部發覺不能平息，立即上書彙報。朱元璋異常震怒，決定親自查問主考官劉三吾。

八十五歲的劉三吾飽讀詩書，才學名滿江南，擔任翰林一職已踰數十年，當時已經是首席侍講翰林學士，奉命授東宮太子經。

劉三吾對朱元璋說：「北方在元朝的殘酷統治下，民不聊生，連年戰爭對當地文化教育摧殘極大。這些年來，北方舉子文章遠不如南方舉子，成績相差愈發懸殊，已是不爭的事實，所以才會出現南優北劣的局面。」

青花瓷管卷草紋筆　明

⊙血腥的「南北榜」事件

朱元璋一直對南方知識分子有所不滿，又因為要加強北方邊境防守，正是用人之際，這一科選出的進士都是南人，他本來就有些不快，於是下令翰林院侍講張信主持會試複查。

經過二十多天的鎖院查卷後，張信向朱元璋如實稟告複查結果：「南北考生成績相差確實懸殊，就連最後一名的劉子信，也比北方的優秀者高出許多。北方人的試卷，僅能列為第五十三名，不能重新更動。」

朱元璋勃然大怒，認為張信故意把成績差的試卷拿給他看，立即命令刑部捉拿劉三吾、張信、白信蹈三人，嚴加審問，要他們說出會試實情。審問進行了好幾天，三人絲毫不肯改口，刑部官員只好拿出之前辦胡案、藍案時大拷刑訊逼供的本事，將三人家眷幾百口全部打入天牢，終於查出了一個涉及六百多人的大型「徇私舞弊」集團，上報給皇帝。

北京國子監辟雍

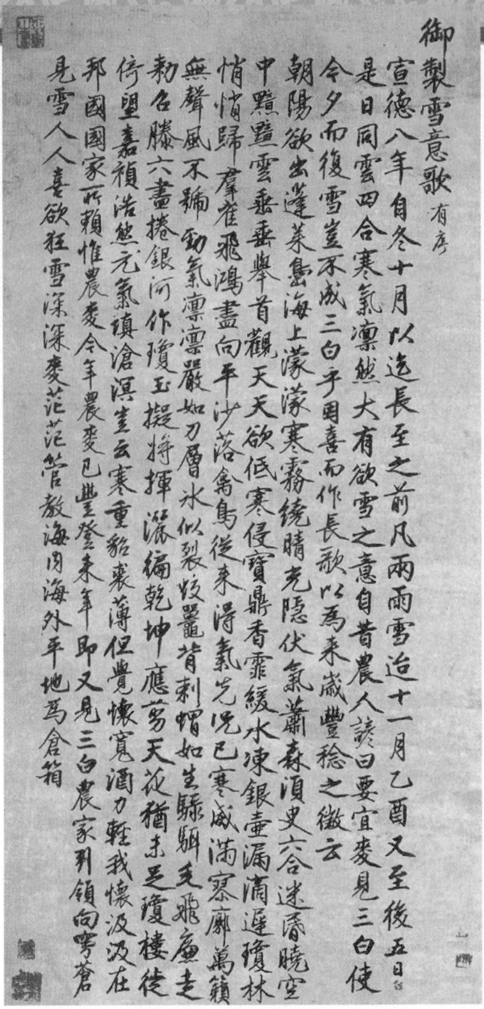

雪意歌 明 朱瞻基

朱元璋明知道這是冤案，但為了平息北方士人的憤怒，御筆硃批，稱劉三吾、白信蹈是藍黨，張信是胡黨，有謀逆之心。劉三吾因年事已高，流放充軍，直到建文初年才被召回京師，參加撰修《春秋大全》。張信、白信蹈凌遲處死，涉案大臣和受牽連者或殺或流放有數十人。這一年所選進士全部廢除，當科狀元以行賄罪判處死刑。這年四月底，二十多位考官綁赴刑場執法。

五月，朱元璋親自閱卷，從北方士子中點出六十一名進士，第一為河北韓克忠，第二為山東任伯安。此後，明朝科舉一律分南北榜取士。消息一出，舉國歡呼雀躍，「南北榜」公案至此了結。

⊙南北分卷

明仁宗洪熙元年（一四二五年），大學士楊士奇提出南北分卷的設想。兩年後，這一設想成為現實，南北卷制度正式實施，以南北文化高低不同，規定南北取士比例為南人十之六，北人十之四。

宣德、正統年間，又將試卷分為南、北、中卷，確定南卷、北卷、中卷的比例分別為五十五：三十五：十。南卷含應天及蘇松諸府、浙江、江西、福建、湖廣、廣東，北卷含順天、山東、山西、河南、陝西，中卷含四川、廣西、雲南、貴州及鳳陽、廬州二府，滁、徐、和三州。

後南北卷地域、比例時有調整，但均堅持南北分卷取士。除少數年份中斷外，這種分地域按比例錄取的制度一直沿襲至清代。

但這

紫檀棋桌 明

南京江南貢院內「狀元匾」與「趕考挑子」

些措施並沒有影響江南文人在科舉上取得成功。在蘇州，尤其是吳寬、王鏊等人一出，吳門文風重振，以京城和蘇州兩地為中心，形成龐大的吳中文人集團。據統計，明代江南有三千八百餘位進士，文獻載明任職情形的至少有三千四百餘位，占總數的九十%，其中在京城為官的一千六百餘位，占四十八%，在地方為官的一千八百餘位，占五十二%。

執掌朝政的大學士，由江南進士出任者達三十一人。在明朝政壇中有著重要地位的六部尚書，江南進士出身者達一百多人，江南進士任職臺諫者達四百餘人。

明代科舉的另一個發展，便是規定了應試答卷的形式——八股文。從明代開始，八股文成為文人入仕的「敲門磚」。八股文取士制度形成之後，許多應試者終其一生都在學習「八股文」，這種現象在明代就常常受世人諷刺，後來清代的《儒林外史》《聊齋誌異》等文學作品中，也都對八股文以及八股文取士的眾生百態進行了描繪。

其實，八股文取士使科舉考試更為規範，便於閱卷操作，取士標準更為統一，但八股文的考查內容主要是「四書五經」，這種局限性的考試內容正是束縛考生發展的重要原因。

水閣讀書圖　明　陳鐸

圖中山巒層疊，石紋繁複，樹木茂盛，雲氣繚繞，澗中溪水之上水閣屋舍掩藏，內有讀書文士正抬頭凝想，溪水波光粼粼，溪岸石上有兩人皆抬首仰望。用筆渾厚老健，著色淋漓清潤。

【建文帝削藩】

●時間：西元一三九八年
●人物：建文帝

建文帝還是皇太孫時，就已經意識到來自分封各地的藩王的潛在威脅。所以在繼位後不久，便開始採取行動了。

洪武三十一年（一三九八年），朱元璋去世。由於太子朱標已於六年前去世，皇太孫朱允炆直接登上皇位，改年號建文，就是建文帝。

⊙居安思危

明朝建立後，為了防範北元的侵擾，確保開創的大明江山固若金湯，萬無一失，朱元璋採取了分封藩王的制度。朱元璋共有二十六個兒子，除太子朱標和另外兩個夭亡，其餘二十三人都封為王。這樣一來，邊塞有塞王鎮守，內地都市有親王駐防，如層層藩籬一樣護衛著朝廷和皇帝。

有一天，還是皇太孫的朱允炆提出疑慮：「蒙古軍侵擾，各藩王可以抵禦。若藩王叛亂，誰來平定呢？」朱元璋是開國皇帝，又是各藩王的父親，沒有哪個藩王敢反抗他，所以根本沒考慮過這個問題。他反問朱允炆的看法，朱允炆說：「藩王遵守朝廷法令，朝廷就給藩王優厚的報償。若違犯法令，就以朝廷禮法來約束他們。如不從命，可取消他們的封地，若再不行，就削去藩王爵位，另封他人代替。如果還不行，那只有朝廷發兵討伐了。」

朱允炆所以能察覺到深謀遠慮的朱元璋尚未察覺的問題，是因為他有深切的感受。各藩王平時根本沒把十幾歲的皇太孫放在眼裡，論輩分，他們是叔父，論實力，他們手握重兵。

朱允炆常常苦惱：祖父還在，他們就敢這樣，若祖父一死，怎麼制伏這幫位尊勢大的叔叔們呢？

⊙著手削藩

朱允炆當上皇帝後，在對待藩王的問題上更加焦慮，曾陪朱允炆一起念書的太常寺卿黃子澄十分明白他的心思。但黃子澄也清楚知道，要制伏各位藩王談何容易。

青玉雙龍耳杯　明

黃子澄找到尚書齊泰商量，齊泰說：「燕王朱棣握有重兵，而且素有大志，若削藩，得首先拿他開刀。」

黃子澄則認為朱棣早有準備，先針對他很難成功，而周王、齊王、湘王、代王和岷王在先帝在位時就多次違犯朝廷法令，削去他們的藩王名號師出有名，削藩應先削周王。周王是燕王的親弟弟，削去他的封爵，就剪去了燕王的幫手。齊泰覺得這個辦法很好，兩人便將計畫向建文帝奏報。

正巧這時有人告發周王違法，建文帝命曹國公李景隆率領大軍進駐開封，突然包圍周王府，把周王和妃嬪、子女一起逮捕，押回南京。建文帝下令削去周王封爵，廢為庶人，發配雲南。

在審問周王下屬官吏時，有人供出湘王、代王和周王關係密切，又有人告發代王在藩地有貪贓枉法和殘暴殺人的罪過。建文帝下令把代王送到成都，交給以賢德聞名的蜀王教育，不久又押回大同囚禁。接著，建文帝下令把岷王廢為庶人，把齊王抓到南京加以幽禁。湘王聽說建文帝派兵抓他，一時氣憤不過，在王宮自焚而死。

到了要削奪勢力最大的燕王朱棣時，建文帝遲遲不敢動手。澄、齊泰說：「先發者制人，後發者制於人。事已至此，怎麼能不當機立斷呢？」

於是，建文帝下令逮捕燕王朱棣手下的官吏。朱棣明白建文帝已經把矛頭對準自己了，於是起兵反叛，長達四年的「靖難之役」開始了。

延伸知識

分封諸王

明朝初年，元順帝雖然已經北逃，但還擁有大量軍隊，隨時可能揮軍南下。為防止北元捲土重來，朱元璋分封了藩王。

在蒙古族和漢族居住區的分界線上，東起遼東（今遼寧），西到甘肅，封了遼王、寧王、燕王、谷王、代王、慶王和肅王等七個藩王。這一線內側是太原的晉王和西安的秦王。這些封王都憑藉天然險要建立軍事要塞，所以又稱作「塞王」。同時在內地也封了許多王作中央屏障。

藩王在封地擁有一定數量的官吏和軍隊，雖然沒有土地，也不能干預民政，卻擁有指揮軍隊和參預軍事的大權。王府的護衛兵卒少的有三千人，多的近兩萬。塞王的兵力更多。秦、晉、燕三王的護衛經朱元璋特許補充，兵力最強。他們平時有監視地方守軍的權力，如有征戰，可以統率護衛軍和地方守軍作戰。

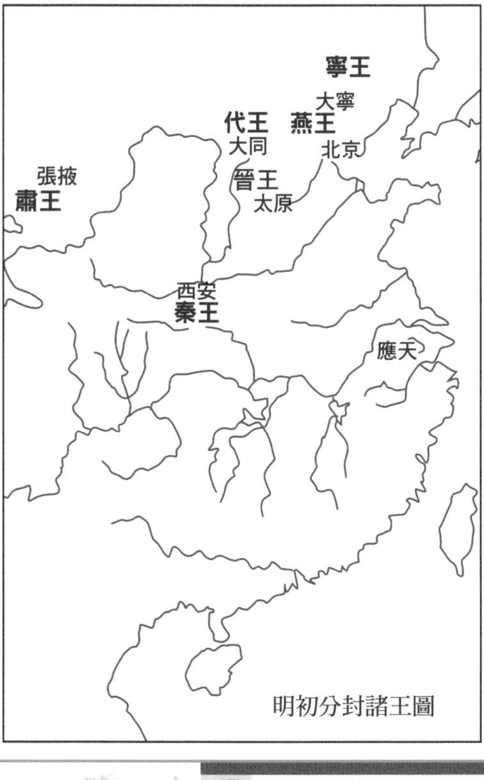

明初分封諸王圖

【靖難叔奪姪位】

●時間：西元一三九九～一四〇二年
●人物：朱棣　建文帝

建文帝來勢洶洶的削藩對於燕王朱棣來說，是災難，也是一次機會。與其坐以待斃，不如奮起一搏，燕王最終選擇了起兵奪權。

⊙明成祖的愛子

燕王朱棣是明太祖朱元璋第四子，洪武三年（一三七〇年）封為燕王，十三年（一三八〇年）就藩北平（今北京）。朱棣身材魁梧，智勇過人，從小很得朱元璋喜歡。他熟悉兵法，經常帶兵打仗。

洪武二十三年（一三九〇年），朱元璋以潁國公傅友德為大將軍，命令傅友德聽從燕王指揮，北征沙漠。同時受命北征的還有晉王。晉王畏縮不敢進兵。適逢大雪，將領都建議等雪停後再進軍，燕王堅持雪地奔襲，出奇制勝，俘虜元將乃兒不花全部人馬。朱元璋以有這樣的虎子而感到高興，多次派他領兵出征，並且把沿邊軍權都交給他。自此，燕王威名大振。

二十五年（一三九二年），朱允炆成為皇位繼承人。皇太孫書生氣十足，並不是很討朱元璋喜歡，甚至可能有過把他換掉的想法，另立燕王朱棣為太子。但終因不合朱元璋所制定的立儲「嫡長制」而作罷。朱棣有帝王之才，卻無繼位之份，與皇位失之交臂。

虎頭木牌
明代發明的一種利用盾牌製造的火器。

⊙擲瓜而起

建文帝朱允炆即位伊始便大力削藩，精明的燕王自知威名在外，目標太大，風暴早晚會降臨在自己身上。朱棣想起父親明太祖大肆誅殺功臣時，有人裝瘋得以免難，於是他也裝作瘋癲，在北平城裡亂竄，餓了就搶別人的酒飯吃，有時躺在地上整天昏睡。

但這個辦法並不奏效，朝廷先以防邊為由，調燕王府護衛精銳出塞，接著逮捕王府屬官，殺了朱棣得力的兩個護衛百戶。北平布政使和都指揮也換成朱允炆的心腹張昺、謝貴。兩人得到皇帝密令，調兵包圍王府，但

延伸知識

建文帝下落之謎

關於建文帝的下落，歷來眾說紛紜。比較有代表性的，一是自焚說。據永樂年間修成的《實錄》和清初《明史稿》等書的記載，建文帝在燕王攻下南京城後，下令焚燒宮殿，他和皇后馬氏跳入火中自焚，妃嬪侍從等大都隨他蹈火而死。燕王朱棣入宮後，清宮三日，搜查建文帝下落。宮人都說建文帝已自焚而死，並從火堆裡扒出一具燒焦的屍體。屍體燒得已經分不清男女，看不出屍體的身分，朱棣下令把屍體用天子禮節埋葬了。

二是削髮為僧說。據說當時建文帝看到大勢已去，想要自殺，一個內臣告訴他，朱元璋在臨終前曾留下一個鐵箱子，在大難臨頭時使用。建文帝開箱，見裡邊有三張度牒，上面寫好了建文帝等三個人的名字，還有僧衣、剃刀、白金等物。建文帝和兩個隨從削髮易服，出了南京城，流落到民間為僧。

關於建文帝的下落，從一開始便沒有定論，燕王也不能確信建文帝的死活，所以曾祕密派人尋訪。清朝修成的《明史》對建文帝下落的記載也比較謹慎，說「宮中火起，帝不知所終」。

知道燕王謀略過人，善於用兵，又有威望，不敢冒然訴諸武力，便暗中串通王府長史葛誠與指揮盧振為內應。

北平都指揮張信曾是燕王的舊部，洩漏祕密給燕王。朱棣見事情發展到如此地步，祕密挑選了八百名精壯親兵，乘夜調入府中加強護衛，並與謀士道衍等人商議應變的計畫。

建文元年（一三九九年）七月，削除燕王爵位和逮捕王府所有屬官的詔令公布。朱棣和親信商量，以交付所逮屬官為名，把張昺、謝貴騙進王府。

朱棣裝病拄著枴杖，招待二人吃西瓜，剛吃完一塊，朱棣生氣說：「普通百姓家裡，兄弟宗族之間還知道互相關心，我是天子的親戚，卻連性命都保不住。對叔父至親尚且如此，甚麼事情做不出來呢？」

說罷，朱棣狠狠將瓜皮摔在地上，作為約定的暗號。衛士一擁而上，捆綁張昺、謝貴及葛誠等人。

朱棣扔了枴杖，怒氣沖沖說：「我有甚麼病？是被奸臣逼成這個樣子的！」

殺了張昺、謝貴等人後，包圍王城的將士紛紛潰散，朱棣輕而易舉控制了北平城。

⊙打起「靖難」旗

控制北平後，朱棣正式起兵，打出「靖難」旗號在北平誓師，布告將

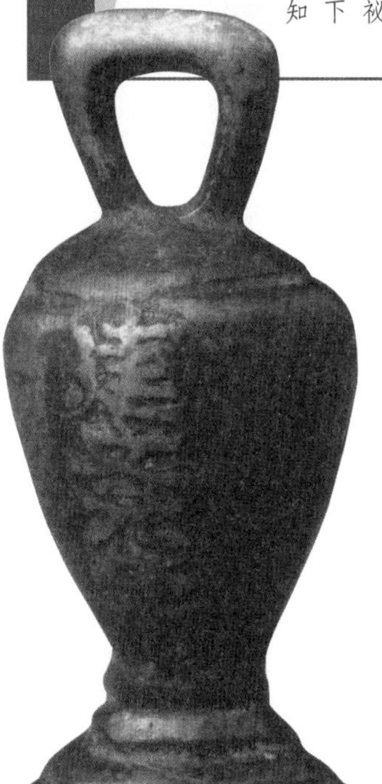

建文元年應天府銅權

衡器部件，高五．五公分，底徑二．五公分，是商業活動中不可缺少的工具。人們俗稱權為秤砣，砣的重量決定稱重能力，砣越重，秤越大。權一般用鐵、銅、石製作。這枚銅權是建文元年（一三九九年）由應天府（今南京市）製造的。

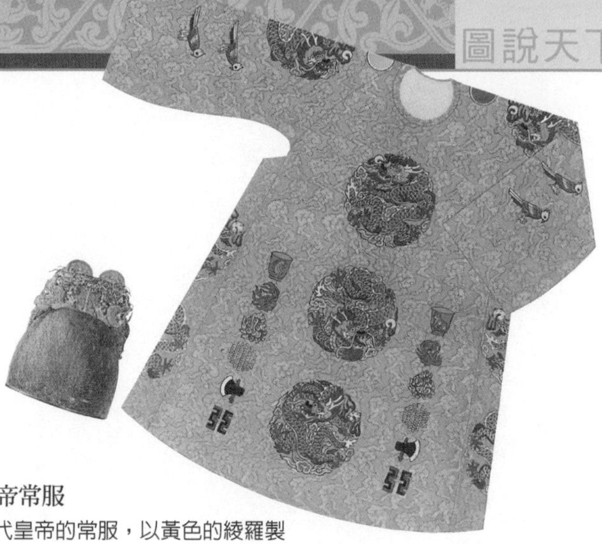

皇帝常服
明代皇帝的常服，以黃色的綾羅製成，上繡龍紋、翟紋及十二章紋。

士。同時朱棣向建文帝上了一份奏疏，聲稱根據《祖訓》，「朝廷若有奸賊，諸王可以發兵誅討」，要求殺掉齊泰、黃子澄兩人。

建文帝沒有理會，任命耿炳文為大將軍，率師征討燕王。叔姪二人兵戎相見，打了四年內戰，歷史上稱作「靖難之役」。

朱棣以北平為大本營，迅速占領交通要道通州（今屬北京市），控制居庸關，然後克薊州（今河北薊縣），破懷來（在今河北懷來東南），取密雲，平定遵化，掃清北平外圍。不到二十天，歸順朱棣的軍隊已有數萬。

八月，耿炳文帶領四十萬大軍來到真定府（今河北正定），先鋒楊松已占據雄縣。燕王朱棣乘耿軍新至不備，主動出擊，親自率兵到涿州（今屬河北），中秋節晚上跨過白溝河（今拒馬河），夜襲雄縣城，一舉全殲耿軍前鋒九千人。接著伏擊耿軍援兵，活捉都指揮潘忠。

隨後，燕王領兵到達真定，親自帶領兩個騎兵突然衝進敵人運糧車隊中，抓了兩個俘虜。根據俘虜提供的情報，燕王讓護衛指揮張玉等正面進攻，自己率領騎兵繞到敵後，前後夾擊。耿軍本來軍心不穩，又見燕兵在朱棣的督師下異常驍勇，陣營一亂，人馬自相踐踏，大敗而逃。

⊙大軍北伐

八月底，建文帝命曹國公李景隆代耿炳文為大將軍，領兵五十萬進駐河間（今屬河北），再次北征。朱棣為引誘李軍倉促來攻，只留少部兵力守北平，自率主力繞道襲取大寧（在今內蒙古寧城縣境），合併寧王朱權所屬三衛兵馬，擴充實力。

李景隆聽說燕王領兵在外，率師直抵北平城下。攻城最緊張的時候，北平城裡的婦女都上城助戰，拋擲磚瓦，打退敵兵。又連夜擔水澆灌城牆，時值隆冬，水一結冰，城牆溜滑，敵人無法攀登。

十一月，燕王領兵回師，李景隆大敗。李軍丟下糧食器械，日夜南奔，最後龜縮到德州。

第二年夏天，李景隆重整旗鼓，會合郭英、吳傑共六十萬軍隊，號稱百萬雄師，從德州北上伐燕。兩軍在白溝河展開激戰，雙方全力以赴，打得十分艱苦。朱棣親自率兵左衝右殺，幾次陷入敵陣險些丟失性命，僅戰馬就因負傷更換了三匹。

第二天兩方又殺得難解難分，快

到中午時分，朱棣率領數千騎兵繞到敵後，突然衝入敵陣，東殺西砍，勢不可當。李景隆的幾員戰將戰死，指揮失靈，軍無鬥志，陣營驟然崩潰。前陣一敗，後陣望風而逃，燕兵奮勇追殺，又乘風縱火，燒了敵營。李景隆逃到德州，燕軍跟蹤而至。

五月，李景隆從德州逃到濟南，朱棣率燕軍尾追不捨。李景隆率領十餘萬眾立足未穩，被打得大敗，濟南在都督盛庸和山東布政使鐵鉉的死守下得以保全。朱棣圍攻濟南三月未下，回撤北平。

九月，建文帝命盛庸取代李景隆，領兵進駐德州、滄州等地，部署第三次北征。

十月，朱棣佯稱攻遼東，兵至通州，突然轉兵南攻滄州，生擒守將徐凱，接著乘勝南下，連續擊敗盛軍。

⊙皇位易主

建文四年（一四〇二年）正月，燕軍進入山東，繞過守衛嚴密的濟南，破東阿、汶上、鄒縣，直至沛縣、徐州。

四月，燕軍進抵宿州，與跟蹤襲擊的南軍大戰於齊眉山，燕軍大敗，雙方相持於淝河。關鍵時刻，建文帝接受臣僚建議，把徐輝祖軍隊調回南京，削弱了前線的軍事力量。南軍糧運又為燕軍阻截，燕軍掌握時機，大敗南軍於靈璧，俘獲南軍將領數百人。自此，燕軍士氣大振，南軍益弱。

朱棣率軍渡過淮水，攻下揚州、高郵、通州（今江蘇南通）、泰州等要地，準備強渡長江。朝廷這時已經亂成一團，六卿大臣紛紛藉故外逃。

建文帝想以割地分南北朝為條件議和，燕王拒絕。六月初三，燕軍自瓜洲渡江。十三日進抵金川門，負責守衛城門的李景隆開門迎降。燕王進入京城，文武百官紛紛跪迎道旁。

燕王在群臣擁戴下即皇帝位，是為明成祖，年號永樂。歷時四年的「靖難之役」，以燕王朱棣的勝利結束。

蒼鷹攫兔圖　明　張路

方孝孺拒寫詔書

●時間：西元一四〇二年
●人物：方孝孺

明朝一代名儒方孝孺因拒絕為明成祖朱棣起草即位詔書而慘遭「滅十族」之災。方孝孺的成仁取義，朱棣的殘酷殺戮，生動再現了構成歷史真實不可或缺的兩種角色——忠義無畏與殘忍暴戾。

⊙師出名門

方孝孺（一三五七～一四〇三年），字希直，號遜志，台州寧海（今屬浙江）人。方孝孺的家庭雖不富有，但世尊儒術，父親方克勤是當地名儒。方孝孺聰明好學，從小受到系統的儒家思想教育，六歲能詩，十三歲善作文，長大後拜大儒宋濂為師，為同輩人所推崇。

洪武十五年（一三八二年），經東閣大學士吳沉、楊樞舉薦，明太祖朱元璋在奉天門召見方孝孺。太祖見方孝孺舉止端莊，學問淵博，稱讚他是不可多得的人才。方孝孺力主施行仁政，先德化後政刑，太祖則主張以猛治國，運用嚴刑峻法控制官民，因此未受重用。雖然如此，太祖卻有意讓方孝孺日後輔助子孫。

三十一年（一三九八年），太祖死，皇太孫朱允炆繼位，即建文帝。建文帝即位後，遵照太祖遺訓，召方孝孺入京委以重任，先後出任翰林侍講及翰林學士。

建文帝很敬重方孝孺，讀書時每有疑難即向他請教，處理國家大事也會徵求他的意見，有時還會讓他代為批覆群臣的奏章。當時宮中纂修《太祖實錄》及《類要》等史籍，皆由方孝孺擔任總裁。既得皇帝倚重，方孝孺更是忠心助主，輔助建文帝省刑、減賦，更定官制，銳意文治，力圖改變洪武以來嚴苛峻急的統治政策。

⊙拒寫詔書

當時各地藩王勢力日益增大，建文帝聽從兵部尚書齊泰和太常寺卿黃子澄的建議，採取削藩政策，以加強中央集權。駐守北平的燕王朱棣以「清君側」為名，誓師「靖難」，揮軍南下。建文帝立即派兵北伐，討伐燕王的詔書檄文都出自方孝孺之手。

燕軍驍勇善戰，南軍逐漸失利。建文四年（一四〇二年），燕軍攻破京師。燕王進京後，文武百官多見風轉

方孝孺紀念碑亭

舵，投降燕王，只有方孝孺拒不投降，被捕下獄。

方孝孺是名聞天下的第一大儒，學識品德四海稱頌。朱棣起兵時，謀士姚廣孝曾說，城破之日方孝孺是絕不會投降的，但萬萬不能殺他，否則天下讀書種子就滅絕了。

朱棣也有意借用方孝孺的名望收攬人心。燕軍攻破南京後，朱棣屢次派人到獄中向方孝孺招降，希望由他撰寫新皇帝即位的詔書，方孝孺堅決不從。朱棣派方孝孺的學生廖鏞、廖銘二人前去勸說，反被方孝孺痛斥了一頓。

竹鶴圖　明　邊景昭

一日，朱棣上朝，強行押解方孝孺上殿。方孝孺披麻帶孝而入，悲慟之極，哭聲響徹大殿。朱棣走下皇座，上前安慰方孝孺，告訴他建文帝已死，並勸他像周公輔助成王一樣輔助自己。

方孝孺厲聲質問朱棣，為何不立建文帝的兒子或弟弟為君呢？朱棣無可奈何，命人把筆墨放到方孝孺面前，強迫他寫詔書。方孝孺拿過筆，寫上「燕賊篡位」幾個字，擲筆於地，邊哭邊罵道：「死即死耳，詔不可草。」

朱棣見方孝孺寧死不屈，威脅說：「你不怕誅九族嗎？」方孝孺義無反顧回答說：「即使誅我十族又怎樣？」朱棣怒不可遏，命人用刀割他的嘴，從嘴角直割到耳朵。方孝孺滿臉是血，仍忍著痛怒罵不絕。

最後朱棣把方孝孺打入死牢，又大肆搜捕方孝孺在京的親屬，行刑當日，他們被押往刑場，在方孝孺面前一一殺害。方孝孺忍著悲痛，始終沒有屈服。

行刑前，方孝孺視死如歸，作絕命詞曰「天降亂離兮孰知其由，奸臣得計兮謀國用猶。忠臣發憤兮血淚交流，以此殉君兮抑又何求。嗚呼哀哉兮庶不我尤」，表達出忠於建文帝的氣節。門人、弟子拾其遺骸，埋葬於聚寶門外山上。

族誅前，方孝孺的妻子鄭氏和兒子中憲、中愈自縊死，女兒貞、淑投秦淮河死。族誅後，朱棣又把方孝孺的門生作為一族殺掉，被殺者八百餘人。

成祖殺了方孝孺後，怕後世落得殘殺忠臣的罵名，便下令藏方孝孺之文者罪至死。幸有方孝孺門人錄集其文，得以傳於後世。明中葉以後，方孝孺的《遜志齋集》一刻再刻，人們因慕其氣節而重其文章。

明代瓷器

明代，景德鎮為全國製瓷業的中心，明廷於洪武初年在這裡設置了御窯廠，為了滿足宮廷官府的需求，燒瓷不計工本，精益求精，並且大力創新。鬥彩、五彩、素三彩、黃地紅彩、白地綠彩等大量釉上彩繪瓷器燒製成功。

從明代不同時期上看，因製瓷所選原料、燒製工藝水準和審美趣味的差異，使得各個時期都產生了一些具有自己鮮明特點的瓷器品種。如永樂、宣德時期的青花、釉裡紅、甜白釉、紅釉、青釉、藍釉、醬釉、仿哥釉、仿汝釉瓷器，成化時期的青花、鬥彩瓷器，弘治時期的黃釉瓷器，正德時期的孔雀綠釉、素三彩瓷器，嘉靖、隆慶、萬曆時期的青花、五彩瓷器等。

▲琺華庭園人物圖罐

元代山西已開始燒琺華器，為陶胎。景德鎮從明代成化時開始仿山西琺華，是瓷胎。其工藝過程是在坯胎上用白色瓷泥堆擠出紋飾，高溫燒出後，在地子上施黃、綠、紫、藍等低溫釉，再燒一次。成品效果是白色凸起紋飾和彩地相互輝映。

▲青花劉海戲金蟾圖花觚

▶宣德景德鎮窯青花五彩蓮池鴛鴦圖碗

此碗通體施白釉，釉色微閃青。內外均繪有青花五彩圖案，主體紋樣為腹部的鴛鴦蓮池紋，兩對戲水鴛鴦，色彩鮮豔，線條流暢。此碗是迄今發現景德鎮官窯明青花五彩瓷器中燒造最早、保存最完好的作品。

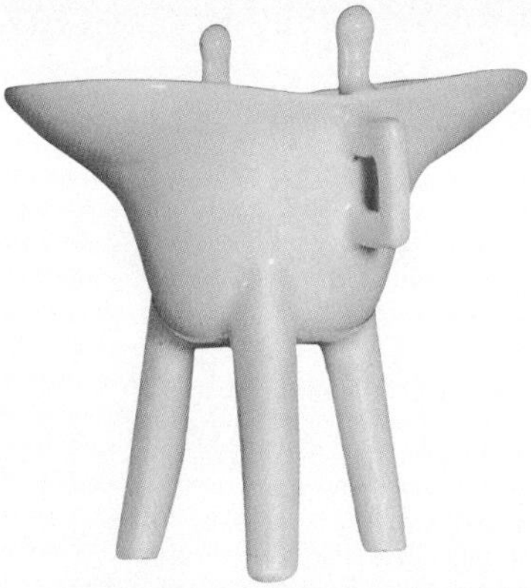

白釉暗花爵杯

杯造型仿古銅器式樣，橢圓口，深腹，下承三足，通體施白釉，白中閃青，釉下暗刻纏枝蓮花。此杯形制古樸，紋飾流暢生動，純樸自然，是嘉靖朝的典型單色釉瓷器。單色釉瓷，即一種顏色的瓷器，有一次高溫燒成的，如青瓷、黑瓷、白瓷、霽藍、霽紅、茶葉末等等；也有二次燒成的，如黃釉、孔雀藍、瓜皮綠、茄皮紫等，先高溫燒成白瓷或素胎瓷，再上色釉第二次低溫燒成。

五彩雲龍出戟花觚

萬曆年間燒製。觚撇口，長頸圓腹，近足外撇，器身有條形長戟，足內有青花雙圈「大明萬曆年製」六字楷書款。外壁以雲龍紋為主題圖案，間以纏枝花、忍冬、變形蓮瓣等邊飾。造型仿古銅器式樣，莊重古樸，紋飾繁而不亂。

五彩魚藻紋蓋罐

三彩雲龍花果盤

本件是盛放甜點水果的瓷器，內外皆飾以雲龍紋，塗有黃、青綠、紫等釉色，以黑線描出輪廓。這種製作法為三彩的一種，俗名素三彩，因為器表沒有紅色釉彩。三彩其實是五彩繽紛的，雖然看來色調簡單，事實上已經用了很濃稠明亮色系的釉彩，只是因為色彩的調和，使得整個鮮豔的色彩並不會影響器物典雅的美感。

從南京到北京

●時間：西元一三六八～一四二一年
●人物：明太祖　明成祖

明朝的國都初定南京，後又改為北京，每做出一個決定，都包含著複雜的社會因素、歷史因素，甚至感情因素。

⊙定都南京

洪武元年（一三六八年），朱元璋稱帝，國都選定成為當務之急，群臣有幾派意見。一派主張定都應天府，也就是南京，南京是六朝古都，物產富庶，地形險峻，進可控制兩淮，北征蒙古，退可據長江以自守，同時又是朱元璋多年的根據地，便於穩定局勢。

北京宮城圖

明代早期所繪的北京紫禁城圖。

朱元璋卻認為，應天府偏於東南，不利於控制全國，歷代以應天為國都的王朝多偏安一時，氣數不夠，不太吉利，因而有些猶豫。

另一派大臣主張定都洛陽，洛陽是中原中心，歷史上有「有天下者非都中原不能控制」之說。朱元璋非常重視，攻克河南之後，立即前往汴梁察看形勢，然而所見卻一派凋敝。中原幾經戰亂，早已沒有往日繁華，洛陽運河河道堵塞，運輸困難，很難建都。

八月，朱元璋宣布以應天為南京，開封為北京，兩京併立。

朱元璋曾設想把國都立在家鄉濠州（後改稱中都），並於洪武二年（一三六九年）開始大興土木。五年後，中都初具規模。八年（一三七五年）四月，朱元璋突然宣布中止中都的建設。作為一個有宏圖偉略的政治家，朱元璋從個人感情的狂熱中清醒，理性認識到鳳陽的地理位置不適合建都，這裡經濟基礎薄弱，農業落後，交通不便，缺少都城氣質。

放棄濠州後，朱元璋權衡利弊，堅定了以南京為國都的想法，改建南京宮殿。洪武十一年（一三七八年），明太祖在詔書中鄭重宣布以南京為京師，廢北京，仍為開封府，同時濠州的中都名稱保留。

⊙朱棣遷都北京

北京宮城內的銅鶴

朱元璋死後不久，「靖難之變」發生，燕王朱棣奪取帝位。明成祖朱棣最初也以南京為國都，但卻有遷都北京的想法。北京是朱棣的封地，深知其地形之固、關隘之險、人才之聚、經濟之富，作為中原門戶，向北以群山為屏障，控制大漠，兼顧東北，向南則可襟帶全國，統領中原。明初的北平府經過朱棣多年經營，根基穩固，城牆高築，軍餉糧草齊備，是明廷北方軍事重鎮。

永樂元年（一四〇三年）正月，朱棣下詔升北平為北京。

四年（一四〇六年），朱棣開始為遷都準備，營建北京城。派大臣到全國各地採木備料，徵調工匠，疏通運河，南糧北運。十五年（一四一七年），開始大規模興建宮城，三年後，工程基本竣工。新建的北京城規制和南京一樣，但更為宏偉壯麗。

十九年（一四二一年）正月，明成祖正式遷都北京。遷都後，為了表示對明太祖的尊重，南京仍稱為京都，北京為陪都，太子留守南京監國。但皇帝和中央朝廷都在北京，政令也由此發布，北京已是事實上的首都。

朱棣遷都北京，最主要的目的是穩定北疆。蒙古鐵騎不斷侵擾北部邊疆，始終是明朝的心腹大患，遷都北京對於鞏固邊防、維護國家的統一有著重要意義，成為明朝維持近三百年江山的重要保障。

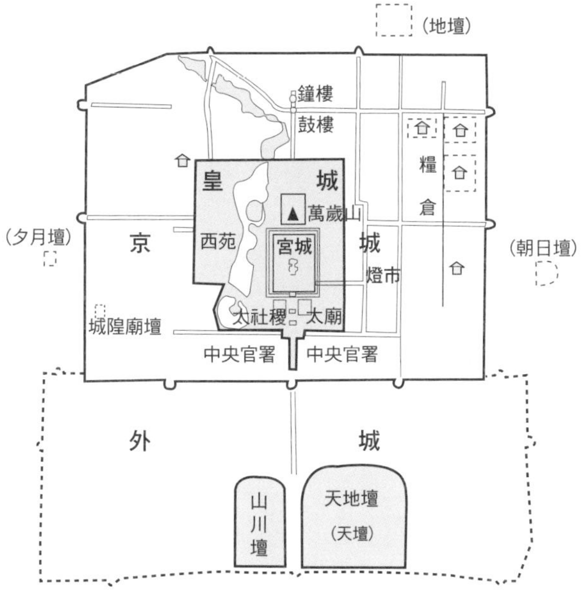

延伸知識

明朝的北京城

明朝的北京城有三重，最裡面是宮城，又叫紫禁城。紫禁城內的宮殿有精緻的木雕、石雕、彩畫和金光燦爛的琉璃瓦頂，呈現了手工工匠的卓越技巧。這項工程主要是由木工出身的蒯祥等人設計的。紫禁城是中國保存得最完整、規模最宏大的帝王宮殿群。

宮城外面是皇城，皇城的正南門為承天門，氣勢磅礴。門前的宮廷廣場上，點綴著漢白玉石橋、華表和石獅，增添了皇城的莊嚴端重。

皇城外面是京城，基本上取元大都的南部，只是南垣稍稍向外擴展，周圍二十公里，有九座城門。一條中軸線貫穿南北，兩邊街道和主要建築左右對稱。京城內店鋪林立，商業繁榮。後來，京城南邊加築外城，為手工業和商業區，這裡有北京城最繁華的街市。

「南旺導汶」通運河

●時間：西元一四一一年
●人物：宋禮　白英

明成祖朱棣即位後，北京成為政治和軍事中心，而經濟中心仍在南方，為了便於南方的財物和糧食北運，南北交通線的溝通成為當務之急。

⊙南北運輸線

古代陸路運輸沒有先進交通工具，只能靠肩挑車拉，路線長，時間久，耗費大，運輸量小。

明太祖時，朝廷沿用元朝之法，北方供給從海路運輸。這個辦法風險很大，海船可能被風浪掀翻，沿海並常有倭寇出沒。依靠海運供應遼東和北平的軍需非常困難，更不用說供給大批官員和皇帝北巡時的各項需要了。於是，南北大運河就成了聯接北京和江南的經濟命脈。

明成祖朱棣像

大運河分為南河、中河、北河三大段，北河從徐州北的茶城到臨清（今山東臨清）一段叫會通河。元朝末年，會通河多處淤塞。洪武二十四年（一三九一年），黃河在河南境內決口，大水漫過山東安山湖（今山東東平安山鎮西），東入大海，將運河北起臨清、南到濟寧一段淤成平地。

永樂九年（一四一一年），濟寧州同知潘叔正上了一道奏摺，建議疏濬舊會通河淤塞河道，不僅山東百姓可以免除轉運勞苦，對國家也大有利處。明成祖採納建議，命工部尚書宋禮負責，調山東、直隸、徐州民工十六萬五千人疏濬會通河。

⊙村叟獻策

宋禮到了山東，首先勘察地形。當時黃河從河南蘭陽（今河南蘭考）向東南經徐州東流入海，運河從臨清到濟寧段只有汶水（今山東大汶河）可以利用。

元代為了解決這段運河的水量問題，在汶水邊的堽城築大壩，使汶水南流，會合泗水，在濟寧南注入會通河。同時在濟寧修築水閘，提高濟寧以北河段水位。但是濟寧以北的南旺是個南北狹長的小丘陵，地勢比濟寧高出好幾丈，水向北流不動，反而向南倒灌，這個問題一直沒有解決。

宋禮察看完地形後，反覆思考解決汶水倒灌的問題。一天晚上，宋禮正藉著燭光研究地圖，邊俯案思考。門衛稟報有個老農前來求見，自稱有疏濬運河的辦法，要和宋禮面陳。

老人見到宋禮，說：「小民本是山野農夫，家住汶水邊戴村，姓白名英。見大人幾天來察看汶水，想是在為疏濬運河的事費心吧？」

宋禮見老人似乎胸有成竹，忙請教治水之道。白英說：「鄉親為轉運官糧，備嘗辛苦，都盼望早日修通運河，因此在運送官糧時常留心觀察各處地勢高低，河流走向。這一帶數南旺地勢最高，如能修築大壩截住汶水，把水引到南旺，沿運河分別向南北流去，南支流到濟寧天井閘，北支流到張秋入衛河，糧船就暢通無阻了。」宋禮聽完，連連擊掌叫好。

⊙南旺導汶

白英的建議，就是著名的「南旺導汶」之策。宋禮根據建議，制訂了疏濬會通河的計畫。宋禮部署人力，興建了四項工程：首先在戴村築壩截住汶水，不讓汶水北流大清河入海。再挖一條一百多里長的新渠，把截住的汶水導入會通河。在堽城附近的洸河上築壩，截住汶水流入洸河的老路。在坎河口築壩，防止汶水水位升高從這裡繞過戴村北經故道入海。

完成這四項工程，就解決了會通河水量的問題。宋禮在南旺湖南北和運河銜接的地方各修一個水閘，關閉北面水閘，水就往南流向濟寧，關閉南面水閘，水就往北流向臨清，達到調濟南北兩段運河水量的作用。又在這段運河上修了三十八座水閘，及時蓄水和排泄。整個工程僅用四個月就完成了。後來朝廷派平江伯陳瑄治理南河，大運河全線暢通。

大運河修通後，宋禮和陳瑄都受到明成祖的褒揚和獎賞。但在疏通會通河過程中出謀劃策的白英老人，因為只是一個農夫，卻只有史書上寥寥數語的記載。

歷史詞典

永樂大鐘

永樂大鐘是中國已發現的最大的青銅鐘。

明永樂年間（一四〇三～一四二四年），明成祖朱棣遷都北京後，下令鑄造大鐘。永樂大鐘用銅、錫、鉛合金鑄成，其合金成分為：銅八十．五四%，錫十六．四%，鉛一．一二%。

永樂大鐘的鑄造沿襲了中國的傳統鑄造工藝泥範法，鐘身用圈形，外範分為七層，逐層與範心套合，至鍾頂部，將先鑄成的鐘紐嵌入，澆鑄後成為一體。

永樂大鐘通高六．七五公尺，肩外徑二．四公尺，口沿外徑三．三公尺，鐘壁厚度不等，最薄處在鐘腰部，厚九十四公厘，最厚處在鐘唇部，厚一百八十五公厘，大鐘重約四十六噸。鐘身鑄滿了陽文楷書、佛教經咒二十二萬七千多字，字體工整、堅韌，相傳為明代書法家沈度的手筆。每當重大法事必擊鐘十餘下。

永樂大鐘構造合理，工藝精湛，造型精美，形體宏偉，無論從其體量之巨、鑄造之精，還是銘文之多，都堪稱世界佛鐘的典範。歷時五百多年，至今仍音響圓潤宏亮，穿透性強，具有明顯的音樂效果，鐘聲可傳四五十公里，餘音達兩分鐘之久。今存於北京大鐘寺中。

永樂大鐘　明

【鄭和下西洋】

●時間：西元一四〇五～一四三三年
●人物：鄭和

鄭和七下西洋，歷時二十八年，足跡遍佈亞非三十多個國家，先後到達東南亞、印度、阿拉伯半島，最遠到達非洲東海岸和紅海沿岸。

⊙鄭和其人

永樂三年（一四〇五年）六月的一天，太平洋上風平浪靜，碧波萬頃，劉家港（今江蘇太倉東瀏河鎮）海面上卻異常喧鬧。六十二艘巨型海船整齊排列，一聲令下，綿延十餘里的船隊浩浩蕩蕩，乘風破浪向南駛去。

奉旨執行這項任務的，就是明成祖的心腹、三保太監鄭和。鄭和（一三七一～一四三三年），雲南昆陽（今晉寧）人，回族，本姓馬，名和，小字三保。鄭和生於伊斯蘭家庭，祖父和父親都曾到過伊斯蘭教聖地麥加朝聖。他從小受到良好教育，對遠方異域、海外國家的情況有所瞭解，對各種文化也有很強的包容力。

鄭和十一歲時，朱元璋大軍打到雲南，鄭和被明軍抓獲，隨軍隊轉戰北方。八年後，鄭和被送到燕王府服役，他豐軀偉貌，博辯機敏，深得朱棣賞識。「靖難之役」中，鄭和跟隨朱棣出生入死，南征北戰，立下赫赫戰功，成為朱棣奪取政權的主要功臣之一。

明成祖朱棣登基後，鄭和升為內官監太監。永樂二年（一四〇四年）正月初一，朱棣親筆賜他姓「鄭」，從此名為「鄭和」。

⊙朱棣的設想

明朝初年，國勢蒸蒸日上，朝氣蓬勃。明初幾位統治者都實行與民休息政策，經濟繁榮，國力強大。紡織、製瓷等手工業技術都有很大提升，造船、航海業也有較大發展，科技和航海技術處於世界領先地位。羅盤的使用、航海經驗的積累、航海知識的豐富，成為鄭和下西洋具有可能的客觀基礎。

朱棣登基僅三年，便力排眾議，興師動眾，命鄭和率使團下西洋，有其主觀原因。

據《明史·鄭和傳》記載：「成祖疑惠帝（建文帝）亡海外，欲蹤跡之。」這一說法成為日後許多野史演義的依據。然而說一下西洋是為尋找建文帝的蹤跡，尚有可能，七下西洋

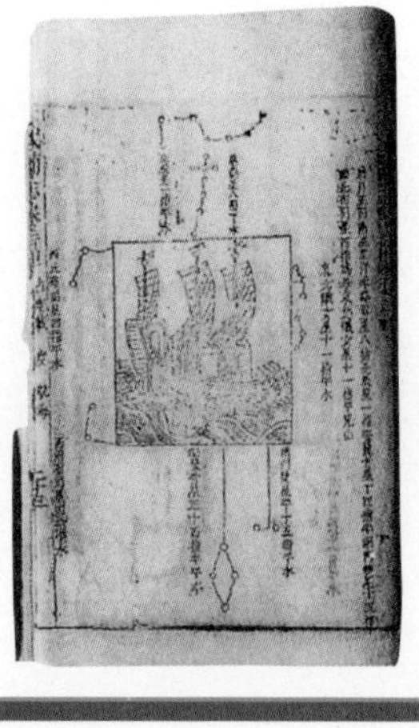

航海牽星圖

三保太監鄭和七次下西洋，每次都能準確到達目的地，完全依靠航海羅盤、航海圖和牽星圖等，圖為鄭和航海時使用過的牽星圖

鄭和七次下西洋

序次	出國時間	回國時間	所經主要國家、地區
一	永樂三年（1405年）冬	永樂五年（1407年）九月	占城（今越南）、暹羅（今泰國）、蘇門答剌（今印度尼西亞蘇門答臘島）、舊港（今印度尼西亞蘇門答臘島之巨港）、滿剌加（今馬來西亞麻六甲）、錫蘭（今斯里蘭卡）、古里（今印度卡利卡特）
二	永樂五年（1407年）冬	永樂七年（1409年）夏末	占城、爪哇（今印度爪哇島）、滿剌加、暹羅、浡泥（今加里曼丹島）、錫蘭、加異勒、柯枝（今印度科欽）、古里
三	永樂七年（1409年）九月	永樂九年（1411年）六月	占城、爪哇、暹羅、滿剌加、蘇門答剌、阿魯（今蘇門答臘島勿拉灣）、錫蘭、柯枝、古里、溜山（今馬爾代夫）、阿拔把丹（今印度阿默達巴德）、小葛蘭（今印度奎隆）、甘把里（今印度南端的科摩林角）
四	永樂十一年（1413年）冬	永樂十三年（1415年）七月	占城、爪哇、滿剌加、錫蘭、柯枝、古里、阿魯、彭亨（今馬來西亞彭亨）、急蘭丹、忽魯謨斯（今伊朗波斯灣）、溜山、木骨都束（今索馬里的摩加迪沙）、卜喇哇（今索馬里的巴拉韋）
五	永樂十五年（1417年）冬	永樂十七年（1419年）七月	占城、爪哇、滿剌加、錫蘭、柯枝、古里、阿魯、彭亨、急蘭丹（今馬來西亞的吉蘭丹）、忽魯謨斯、溜山、木骨都束、麻林（今坦桑尼亞的基爾瓦基西瓦尼，另有說法是肯尼亞的馬林迪）
六	永樂十九年（1421年）冬	永樂二十年（1422年）八月	占城、暹羅、滿剌加、榜葛剌、錫蘭、古里、阿丹（今阿拉伯葉門共和國的亞丁）、祖法兒、剌撒、溜山、柯枝、木骨都束、卜喇哇
七	宣德六年（1431年）冬	宣德八年（1433年）六月	占城、爪哇、舊港、滿剌加、蘇門答剌、木骨都束、竹步（今索馬里境內）、古里、祖法兒、阿丹、忽魯謨斯

則不太可能。

更為可能的是，永樂帝想通過揚威海外來緩和建文帝朝遺老的不滿，達到穩定統治的目的。《明史》中記載的「欲耀兵異域，示中國富強」，應該是永樂帝派鄭和下西洋的第二個原因。

永樂年間，國力強盛，「北虜」蒙古勢力已驅逐出關外，「南倭」在明軍的打擊下不敢再貿然進犯，集權統治十分牢固。明成祖要向異域展示國家的富強，軍隊的強大，恢復海外各國的朝貢往來，重塑「天朝大國」的地位。

⊙七下西洋

永樂三年（一四〇五年），明成祖朱棣派鄭和下西洋，開創了中國航海史上前所未有的輝煌時期。

伴隨鄭和出使的隨員有二萬七千餘人，包括水手、官兵、採辦、工匠、醫生和翻譯等等。海船的性能和裝備都是當時世界上最先進的。船隊

《鄭和下西洋》紀念郵票

為紀念偉大的航海家鄭和，一九八五年中國發行了一套《鄭和下西洋》紀念郵票。

中最大的船名為寶船，長四十四丈四尺，寬十八丈。普通的船長度也有三十七丈，寬十五丈，規模之大，在當時絕無僅有。弘治五年（一四九二年），哥倫布首次進行遠洋航行，其船隊僅有三艘船和九十名水手。

鄭和率領船隊，攜帶國書和大量金銀、綢緞、瓷器等物品，從蘇州劉家港啟航，在福建五虎門（今閩江口長樂港）集結操練。待到入冬，東北季風盛行，船隊拔錨揚帆，第一站到達占城（今越南），揭開了七下西洋的序幕。

明朝時以婆羅洲（今文萊）為界，將南海以西海洋及沿海各地，遠及印度和非洲東海岸的廣大地域概稱為「西洋」，以東稱「東洋」。鄭和所到主要是當時所稱的「西洋」範圍，即東南亞各國，故史稱「鄭和下西洋」。

鄭和每到一國，都和當地君主會見，宣讀明成祖詔書，贈送冠服和珍貴禮物，並賜給國王誥命銀印，表達明朝願意與之建立和發展友好關係的願望，招徠各國向明王朝稱臣納貢，建立上邦大國與藩屬之國的關係。同時，鄭和船隊也與當地進行貿易活動，以中國手工業品交換各國土特產品。

鄭和七下西洋，所到之處並非都友好歡迎，也會有糾紛和戰鬥，但他都輕而易舉解決了。近三十年間，鄭和碰到過三次戰役：一次是擒獲盤踞在蘇門答剌半島的陳祖義海盜集團，一次是幫助蘇門答剌平滅叛亂，一次是錫蘭山（今斯里蘭卡）國王企圖搶劫船隊。

⊙明朝的收穫

永樂年間，在鄭和下西洋的帶動下，外交關係迅速發展。通過鄭和的船隊，更多國家瞭解了中國。明朝國勢強盛，物產豐富，各國紛紛派遣使臣回訪，表示願意實現雙方友好交往。有些國家的君主並攜妻帶子親赴中國訪問。許多多年不與中國來往的東南亞國家，甚至一些從未與中國有過交往的東非國家，都與明朝政府建立外交關係。在明成祖看來，鄭和下西洋最大的外交成果，就是「遠人來貢，百王來朝」。

鄭和海船（模型）

三保太監鄭和統率船隊，曾七次下西洋。船隊中最大的海船長四十四丈四尺，寬十八丈，立九桅，掛十二帆，是當時世界上最大的木帆船。

鄭和下西洋以強大的軍事實力為後盾，有助於調解東南亞各國的問題，平息衝突，消除隔閡。維護周邊國家的穩定的同時，也提高了明朝的威望。

活躍而頻繁的朝貢往來，客觀上帶動了海外貿易的發展。中國的絲綢、瓷器早就聞名海外，南亞各國都想和中國發展貿易，只是由於明初一直實行海禁政策沒能實現。鄭和的到來，主動帶給各國發展貿易的機會，令各國趨

鄭和航海線路圖

之若鶩，紛紛響應。

在與各國的文化交往中，鄭和及隨行人員馬歡、費信、鞏珍等記錄各國風土人情，特別是帶回了當時人稱「麒麟」的長頸鹿和斑馬、鴕鳥等珍禽異獸，令國人大開眼界。

在科技上，鄭和下西洋開闢了新的航海路線，對西太平洋和印度洋進行了考察，搜集和掌握了許多海洋科學數據。通過大量海洋勘測繪製而成的《鄭和航海圖》，是鄭和海洋考察活動的標誌，比世界公認最早的英國「挑戰者」號海洋調查活動（一八七二～一八七六年）要早四百多年。

⊙航海家的歸宿

永樂二十二年（一四二四年），明成祖朱棣死後，仁宗朱高熾和宣宗朱瞻基先後登基。他們和朝中保守大臣一樣，認為「下西洋」勞民傷財，收效不大，打破海禁，有傷體統，辱沒了文化傳統和儒家風範，重新執行「海禁」政策，「罷寶船弊政」。

宣德六年（一四三一年），鄭和以死諫要求出海，得到宣宗批准。作為明王朝開放政策的餘波，鄭和完成了他最後一次下西洋的活動，但規模已大不如前。有說法認為，宣德八年（一四三三年），在這次航海的歸途中，一代航海家鄭和在他熱愛的大海上離開了人世。但另有記載是，鄭和於宣德十年（一四三五年）病卒於南京。

轟轟烈烈，名噪一時的下西洋壯舉終於落下帷幕，明朝剛剛開啟的大門又緊緊關閉，隨著海禁政策的實行，中原大地進入了漫長閉關自守歲月。

中國麒麟與非洲的長頸鹿
鄭和第五次下西洋，麻林國贈送給明王朝珍奇動物麒麟（即長頸鹿），引起極大轟動。右圖為中國人心目中的麒麟，下圖為非洲的長頸鹿。

蘇祿國王來訪

●時間：西元一四一七年
●人物：蘇祿國王

鄭和下西洋後，各國使團來訪日益頻繁。永樂十五年（一四一七年），蘇祿國東、西、峒三王同時來北京拜訪永樂皇帝朱棣，開啓了中菲兩國友好往來的歷史篇章。

鄭和第五次下西洋時，艦隊穿過臺灣海峽進入南中國海，一直駛向呂宋島，訪問馬尼剌、蘇祿（今菲律賓蘇祿群島）等地後，再前往婆羅洲。當時該區域以蘇祿王國最為強大，也是最重要的商貿中心。鄭和在蘇祿登陸的地方，後來改名為三保顏，意為三寶花園。

⊙蘇祿三王使團來訪

永樂年間，明成祖朱棣率兵平定西北後，錦衣衛指揮使紀綱請旨，欲率水師南下盪平南洋十五國。但朱棣最終遵從明太祖遺訓，實行遣使修好的政策。

蘇祿國王打算親自來中國謁見朱棣，命令王子伊斯麥爾和中國商人張謙加緊指揮建造船隻。部落酋長阿尤布率部前來阻止被擊退，蘇祿國王和王后葛木寧率眷屬大臣等如期出訪中國。

永樂十五年（一四一七年）八月，蘇祿東國酋長巴都葛叭答剌、蘇祿西國酋長麻哈剌叱葛剌馬丁、故蘇祿峒酋長之妻叭都葛巴剌卜，各率其親屬及隨從，組成三百四十多人的使團，到達中國。三人奉金鏤表朝貢，並獻珍珠、玳瑁、寶石等物。這是繼浡泥、滿剌加國王來中國進行友好訪問後，又一個海外國家的首腦人物親自率領使團來訪，同時也是蘇祿國對鄭和使團進行的一次回訪。

蘇祿使團抵達中國後，由總兵太監鄭和陪同北上北京。明成祖在皇宮款待蘇祿國王一行，雙方在比武場上各顯技藝。明成祖賜封蘇祿三王誥命、印章、冠服和大量金銀珠寶、瓷器、綢緞，大小隨從均有賞賜。約定以東王為正，西王和峒王為副，共同管理蘇祿國事。

這時，海盜羅景龍、坎卡瓦竊走蘇祿國王的大珍珠，殺死護衛阿布貝卡。明成祖追封阿布貝卡為驃騎將軍，以親王之禮厚葬。蘇祿國王十分感動，決心世代與中國修好。案件迅速查清，凶手就地正法，大珍珠也奉還蘇祿國王。三位國王登臨長城，極

象牙雕漢鍾離 明
根據象牙新月形本型，作淺浮雕成漢鍾離立像，人物渾樸生動。

目燕山，愉快訪問了二十七天。

⊙蘇祿東王客死中國

蘇祿使團圓滿結束對中國的友好訪問，滿載而歸。沿京杭大運河行至德州時，蘇祿東王不幸染上重傷寒。明成祖火速命太醫前往診治，但蘇祿東王終因病重不治，一個月後，溘然長逝於山東德州境內。

永樂皇帝聽聞後悲痛萬分，在為東王治喪和安排善後工作中，無不親自過問，耗費了巨大的財力與物力，給予最高禮儀。朱棣命當地按中國君王規格為其舉行葬禮，並派禮部郎中陳士啟前去主持拜祭。

永樂皇帝高度評價蘇祿東王為發展中國與蘇祿國之間友好關係所作的貢獻，在德州郊外北營村，為東王建造了壯觀的陵墓，諡號「恭定」。第二年，又「樹碑墓道，以垂永久」。

東王長子督馬含率友好使團回國繼承王位。王妃葛木寧及次子溫哈喇、三子安都魯和侍從十餘人堅持留在德州守墓，明成祖恩准他們享受朝廷俸祿。

此後東王二子在華娶妻生子，相繼改姓溫、安、趙、馬、陳，五姓子孫綿延不絕，生生不息，書寫了不同國度、不同民族友好相處、文化融合的美好篇章。

歷史詞典

南洋華僑和文化傳播

明代中國東南沿海的居民移居到海外的人越來越多，出海的人，除農民外，還有商人和手工業者。他們到南洋去的最多。

鄭和七下西洋後，中國人去南洋地區的日益增多，隆慶時期解除海禁政策也刺激了東南沿海居民向南洋的移民，如在馬來半島各地均有華人居住，在呂宋（今菲律賓）的福建商販有數萬人。到了明代後期，在南洋各地的華僑大約有十萬人以上。

移居到南洋一帶的中國人，帶去了先進的農業和手工業技術，從事各項勞動，貢獻於當地社會經濟文化的發展。他們有的從事礦產開採，使荒山變成富源；有的種植甘蔗，大量製糖；有的經營椒園，試用各種方法增加胡椒產量；有的墾荒種田，使不少荒地變成沃土良田，生長稻穀。

由於華僑的辛勤工作，使一些不毛之地變成繁榮的區域。在南洋各地的華僑有的還從事商業，他們從中國運去各種貨物，滿足當地人民的需要，其中有瓷器、鐵器、銅器和絲織品等，又從南洋把胡椒、穀米、藥材和棉花等運往中國。既促進了中國與南洋的貿易，也促進了南洋地區商品經濟的繁榮。

在南洋的華僑並傳播了中國的文化和文明，促進了南洋各地文化的發展與繁榮。所有這些情況都說明，勤勞刻苦的華僑和當地人民一起，促進了南洋地區的開發。

白描羅漢（局部） 明 佚名

羅漢是唐宋以來傳統的佛教畫創作題材。此卷為渡海羅漢，其中一羅漢騎龍乘風破浪，十分生動。

三朝才子解縉

●時間：西元一三六九～一四一五年
●人物：解縉

曠世奇才解縉主持纂修著名的《永樂大典》，然而卻不幸捲入宮闈爭鬥，無端成了政治的犧牲品，最終落得個悽涼慘死的下場。

解縉（一三六九～一四一五年），明代著名文學家，官至內閣大學士。據說解縉少年時聰明絕倫，讀書識字過目不忘，六七歲時就能即席吟詩作對，被譽為神童。關於他童年的傳說故事，在民間流傳廣泛，家喻戶曉。

解縉十九歲考中進士，因才華出眾很得明太祖器重，但後來由於批評朝政，惹怒朱元璋，到建文帝即位後才再度受到重用。

永樂初年，解縉主持編纂《永樂大典》，深得明成祖重用。永樂五年（一四○七年），解縉以「洩禁中語」、「廷試讀卷不公」等罪名，貶到廣西。八年（一四一○年），解縉到京城奏事，成祖不在京師。解縉拜見太子而還，被加以「無人臣禮」的罪名下獄，在獄中被殺。

⊙青年才俊，纂修大典

解縉於洪武二十年（一三八七年）參加江西鄉試，考中第一名解元。次年，參加南京會試，取為第七名，殿試錄取為三甲進士，任命為翰林院庶吉士。

青年時代的解縉才華橫溢，曾上「萬言書」，對洪武年間政治局勢進行評論，批評深刻有理，受到太祖讚賞。開國功臣韓國公李善長因黨獄獲罪而死後，解縉代人上疏申冤，指責太祖屢改政令，殺戮過多，惹怒了朱元璋，罷官長達八年。

建文帝時，重新啟用解縉做翰林待詔。成祖即位後，解縉與楊士奇、楊榮等七人組成內閣，成為成祖的核心顧問之一。

永樂元年（一四○三年），成祖下詔編纂一部類書，希望集齊中國古代典籍。成祖命解縉負責，要求「毋厭浩繁」，盡量收羅。二年（一四○

《永樂大典》書影

《永樂大典》全書二萬二千八百七十七卷，目錄六十卷，分裝一萬一千零九十五冊，約四億字。該書正本到明末就下落不明，副本於康熙年間被發現，但已殘缺。到乾隆三十七年（一七七二年）缺一千多冊，光緒元年（一八七五年）時已不到五千冊，至二十年（一八九四年）竟不足四百冊。此後日益缺失，後經多方收集，現散藏於世界各地的有約八百餘卷。

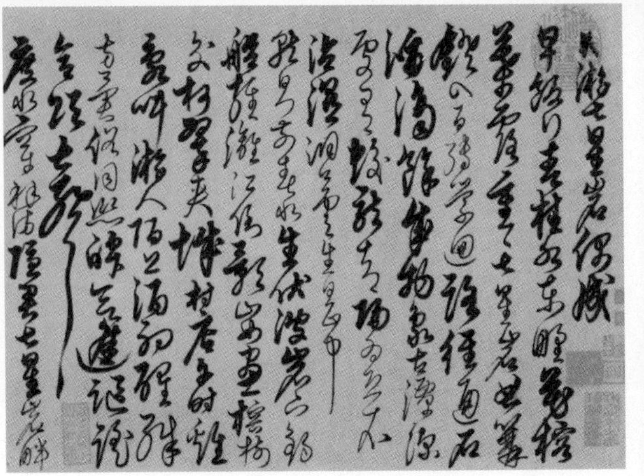
遊七星岩詩（局部） 明 解縉

四年）十一月，解縉將編纂好的圖書進呈天子，成祖高興，賜名《文獻大成》，並賞賜解縉等一百四十七位有功人員。

⊙《永樂大典》修成

《文獻大成》修成不久，成祖發覺與要求相差甚遠，還有許多典籍未能收錄。成祖決定重新編修，任命靖難功臣姚廣孝、刑部侍郎劉季篪和解縉總其事，前後參與者近三千人，可謂人才薈萃。

成祖非常重視，特命在文淵閣開館修書，由光祿寺供給朝夕膳食。成祖看到文淵閣中書籍尚不完備，又命禮部選派通曉典籍的官吏四處購求，「書籍不可較價值，惟其所欲與之，庶奇書可得」。在成祖的關注和支持下，三年後，《永樂大典》編纂完成。

永樂五年（一四〇七年），姚廣孝等人將《永樂大典》進呈成祖。《永樂大典》共二萬二千八百七十七卷，又凡例、目錄六十卷，全書分裝為一萬一千零九十五冊，引書七千多種，約有三億七千萬字，是中國歷史上最大的類書，內容包羅經、史、子、集、百家、天文、地志、陰陽、醫、卜、僧、道、戲劇、小說、技藝諸項，並收錄了元代類書《經世大典》。

《永樂大典》規模之大，歷史上無與倫比，此書從未公開刊行，僅在皇家圖書館保存了幾部手稿，至今只存留八百餘卷。《永樂大典》照錄原文，未作刪改，保持了書籍原貌，具有很高的學術價值。

⊙因保太子罷官

成祖朱棣有三個兒子，長子朱高熾敦厚仁孝，洪武二十八年（一三九五年）太祖冊封為燕世子。二子朱高煦雄武強悍，在「靖難之役」中立下戰功，一直籠絡武將企圖奪嫡。三子朱高燧以英武聞名，最得朱棣鍾愛。朱高熾受到兩個弟弟的衝擊，地位岌岌可危。

朱棣打算廢長立幼，一時難下決心，於是徵求解縉的意見。解縉以「皇長子仁孝，天下歸心」，極力反

永樂窯白釉三壺連通器

永樂窯所造甜白釉半脫瓷器是景德鎮單色釉瓷器發展過程中的一大進步，不僅釉汁細膩潔白，且胎骨極薄，似乎只見釉層不見胎，能映見手指螺紋，還可看到上面刻畫的雲龍花卉和暗款。

歷史詞典

太廟開建

太廟是帝王的祖廟，是皇帝祭祀祖先的地方，也是都城規畫建設中不可或缺的組成部分。明永樂十八年（一四二〇年），成祖朱棣參照南京太廟建設北京太廟，按九五之尊的數值定為一廟九室，占地共約十六萬五千平方公尺，為南北向規整的長方形。主要建築物沿中軸線自南而北縱深佈置戟門、正殿、寢殿、祧廟，嚴謹對稱，層層深入。

太廟大殿

對廢除嫡長子，成祖默然不語。解縉接著說：「好聖孫。」朱棣這才大悅，連連點頭，下定了主意。

永樂二年（一四〇四年）四月，朱棣正式冊立朱高熾為皇太子，同時封朱高煦為漢王，朱高燧為趙王。原來，朱高熾的長子朱瞻基自幼聰穎機敏，深得成祖鍾愛，正所謂「好聖孫」。後來成祖親征蒙古時，特意帶上朱瞻基，希望讓他多多歷練，為日後登基積累經驗。朱高煦、朱高燧等人得知此事，深恨解縉。

解縉侍奉東宮，每天奉敕為太子講解《文華寶鑑》，以東宮官屬為己任，忠心輔佐，與蓄謀奪嫡的漢王朱高煦嫌隙日深。

朱高熾立為太子後，常常不合成祖心意，朱高煦受寵日隆，「禮秩踰嫡」。解縉進諫說：「太過寵愛朱高煦而冷落太子，會引起爭端，希望成祖改變態度。」成祖很不高興，加上朱高煦從中挑撥，便認為解縉有意離間，一怒之下，將他貶黜到廣西任布政使參政。

⊙難逃厄運

永樂八年（一四一〇年），成祖北征，解縉入京奏事。逗留期間，拜謁了監國的皇太子朱高熾，沒有等到成祖返回，就離開京城。

懷恨已久的朱高煦趁機進言，以解縉趁成祖外出征戰私自覲見太子，又不等皇帝回來，無人臣禮。朱高煦並誣告解縉私覲東宮，必有隱謀。成祖震怒，將解縉逮下詔獄，拷掠備至。

十三年（一四一五年），錦衣衛指揮紀綱進呈在獄囚犯冊籍，成祖看到解縉，非常詫異，說：「縉猶在耶？」稍露憐惜之意。

朱高煦聽說，害怕成祖重新起用解縉，密令將解縉灌醉，埋到積雪中活活凍死。解縉死時只有四十七歲。

深受成祖重用的才子解縉，夾在朱高熾和朱高煦之間，無端成為政治犧牲品，悲慘地結束了一生。

唐賽兒事件

●時間：西元一四二〇年
●人物：唐賽兒

明永樂十八年（一四二〇年），山東蒲臺爆發了一場聲勢浩大的民間亂事，領袖便是後來民間演義為傳奇式女英雄的唐賽兒。

⊙苦難之地

元朝末年，山東作為紅巾軍與元朝軍隊爭奪最為激烈的地區，經濟破壞十分嚴重。「靖難之役」時，又成為主要戰場，百姓貧苦不堪，許多人被迫流落他鄉。朱棣即位之初，山東一帶大部分地區百姓困頓，商賈不通，滿目瘡痍。

永樂四年（一四〇六年），濟南府發生蝗旱災害，大量田地絕收。不久，朱棣北征北元，同時大力營建新都北京，鄰近京畿的山東再次成為徵發的主要地區。

隨後，會通河工程開始，山東大批民戶應役，雖然可以免去其他徭役和當年田租，但繁重的勞役仍然使「中原無辜赤子，困於轉輸，民不聊生」。

⊙「佛母」降世

山東蒲臺曾是元末紅巾軍控制的地區。元末起義多在祕密宗教組織下發動，伴隨紅巾軍的控制，明教深植於當地民間。明朝建立後，雖然官方勒令禁止，但明教一直在當地祕密流傳，保持著很大的影響力。

唐賽兒從小生活在這個民間宗教傳播的環境中，深受影響。利用百姓困苦的社會現狀，自稱佛母降世，在莒州（今山東莒縣）、即墨、壽光各地開壇收徒，宣傳自創的一套教義，同時也為人治病，占卜成敗吉凶。

唐賽兒得到廣大窮苦人民的支持，信眾愈來愈多，在魯東南一帶名聲響亮，驚動了山東地方官府。禁止「邪教」是朝廷的明文規定，縣衙於是到處搜捕捉拿唐賽兒。

唐賽兒組織五百徒眾，於永樂十八年（一四二〇年）舉事，占據益都卸石柵寨。

當地官府十分惶恐，趕忙調派青州衛軍指揮高鳳領兵鎮壓。唐賽兒分析雙方力量，以官軍驕傲輕敵，決定出奇制勝。白天守寨不戰以示弱，夜間則突然襲擊，一舉擊敗官兵，高鳳等人兵敗喪命。

孟蜀宮妓圖軸　明　唐寅

此圖畫前蜀後主宮中四樂伎，形容、姿態美麗雍容。取法五代、宋人之傳統，細線勾勒衣紋，面部以傳統「三白」罩粉暈染，色彩豪華富麗，是明代人物畫中少有的代表作。

唐賽兒聲威大震，隊伍猛增到數萬人，以紅白兩色旗為號，向四周發展。部下董彥皐等攻占莒州、即墨，包圍安丘。

⊙卸石柵寨突圍

面對地方勢力的迅速發展，山東官員向朝廷奏報，並向唐賽兒招撫。唐賽兒殺了來使的隨從，以示拒絕。朝廷命安遠侯柳升為總兵官，率領都指揮劉忠，領京軍開赴山東，進行圍剿。

柳升大兵壓境，唐賽兒為集中兵力，有意收縮戰線。柳升趾高氣揚，急於求功，包圍唐賽兒的大本營——卸石柵寨。

唐賽兒決定突圍。為了迷惑敵人，命人四處散布寨中糧盡水絕、人心慌亂的消息，暗裡卻吃飽休息，養精蓄銳。柳升不知是計，認為只要切斷水源，卸石柵寨便可不攻自破，親自領兵占據了寨東數里的汲水舊道。

唐賽兒見敵方中計，趁夜集中突襲劉忠官兵，官軍大亂，劉忠力戰不勝斃命。兩軍廝殺到天亮，待柳升發覺領兵趕來，唐賽兒早已突圍而去。突圍後，柳升派指揮馬貴等尾隨追擊。

⊙唐軍失敗

唐賽兒部將賓鴻等奉命進攻安丘，始終沒有攻破。唐賽兒打算攻下安丘，和莒州、即墨等縣聯成一片，互相應援，在防衛中伺機進攻。於是調集一萬多人馬，合攻安丘，眼看城池將破。

德化窯觀音像　明

釉色白中微泛黃。觀音髮分六股，長辮打結，垂於兩肩，修眉細目，表情慈祥、端莊。左手持如意，倚於獸頭圈椅扶手上。右手置於屈起的右腿上。左腿盤起，坐式自如。衣著寬大，衣紋流暢自然。

在山東半島防倭的明朝軍隊，奉旨從蓬萊方向趕到安丘，包圍唐軍。在腹背受敵的情況下，唐軍慘敗，大部分犧牲，有說唐賽兒也死於這場戰役。

接著，官軍在諸城擊潰民軍，殺害了全部俘虜。剩下的小股人馬化整為零，流落民間。唐賽兒的這場人民對抗，在統治者的鎮壓下失敗了。

朱棣因未抓到唐賽兒，擔心會削髮為尼或混雜在女道士中，下令把北京、山東境內的尼姑、道姑抓起訊問，一無所獲。

同年，朱棣命段明為山東左參政，繼續搜捕唐賽兒。段明把山東、北京的尼姑全部捕捉，甚至逮拿了兩地之外數萬出家婦女，仍然毫無結果。唐賽兒究竟是已在安丘一戰中犧牲，還是在百姓掩護下逃出重圍，繼續進行祕密活動，與明王朝對抗，或是削髮為尼，眾說不一，演化出許多帶有傳奇色彩的民間故事。

明成祖親征蒙古

●時間：西元一四一〇～一四二四年
●人物：明成祖

元朝殘餘勢力被逐出中原後，仍不時南侵。為掃清邊患，明成祖先後五次親征。

元朝殘餘勢力北逃後，在明朝多次進攻下趨於分裂，東部兀良哈歸附，中部韃靼和西部瓦剌與明朝為敵，其中勢力最強的韃靼仍沿襲元朝帝號。

建文四年（一四〇二年），韃靼別部首領鬼力赤自立為可汗，不再沿用元朝國號、帝號，與明朝建立朝貢關係。永樂六年（一四〇八年），韃靼太保知院阿魯台殺死鬼力赤，迎立元宗室本雅失里為可汗，斷絕與明朝的關係。

七年（一四〇九年）四月，本雅失里、阿魯台殺害明朝使節郭驥。七月，明成祖任命淇國公丘福為大將軍，率十萬大軍討伐。丘福輕敵冒進，遭到韃靼重兵伏擊，全軍覆沒。

⊙北征韃靼

消息傳到京師，成祖大怒，決定親自率軍北征。

永樂八年（一四一〇年）正月，成祖第一次北征，率五十萬大軍出塞。五月十二日，明軍到達兀古兒札河，本雅失里倉皇逃走。十三日，明軍追到斡難河，展開激戰。成祖親自指揮衝鋒，明軍一鼓作氣取得勝利。本雅失里丟下所有輜重，只率七騎渡河逃走。

六月，明軍回師途中在闊欒海子（今呼倫湖）附近與阿魯台遭遇，成祖親率騎兵衝入敵陣，阿魯台大敗而逃。明軍追擊一百餘里，因天熱缺水，收兵回營。

阿魯台雖受重創，仍派出小股騎

兵尾隨，襲擾明軍後衛。成祖率領一千餘精兵斷後，在途中設下埋伏，痛殲韃靼兵，使其不敢再來侵擾。

擺脫敵人的追擊後，明軍又面臨著嚴重的缺糧問題。成祖拿出節省的口糧分給士卒，又下令多帶糧食的部隊借給缺糧士兵，以後加倍償還。這樣，明軍終於回師北京。

後來，阿魯台被瓦剌打敗，逃到邊塞附近納貢稱臣，明成祖接受朝貢。但瓦剌首領馬哈木怨恨明朝收容阿魯台，不再進貢。

⊙忽蘭忽失溫大戰

永樂十二年（一四一四年）二月，成祖第二次北征，命安遠侯柳升等率五十萬大軍隨同。

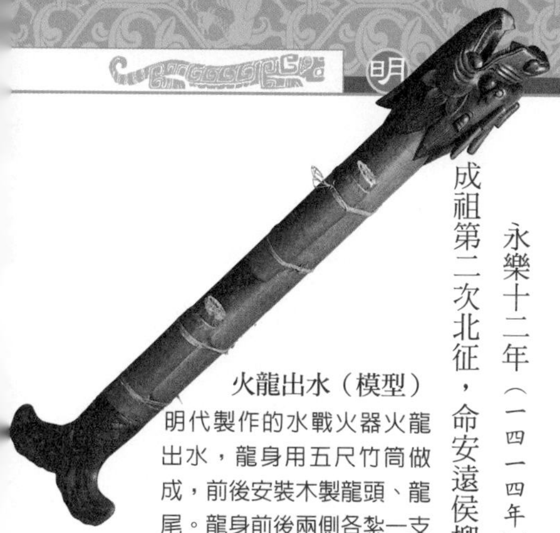

火龍出水（模型）
明代製作的水戰火器火龍出水，龍身用五尺竹筒做成，前後安裝木製龍頭、龍尾。龍身前後兩側各紮一支大火藥筒用以推動龍身飛行。腹內裝有火箭。是世界上最早的二級火箭。

六月初三，明軍前鋒擊潰瓦剌前哨部隊。初四，俘虜報出馬哈木大營距離只有百里，成祖下令全軍晝夜兼程前進。

初七日，在忽蘭忽失溫與馬哈木、太平、把禿孛羅率領的三萬瓦剌大軍相遇。瓦剌軍隊占據山頂，居高臨下衝向明軍，柳升用神機砲擊斃敵騎數百，成祖乘機率鐵騎發動進攻，雙方激戰，死傷無數。馬哈木無法抵擋，開始撤退，明軍乘勝追擊，一直追到土剌河邊，馬哈木連夜向北逃遁。明軍回師北京。

忽蘭忽失溫一戰，瓦剌元氣大傷。永樂十三年（一四一五年）十月，馬哈木派遣使節向明朝謝罪，進貢馬匹。

⊙明成祖病逝榆木川

阿魯台勢力恢復後，再次侵擾明朝邊境。永樂二十年（一四二二年）年初，阿魯台大舉進攻興和，殺死明將王祥，成祖決心第三次親征。五月，明軍大舉出塞，韃靼各部紛紛叛離阿魯台，阿魯台匆忙攜家屬北逃。明軍收容韃靼部眾，班師回朝。

長陵恩殿外景
長陵是明成祖朱棣的陵寢，其中的恩殿面闊九間，進深五間，占地四千多平方公尺。建成於宣德二年（一四二七年），至今保存完好。

二十一年（一四二三年）七月，成祖聽聞阿魯台有意再犯邊境，發起第四次親征。九月，成祖到達沙城。從前來投降的韃靼首領阿失帖木兒等人口中，成祖得知阿魯台剛被瓦剌打敗，沒有南下意圖，率大軍到達臚朐河附近，接受韃靼王子也先歸降後回師。

二十二年（一四二四年）正月，阿魯台進攻大同。四月，成祖離京第五次北征。六月，明軍到達答蘭納木兒河一帶，分兵搜索，不見阿魯台蹤影。成祖擔心糧草不濟，決定班師。

七月，成祖病逝榆木川軍中。太子朱高熾即位，是為明仁宗。

朱高煦叛亂

●時間：西元一四二六年
●人物：朱高煦　明仁宗　明宣宗

明成祖朱棣如願以償奪了姪子的皇位。次子朱高煦也想效仿，重演了骨肉相殘的一幕。可惜的是，朱高煦沒能像父親一樣奪取江山，而是敗在了姪子手下。

⊙更有後人知警

朱高煦是明成祖朱棣的第二個兒子，明仁宗朱高熾的弟弟。從小好習武藝，善於騎射。靖難之役中，朱高煦追隨父親，多立戰功，受到成祖賞識，奪得帝位後，曾考慮將皇位傳給他。

但是成祖深知嗣位之爭對國家的危害，為了皇位穩定，還是將長子朱高熾立為太子。成祖同大臣談到繼位人選，眾人都認為太子將是個守成的君主。

一日，成祖及皇后在便殿休息，太子妃親自烹調御膳，恭敬進奉，成祖非常高興，說：「新兒婦賢慧，以後我家的事要多靠她了。」從此打消更換皇太子的念頭。

朱高煦自恃隨成祖征戰有功，常自比唐代助父建國的李世民，根本不把太子放在眼裡。深受祖父疼愛的朱高熾之子朱瞻基對他十分反感。

有一次，成祖命太子朱高熾、漢王朱高煦、趙王朱高燧兄弟三人和皇太孫朱瞻基一同拜謁明太祖朱元璋的孝陵。太子身體肥胖，腿部又有病，由兩名太監相扶行走，卻還是不慎摔了一跤。朱高煦嘲諷道「前人蹉跌，後人知警」，後面應聲說「更有後人知警也」。朱高煦一回頭，見說這話的是皇太孫，大吃一驚，面色頓改。

苦瓜鼠圖　明　朱瞻基

⊙圖謀奪位

朱高煦封為漢王，封國在雲南。對父親很是不滿，不肯就任，且說：「我有甚麼罪，把我送出萬里之外？」成祖很不高興，經太子朱高熾勸解，才准許朱高煦暫時住在京城。

朱高煦日夜思量奪取皇太子之位。永樂十三年（一四一五年），成祖將朱高煦改封青州。朱高煦藉故拖延，奏稱希望留在皇帝左右，不願就國，成祖拒絕了。

十五年（一四一七年），朱高煦因圖謀不軌，安置在山東樂安（今山東廣饒）。他仍不悔改，在府中私加軍士三千多人，不歸兵部管轄。朱高煦縱容軍士在城內外搶劫，軍士把無辜百姓支解後投屍江中，甚至殺死地方兵馬指揮使。朱高煦並私用皇帝所用物品。

大臣楊士奇向成祖提出：朱高煦既不肯就封雲南，又不肯去青州，得知朝廷將遷都北京之後，又想留在南京，心懷叵測，應該及早處理，以絕後患。

成祖得知朱高煦私造兵器，收養亡命之徒，造船教練水兵，大為惱怒，把他禁閉在西華門內，準備懲處。心地善良的皇太子朱高熾大力救護，成祖仍將朱高煦安置於山東樂安州。朱高煦到樂安州後，十分怨恨，謀位之心更加強烈，太子幾番寫信警告，他始終不肯悔改。

⊙第一次陰謀失敗

永樂二十二年（一四二四年），成祖病逝，太子朱高熾即位，是為明仁宗。八月，仁宗將朱高煦召回北京。

洪熙元年（一四二五年），仁宗派朱高煦之子朱瞻圻到鳳陽看守皇陵（所謂守陵，實際就是幽禁）。

仁宗繼位不到一年，便突然駕崩。當時太子朱瞻基遠在南京，朱高

延伸知識

仁宣之治

仁宗朱高熾和宣宗朱瞻基在位期間，明朝治國方針發生了顯著的變化。

仁宣兩朝，注意調整統治政策，緩和洪武、永樂時期緊張的君臣關係。仁、宣二帝一反明太祖和明成祖猜忌好疑、信用不專的作風，對一批治國良臣不但委以重任，依靠他們管理朝政，而且推心置腹，恩寵始終不衰。

同時並改革科舉取士法，擴大統治基礎。對外，沒有採取過大規模的軍事行動，而是安撫蒙古，力主和議，保持了和平共處的局面。對內，改變了明成祖使用民力過猛、好大喜功的政策，採取減輕民眾負擔、注意發展生產的方針，促進了經濟的發展。

這些政策使仁宣兩朝的明代社會呈現出繁榮穩定的局面，史書對這段時期多有讚譽之詞，並與漢代的文景之治相提並論，稱「仁宣之治」。

花石游鵝圖　明　孫隆

煦認為機會來了，準備在半路埋伏士兵，截殺太子，自立為帝。朱瞻基早料到有人覬覦皇位，得知父親病重，日夜兼程趕回了北京。朱高煦還沒來得及派人設伏，明宣宗朱瞻基就繼位了。

宣宗繼位後，朱高煦提出利國安民的四項建議。朱瞻基對侍臣說，漢王這次出於誠心，有心改過，所提建議不可不聽，下令施行，並回信向朱高煦致謝。

其實，朱高煦謀反奪位的野心沒有打消，明宣宗的優待反而助長了反叛的念頭，他要趁新皇即位，立足不穩的大好時機，發動政變。

⊙起兵謀反

宣德元年（一四二六年）八月，朱高煦認為時機成熟，仿照朱棣起兵舉事，扯起「清君側」的大旗，發動政變。和靖難之役一樣，這也是一場叔姪之間的皇位爭奪戰，但結果卻完全不同。

朱高煦派部下枚青私訪北京，約英國公張輔為內應，張輔將枚青逮捕，並向宣宗奏報。朱高煦又挑動山東都指揮靳榮等在濟南叛變，以為應援。

朱高煦私設五軍都府，分為前、後、中、左、右各軍，四個兒子各監一軍，自己親領中軍，準備向北京進軍。派人上表明宣宗，指責明仁宗違反太祖、成祖所定制度，重用文臣，宣宗本人也有罪過。又說大臣夏原吉等是奸臣，應當處死。又致書各公侯大臣，攻擊宣宗。

初登皇位的宣宗滿懷壯志，接受楊榮、夏原吉建議，決定御駕親征，大大鼓舞了六軍將士，迅速安定民心，緩和局勢。

未及開戰，朱高煦已經在聲勢上輸給了姪子。原本同意共同起兵的藩王，見年輕的皇帝如此強硬，都明哲保身，按兵不動。

宣宗安排親信大臣守衛皇城京

明宣宗出獵圖軸　明　商喜
前驅、後衛多為內侍宦官，面相各異，大都實有其人。

獻陵陵園

獻陵是仁宗朱高熾的陵寢，建於宣德元年（一四二六年）。朱高熾（一三七八～一四二五年），係成祖朱棣嫡長子，生於鳳陽，十八歲時召至南京，二十七歲時冊立為皇太子。永樂二十二年（一四二四年）七月，成祖病逝於榆木川，八月十五日朱高熾即位。第二年五月仁宗病死於皇宮欽安殿。在位不足九個月，終年四十八歲。

師，隨後宣布朱高煦的罪行，祗告天地宗廟社稷，下詔親征，率領大營五軍將士從北京出發。途中，明宣宗詔諭朱高煦，勸他投降。

十二天後，大軍到達朱高煦的封地樂安，四面包圍樂安城，朱高煦令部下守城抵抗。大軍以神機銃箭先發制人，聲震如雷，城中人人驚慌。將領要求攻城，明宣宗再次將勸降信射入城中。許多人想將朱高煦捆起，獻給明宣宗。

朱高煦見大勢已去，只得派人出城請罪，表示願意歸降。朱高煦出城拜見明宣宗，大臣都請求將他處死。明宣宗隨即撤軍，將朱高煦父子及同謀的文武官僚一同押解到北京。

⊙逆心不改

明宣宗回北京後，親自撰寫《東征記》，詳細記述朱高煦叛變及朝廷發兵征討的始末，發給群臣閱覽。朱高煦被拘禁，同謀文武官員六百四十多人處死，另有一千五百多人由於故意縱容、藏匿參與者等行為，處死或發配邊疆，另有七百二十七人發往口外。

朱高煦本來可以保全性命，在西安門的囚室內度過餘生。但他一直對處境耿耿於懷。

一天，宣宗親自來探望他，朱高煦乘宣宗不備，伸出腳將宣宗勾倒在地。宣宗大怒，當即找來一口銅缸，將朱高煦反扣在缸下。銅缸重三百斤，朱高煦力氣很大，將銅缸頂了起來。明宣宗又把煤炭堆在缸上，像山一樣把銅缸壓在下面。有人把煤點燃，煤火熾烈，銅缸燒得通紅，朱高煦活活燒死。隨後，朱高煦的幾個兒子也處以死刑。

況鍾治蘇州

●時間：西元一四三〇～一四四三年
●人物：況鍾

二十世紀五〇年代，昆劇《十五貫》在京演出獲得了極大成功。這齣戲中的蘇州知府況鍾因為明察秋毫、剛正不阿而成為婦孺皆知的人物。那麼，歷史上真實的況鍾又是甚麼樣的呢？

況鍾（一三八三～一四四三年），字伯律，號如愚，江西靖安人。史書評論況鍾通達事務，為人正直，為官清廉，深得朝廷器重。

和大多數官員不同，況鍾並非通過科舉考試步入政途。永樂四年（一四〇六年），況鍾被靖安知縣俞益看中，成為縣衙的一名小吏，時年二十三歲。九年後，明成祖朱棣廣招賢人，破格取才，況鍾經尚書呂震薦舉面聖。朱棣對況鍾十分欣賞，破格提升為正六品禮部儀制司主事。

永樂二十二年（一四二四年），仁宗朱高熾即位，況鍾越級升遷為正四品儀制司郎中。

⊙治理蘇州，清理積案

宣德五年（一四三〇年），宣宗朱瞻基要求大臣推薦賢能治理蘇州。蘇杭歷來富甲天下，但在明代卻成全國最難治理的十個府縣之一。豪強勾結污吏，奸詐貪婪，賦稅沉重，許多人不堪重負，遠走他鄉。歷任知府多不稱職，朝廷屢次派遣官員督責，均告無效。在這種情況下，群臣大力推薦勤謹廉能的況鍾擔此重任。宣宗「賜敕」況鍾出任蘇州知府。

況鍾上任後，屬下和群吏都在觀察他如何處事。書吏出身的況鍾十分瞭解，為了查清蘇州的癥結所在，他裝作碌碌無為，左顧右問，處處依賴

蘇州獅子林（右）

蘇州獅子林建於元至正二年（一三四二年），以湖石假山著稱，並以洞壑奇巧聞名，被譽為「假山王國」。

蘇州拙政園「倒影樓」（左）

拙政園建於明代，為蘇州園林建築之冠。是明代官場失意的朝廷御史王獻臣所建，建園時因有江南才子文徵明參與設計，所以整個園林呈現出濃厚的文人氣息，處處充溢著詩情畫意。

衙內群吏，放任他們為所欲為，實際卻不露聲色收集罪證。

一個月後，況鍾突然堂審，歷舉罪證，訓斥那些貪虐庸懦的官吏，並將六個罪大惡極的奸吏判處死刑。隨後，況鍾依法懲治、罷免了十二名縣級官吏。蘇州吏治為之一振，全府上下人人奉法職守。

整頓吏治後，況鍾減輕稅賦，平均徭役，為民興利，勸課農桑。況鍾深知蘇州賦役一向繁重，在巡按周忱的支持下，銳意改革，為蘇州減免七十餘萬石稅糧，並改革不合理的徵糧輸賦辦法，真正減輕農民負擔，許多背井離鄉的蘇州人回到故鄉。

在清理積案、平反冤獄上，況鍾更是為民稱頌。到任八個月裡，共處理一千五百多個案件，「折獄明斷」，遇有「奇冤」者「無不昭雪」。

⊙三去三留

況鍾在任期間辦了許多好事，得到百姓衷心愛戴。況鍾曾三次離任，都因百姓挽留而復任。

宣德六年（一四三一年），況鍾因母喪回籍守孝，首次離任。況鍾一離開蘇州，奸吏就故態復萌，加倍苛斂。蘇州城三萬多名百姓聯名上書，請求朝廷召回況鍾，宣宗於是命況鍾「奪情」。況鍾守孝未滿，提前復職。

七年（一四三二年），況鍾任職三載後進京述職，第二次離任。蘇州民眾懷念況鍾，直到他返回蘇州才放下心來，歌謠唱道：「太守朝京，我民不寧，太守歸來，我民忻哉。」

正統五年（一四四〇年），況鍾任職期滿，照例赴吏部候升。臨行時，未給朝中權貴帶任何禮物，「清風兩袖去朝天，不帶江南一寸綿」。況鍾到京後，因政績突出受到朝廷嘉獎。蘇州百姓不願他調任別處，兩萬鄉民向巡按御史張文昌請願，要求況鍾再回蘇州。皇上升況鍾為正三品，仍署蘇州府事，在明朝歷史上這是絕無僅有。

正統七年十二月（一四四三年年初），治理蘇州十三年後，況鍾積勞成疾，卒於任上，享年六十歲。這一次，況鍾是真的離開了。

況鍾死後，「蘇民痛哭罷市」，「鄰郡松、常、嘉、湖之民赴弔者」絡繹不絕。「歸柩之日」，蘇州數十萬人身穿孝服為其送行，甚至有數百人一直護送靈柩至其江西靖安老家。

【王振專權】

●時間：西元一四三五～一四四九年
●人物：王振

大太監王振受過良好的教育，並受到英宗的倚重，逐漸把持朝政，恃寵專權，拉開了明代宦官專權的大幕。

⊙讀過書的大太監

王振是最早在內書堂讀書和受到行政訓練的大太監之一。內書堂設立於宣德元年（一四二六年），是訓練培養宦官的機關，只有十歲以下聰明可塑的小宦官才能入選。內書堂的成立，直接違反開國皇帝朱元璋防止宦官受教育和參政的政策，致使明代中晚期宦官擅權亂政。

王振與明英宗的關係非比尋常。英宗朱祁鎮還是太子時，王振便是伺候的貼身太監。太子年幼貪玩，王振常常投其所好，一起玩耍，是太子最親近的朋友。王振曾經讀過一些書，玩樂之餘且教太子念書，可算是太子的啟蒙老師，並因此對太子具有很強的個人支配力量。太子尊敬王振，總稱王振為「王先生」。

宣德十年（一四三五年）正月，宣宗病死，九歲的朱祁鎮即位。年幼的英宗不能親自處理國家大事，由祖母太皇太后張氏垂簾聽政。英宗即位後，重用敬重的「王先生」，王振越過原司禮監太監金英等人，成為宦官中權力最大的司禮監太監。

司禮監是明代宮廷二十四個宦官衙門中最重要的一個，具有總管宮中宦官事務、提督東廠等特務機構、掌管內外一切章奏和文件、代傳諭旨等職權。司禮監秉筆太監掌握著「批紅」大權，實際就是皇帝的代言人。英宗把這個重要官職交給王振，等於是為王振日後擅權開闢道路。

王振是明代宦官專權的始作俑者。與其他宦官不同的是，王振在內書堂念過書，獨具優勢。王振專權過程中，在如何控制皇帝、解除太皇太后的防範、超越內閣的鉗制等方面，都表現出與眾不同的手腕和伎倆。

太皇太后張氏雖然秉政，但並不處理國家政務，一切政務都交給內閣

蟠桃銀杯　明

銀杯為剖開的桃形、敞口。杯一側有枝、莖、葉附於外壁，既作杯把，又作裝飾。杯內底有「丙戌仲夏奉賀党太公祖老大人千秋治下廩監生高暹具」二十三字銘。

賢臣「三楊」——楊士奇、楊榮、楊溥三人處理。張氏賢明有德，看到王振有攬權的跡象，害怕前朝宦官專政的歷史重演，將會斷送大明江山，一再提醒英宗和三位賢臣嚴防這種情況發生。她曾打算殺死王振，英宗苦苦求情，才保住王振性命。

⊙恃寵專權

正統五年（一四四〇年），輔政閣臣楊榮病故。兩年後，太皇太后張氏病故。閣臣楊士奇因兒子楊程殺人，心憂染病，不再上朝。「三楊」中僅存的楊溥又因年事已高，不再過問政事。新選入閣的大臣馬愉、陳循等人資歷淺，聲望低，難以左右朝中局勢。王振獨攬朝權的障礙都已不復存在。十六歲的英宗缺少主見，事事依從王振。

年輕的英宗敬慕和尊重以前的老師，朝廷百官便都奉承和順從王振。趨炎附勢的官僚見王振權勢日重，紛紛巴結，以求高升。

一次，工部郎中王佑到王振府中探望。當時大臣流行在下巴留一撮小鬍鬚，王振看到王佑沒有留，就問：「你怎麼沒有鬍鬚啊？」王佑回答說：「老爺沒有鬍鬚，兒子怎麼敢留

延伸知識

北京建成觀象臺

現存於北京東城建國門西南角的古觀象臺建於明代正統年間（一四三六～一四四九年）。

明永樂四年（一四〇六年），明成祖朱棣決定遷都北京，天文儀器則仍留在南京，故欽天監人員只能在北京城東南城牆上僅憑肉眼觀察天象。

正統二年（一四三七年），欽天監派人到南京，用木料仿製宋代渾儀和元代簡儀等天文儀器，運回北京校驗後澆鑄成銅儀。正統八年（一四四三年），修建欽天監、觀星臺，並安裝儀器。臺址就在今北京的古觀象臺。後來正統十二年（一四四七年），又增建晷影堂。

從此，北京古觀象臺和臺下西側有了以紫微殿為主的建築群，基本上具備今天所看到的規模和佈局。

晷影堂

位於北京古觀象臺西南側，建於明正統十一年（一四四六年）。原晷影堂內有圭表、漏壺、日晷等天文儀器。圖為從晷影堂看到的古觀象臺。

智化寺
北京智化寺原為司禮監太監王振的家廟，後敕賜名報恩智化寺，由此可見太監在明代的地位。

呢？」一句話說得王振高興，爽快答應收王佑為乾兒子，並立即提拔擔任工部侍郎。此後，王佑官運亨通，平步青雲。大臣徐希和王文也因善於諂媚，升為兵部尚書和都御史。

當然，也有剛正不阿、正派的大臣並不順服。巡撫山西、河南的于謙每次進京奏事，總是不帶任何禮品。同僚勸說：「你雖然不獻金寶攀求權貴，也應該帶一些著名的土特產，送點人情啊！」于謙笑著舉起袖子，風趣說：「我帶有兩袖清風！」

對這些要分庭抗禮，甚至稍有不服的朝臣，王振毫不留情進行迫害。正統六年（一四四一年），正直的于謙險被王振陷害致死。

完全控制英宗後，王振更加肆無忌憚。皇宮門口立有一塊鐵牌，高三尺，上鑄「內臣不得干預政事」等祖訓，是明朝開國皇帝朱元璋所立，這塊鐵牌一直是王振的心頭之患。太皇太后死後不久，王振命人推倒鐵牌，這才長舒了一口氣。明朝典型的權力結合形式，即天子本人、宦官助手和顧問以及錦衣衛三者組成聯盟，正是在王振把持朝政時期開始形成。

王振把持朝政，心狠手毒，詭計多端。一面結黨營私，大力提拔溜鬚拍馬、諂媚逢迎之徒。一面大打出手，殘酷鎮壓反對和不恭敬的人。王振的勢力不斷擴張，逐漸在朝內形成集團。勾結內外官僚，作威作福，又和親信大肆收受賄賂，購置良田美宅。昏庸的英宗竟然更加重用王振，朝廷內外烏煙瘴氣，百官庶民提心弔膽。

⊙向西南進軍

十五世紀四〇年代，明軍在偏遠的西南屢次捲入引人注目但情況不明的戰役。當時的作戰地點在古緬甸路一帶，這條路從大理經永昌至今之八莫，一支順伊洛瓦底江進入緬甸，一支往西經親敦江河谷進入印度東北。從元末開始居住在四川西部和緬甸北部的撣族是這個地區的統治力量，撣人統治緬甸主要國家阿瓦。其他北緬甸的獨立國家包括孟養和麓川。

麓川國的在思任發統治時圖謀擴張，逐漸擴大版圖，並襲擊中國領土。正統六年（一四四一年），王振的親密助手王驥統率大軍出征，大敗撣族部落，占領了思任發的大本營。

思任發之子思機發控制孟養，派遣納貢使團前來，但拒絕親自到北京「朝覲」。阿瓦王要求明朝聯合討伐孟養。正統十三年至十四年（一四四八～一四四九年），王驥率大軍出征，與阿瓦軍隊一起跨過伊洛瓦底江，擊潰思機發。

漫長且耗費巨大的戰役並沒有長期平定緬甸北部民族，明憲宗成化十年（一四七四年），撣族內部戰爭再次在緬甸北部爆發，動亂一直持續到十六世紀中期。

明朝將大批軍隊投向西南戰爭，而這個時期真正的首要防禦戰略——在華北防禦蒙古，卻沒有受到足夠重視。邊遠西南的捷報，僅僅是有助於提高王振個人的聲譽。作為煽動和進行西南戰役的幕後人物，他遭到一批正直官員的指責。

⊙兵敗土木堡

土木堡之變是大明王朝從興盛走向衰敗的轉折點。正統十四年（一四四九年）七月，北方蒙古族瓦剌部進犯邊境，好大喜功的王振極力慫恿英宗親征。

王振不會打仗，屢戰屢敗。明朝大軍在大同受阻，不得不緊急撤回。逃至土木堡（今河北懷來東）時，大軍與追來的瓦剌軍遭遇，經過一場激戰，五十萬軍隊死傷過半，損失騾馬二十多萬匹，從征的一百多名文臣武將幾乎全部戰死，英宗被俘。混亂中，王振被英宗護衛將軍樊忠一錘擊斃。

消息傳到北京，皇太后命英宗的弟弟朱祁鈺監國。都御使陳鑑等人歷數王振之罪，請求誅殺其家族及黨羽。王振死黨馬順、毛貴和王長被憤怒的群臣當場打死，屍體懸於東安門外示眾，王山被凌遲處死。

王振家族不分老少，一律處斬，家產籍沒。一共查得金銀六十餘庫，玉盤一百多個，珊瑚六七尺者二十餘株，其他珍玩無數，可見王振當權時的貪婪。

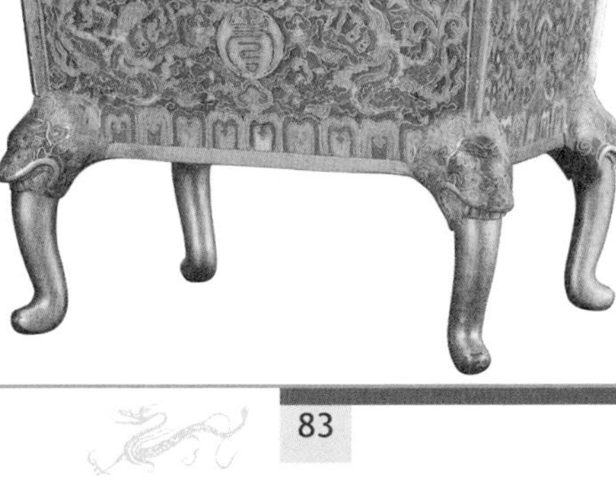

掐絲琺琅龍紋長方爐

此爐為銅胎鍍金。為明代萬曆朝御用監製造。長方形，腹上闊下斂，四角出戟，雙衡耳，四角突出獸首呑足。琺琅蓋鏤空。爐身四面施深藍色釉作地，前後兩面均飾雙龍戲珠紋，珠内有篆書「壽」字。蓋鏤空雙龍輪廓，招絲填淺藍、紅釉作雙龍戲珠紋。

土木之變

●時間：西元一四四九年
●人物：明英宗　王振　也先

為了一個太監的顏面，堂堂大明天子糊里糊塗落入蒙古首領之手，做了階下之囚。

就在明朝天子盡情玩樂時，北部邊境正醞釀著巨大的危機。元朝滅亡後，敗走大漠的蒙古王公一直沒有放棄重歸中原的夢想，不斷在北方邊界滋事。

⊙太監的小算盤

當時，北方蒙古族的瓦剌部落十分強盛，首領脫歡被明朝政府封為順寧王。

正統四年（一四三九年），脫歡的兒子也先繼承王位。也先統一漠北蒙古，西征中亞諸國，控制西域要道，設置「甘肅行省」，破壞明朝西北屏蔽。又不斷向東發展，攻打東北女真各部，一直將戰線推進到鄰近朝鮮地區。經過多年經營，也先的部隊全線威脅到大明北部邊界。由於物質缺乏，也先想和內地貿易往來，遭到明朝守邊將領限制，因此十分不滿。

瓦剌經常假借朝貢名義訛詐明朝物品，更虛報名額，冒領賞賜。

正統十四年（一四四九年）春，也先向朝廷貢馬，實際派出兩千多人，卻謊稱三千人，要求頒給賞品。王振十分惱怒，認為也先欺騙朝廷，並大減馬價，並叫禮部不要給多來人安排飯食。雙方本已存在的問題激化，也先決定率兵內侵。

七月，也先率軍大舉入侵，銳不可當。山西大同守軍接連戰敗，邊塞城鎮相繼陷落。緊急邊報紛紛送到，朝廷派駙馬都尉井源率兵四萬增援。

英宗召集大臣商議對策，王振低估了敵人的力量，以為可以輕易獲勝，便想建立奇功以鞏固地位，極力慫恿英宗親征。王振並打算在大軍凱旋時，請皇帝駕臨他的家鄉，到時衣

明成化「天」字款鬥彩海水雲龍紋蓋罐

銅鎏金龍紋筆架　明

此筆架雕有雙龍戲珠，龍的神態傳神，仿如活生，此筆架為皇帝或王公貴族所用。

錦還鄉，該是多大的榮耀。

⊙御駕親征

英宗很想效仿曾祖父成祖，天子戍邊，掃蕩漠北，加上王振的勸說，於是準備親征。兵部尚書鄺埜、侍郎于謙等力言「六師不宜輕出」，吏部尚書王直則率領群臣跪在皇宮午門前，懇求收回成命，但都沒能改變英宗的決定。

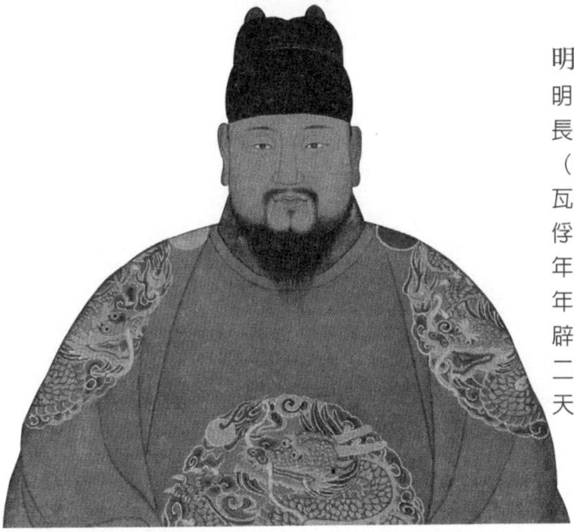

明英宗像

明英宗朱祁鎮是宣宗長子。正統十四年（一四四九年），北征瓦剌失敗，於土木堡被俘，弟朱祁鈺繼位。次年明英宗放還。景泰八年（一四五七年）復辟。明英宗前後在位共二十三年，年號正統、天順，廟號英宗。

七月十五日，英宗下詔親征。兩天後，英宗命弟弟郕王朱祁鈺留守京師，兵部侍郎于謙代理部務，親自帶著王振、文武官員和五十萬大軍出征。

英宗倉促出征，軍隊都是臨時調集，既不瞭解敵情，又缺乏作戰方略。龐大的隊伍需要足夠的後勤準備，但糧草根本來不及調度，其戰鬥力可想而知。

大軍出居庸關後，從懷來到宣府（今屬河北），連日風雨，道路泥濘，糧草供應不上，大批士卒生病甚至餓死。大臣不斷上章乞留，王振不僅不聽，反稱其擾亂軍心，把他們押到軍中遊街示眾。

七月二十八日，大軍到達大同東北的陽和（今山西陽高），眼見伏屍遍野，血流成河。原來就在幾天前，大同總督西寧侯宋瑛、總兵武進伯朱冕及都督石亨在陽和迎戰也先，明軍全軍覆滅，宋瑛、朱冕戰死。慘烈的戰爭場面真實地呈現在面前，王振非常害怕，和大臣一起建議御駕回師。慌亂中，英宗決定退兵。

⊙被圍土木堡

大軍回師，本應整頓部隊，火速撤退。但王振私心又起，竟想帶著英宗回家鄉蔚州顯顯威風，光宗耀祖。部隊走出四十多里後，王振恐怕大隊人馬踩壞家鄉田莊裡已經成熟的莊稼，倉促改道宣府。在迂迴改道的過程中，也先率領騎兵部隊追來，王振慌忙派成國公朱勇帶三萬騎兵抵禦，自己和英宗倉皇逃跑。

八月十三日，英宗逃到

花口金盞　明

北京保衛戰油畫

距居庸關六十里的土木堡，從臣建議進入懷來縣城以便防守，英宗因王振未到，執意等待。兵部尚書鄺埜等人建議分兵嚴防後路，提高警惕，同時請英宗連夜退入居庸關，確保安全。王振抵達後，擔心運送自身財物的車隊落入蒙古人手中，堅持留在居庸關外等候。英宗決定停止行軍，在土木堡過夜。

也先從狼山鷂兒嶺兩翼邀擊夾攻，消滅朱勇大部分兵力，連夜殺奔土木堡。第二天王振和英宗準備啟程時，才發現已被瓦剌軍團團包圍，成了籠中困獸。土木堡缺乏水源，無法防守。明軍連吃敗仗，士氣低落，不敢和也先交鋒。

被困三天後，明軍人馬渴死不少，面對內無糧水、外無援兵的困境，只得冒險突圍。也先等明軍陣營拉開，兩面夾攻，瓦剌軍士氣高漲，數十萬明軍全軍覆沒。戰亂中，護衛將軍樊忠悲憤交加，用鐵錘把王振打死。

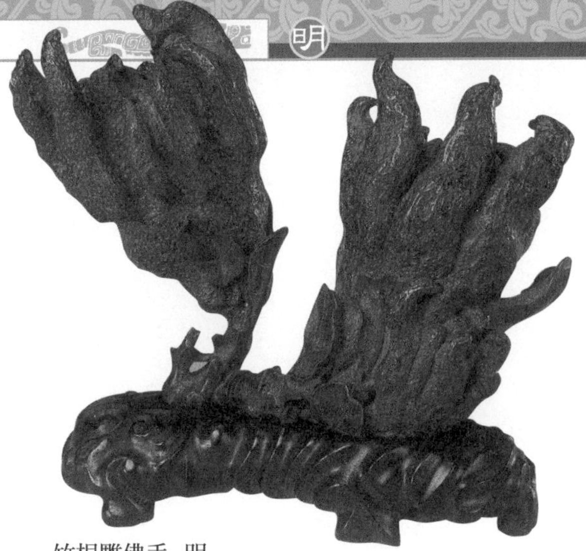

竹根雕佛手　明

⊙戰場遭遇

在這場慘烈的戰鬥中，明軍數百名官員喪命，掩護英宗的衛士死傷無數，英宗卻奇蹟般撿回了性命。戰鬥結束後，英宗見大勢已去，下馬踞地喘息，聽天由命。瓦剌軍隊清掃戰場，發現英宗衣甲精美，行動舉止也不太一樣，懷疑身分特殊，詳加辨認，確定是大明皇帝。

也先俘獲英宗，大喜過望。以英宗作人質，要挾勒索明廷，又聲稱要送英宗回京，實際卻準備大舉進攻。不久，也先帶兵南下，包圍北京，被于謙指揮明軍打敗。也先恢復元朝的夢想落空，只得退至塞外。

英宗被俘後，明廷另立新帝，也先覺得英宗沒有更多的利用價值，決定送還明朝。也先派出正式使節求和，明朝禮部右侍郎李實帶著禮物，把英宗接了回來。

土木之變是明朝歷史上的轉折點。這一戰，明軍元氣大傷，軍中精銳毀於一旦，勇將重臣多人戰死，英宗被俘更使朝野震動，明王朝遭遇前所未有的危機。此後，明朝調整防衛政策，大規模修建萬里長城，退守關內。

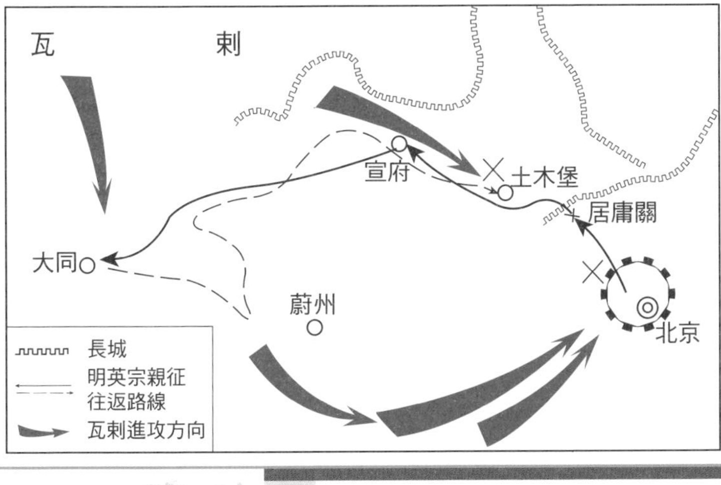

土木堡之變雙方進兵路線圖
宣府，今河北宣化。蔚州，今河北蔚縣。土木堡，今河北懷來東。

明長城

明朝是中國最後一個修築長城的王朝，自洪武元年（一三六八年）修築居庸關長城起，至十六世紀末共二百多年的時間裡，修成全長一萬二千七百里的長城。完整保留至今的主要就是明長城。明長城西起嘉峪關，一路盤旋蜿蜒，延伸至鴨綠江。明長城工程量之大是任何一個朝代都無法相比的，若將明代修築長城所用的磚石、土方等，用來修築一道寬一公尺、高五公尺的城牆，可繞地球一周有餘。

關城

在長城線上有許多重要的關口，這些關口平時是長城線上進出的通道，戰時則是進攻和防守的重點。

明代時在這些扼控長城通道的地方修了許多關城。這些關城是和關口連在一起的，因此特別堅固。如位於山西境內的長城外三關雁門關、寧武關、偏頭關，河北與北京境內的長城內三關紫荊關、居庸關、倒馬關等處，都建有十分堅固的關城。其中居庸關，在三十多里的關溝中建關三重。

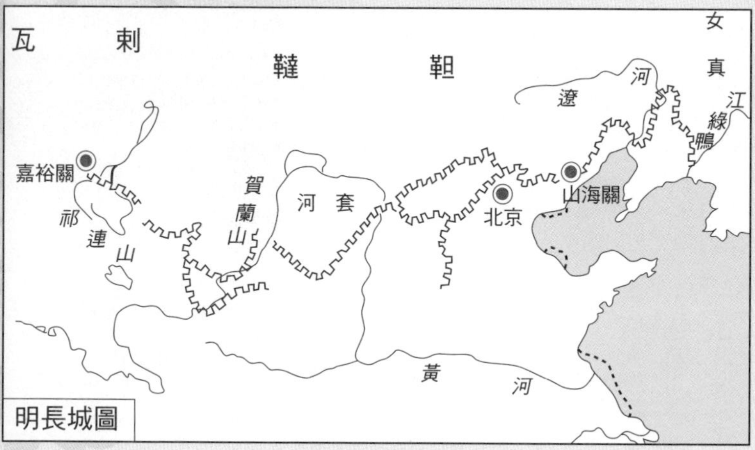

明長城圖

城牆

明長城以山西為界可分為東西兩大部分。東半部城牆平均高約八公尺，牆基寬約六公尺，牆頂寬約五公尺。城牆裡面為碎石和黃土夯築，外面用磚包砌，石灰漿勾縫。城牆內側建有高約一公尺的女牆。牆頂外側設高約二公尺的垛牆，上有垛口用於瞭望，下有供射箭用的箭孔。每隔七十公尺左右修有一座敵臺。牆體內部每隔二百公尺左右建磴道以供上下。

西半部城牆高約五六公尺，牆基寬約四公尺，牆頂寬約二公尺。夯土版築，牆面沒有包磚。牆頂垛口高約一公尺。

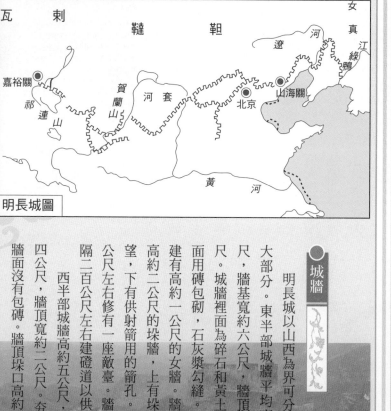

敵臺和烽火臺

敵臺又稱敵樓，是跨城牆而建的方形墩臺，高出城牆之上，二至三層不等。敵臺分實心敵臺和空心敵臺兩類。

實心敵臺基本為方形，不是齊牆而建，無箭窗，僅有登臺頂的踏道。基部用預製的條形石塊壘砌，基部以上牆體四周用長方形青磚錯縫平砌至頂，整個敵臺從基部向上有明顯的收分，從外側表面看牆體呈上窄下寬的梯形。牆頂四周存有垛口，垛上置瞭望孔。

空心敵臺是跨長城城牆而建的樓臺，中空、四面開窗，守城士卒可居住在裡面，並可以儲存武器、彈藥以抗擊來犯之敵。

烽火臺大多設在長城內側或附近的山頂上，每隔約五公里設一座，一般為方形，邊長約八公尺，高約十二公尺，夯土築成。關鍵地點的烽火臺外面砌有包磚。臺上建有雉堞和瞭望室。白天焚煙，夜晚舉火，以傳報敵情。

嘉峪關

嘉峪關城樓位於甘肅嘉峪關市西南隅，因建於嘉峪山麓而得名，是明長城西端的終點，扼守河西走廊的第一要隘，絲綢之路的必經之地，也是長城沿線保存最完整的一座雄關。

嘉峪關建於明洪武五年（一三七二年），關城呈正方型，高十一・七公尺，周長七百三十六・三公尺，面積三萬三千五百多平方公尺。開東西二門，其上各築有關樓一座，高約十七公尺，結構精巧，氣勢雄偉。門內北側，均有寬闊的馬道，直達城頂。南北城牆中段各有一座敵樓。城南北連接萬里長城，與長城成犄角之勢，互相呼應。

嘉峪關內外有眾多的城堡、烽火臺，形成易守難攻的軍事防禦體系，所以號稱「天下雄關」。據說當年建關的時候，用料計算十分精確，竣工時只剩下一塊磚。

全城一心守北京

●時間：西元一四四九年
●人物：于謙

皇帝已經落入敵人之手，誰來保衛國家，保全百姓呢？大臣于謙義無反顧，挑起了這副重擔，組織了明朝歷史上著名的北京保衛戰。

⊙臨危受命

正統十四年（一四四九年）八月十七日，「土木堡之變」的消息傳到京城，京城內外人心惶惶，文武百官張惶失措，甚至在朝堂上號啕大哭。有人主張用金銀珠寶贖回英宗，有人主張關閉城門固守待援，翰林侍講徐珵（後改名有貞）更主張遷都南京，以避瓦剌兵鋒。

兵部侍郎于謙挺身而出，大聲疾呼：「言南遷者可斬也！京師天下根本，一動則大勢去矣！」

也先以英宗為人質威脅明王朝安危，「國不可一日無君」，為了穩定國政，于謙提出「社稷為重，君為輕」的口號，聯合朝臣請求郕王朱祁鈺以大局為重，繼承皇位，得到皇太后支持。

九月初六，郕王繼位，就是明景帝。景帝改元景泰，遙尊英宗為太上皇，也先挾持明英宗訛詐朝廷的陰謀挫敗。景帝任命于謙為兵部尚書，調兵急赴京師守衛，並轉運通州倉糧入京，做好大戰準備。

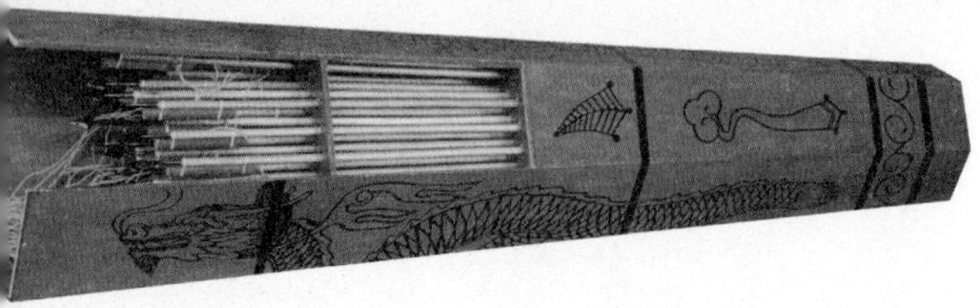

一窩蜂（模型）
這是明代的一種筒形火箭架，把幾十支火箭放在一個大木筒裡，引線連在一起，用時點總線，幾十支箭齊發，宛如群蜂螫人，故稱「一窩蜂」。

⊙北京保衛戰

十月，也先以英宗為人質，率軍入紫荊關，過易州（今河北易縣），到良鄉，勢不可當。十日，大軍跨過蘆溝橋，直抵北京城下，軍隊駐紮在城門外，英宗被安置在德勝門外土城關。

于謙在景帝支持下佈署城防，調動諸將分領官軍二十二萬，佈列於北京九門外。于謙親自到城門上，表明和守城將士同生共死的決心，隨後與石亨陳兵於德勝門外，身後城門關閉，以示背城死戰。官兵受于謙感動，士氣振奮，鬥志昂揚。

也先派一萬騎兵進攻德勝門，明軍砲箭齊發，瓦剌軍陣腳大亂，也先的弟弟中砲身亡。明軍趁機衝入敵陣，也先殺得潰不成陣，慌忙回撤土城。明軍緊追不放，城外居民見瓦剌兵敗，紛紛爬上屋頂向敵人投擲磚石，以助軍威。

也先轉攻西直門不成，只得率部

于謙創立團營

景泰三年（一四五二年）十二月，兵部尚書于謙創立團營制。明初京軍有三大營，分別是五軍營、三千營和神機營。

五軍營由馬步軍組成，中軍，左、右哨，左、右掖。三千營初設於明成祖朱棣永樂時期，以蒙古降兵三千人組成，都是騎兵，分為五司。神機營也是永樂時期創立，也分中軍，左、右哨，左、右掖五軍。平時操練火器，皇帝親征時隨軍出征。

英宗回京以後，于謙考慮到兵政鬆弛，三大營之間難以統一協調，尤其是在有邊警時，臨時調撥，兵將平日互相不熟悉，將不識兵，兵不識將。於是于謙選三大營軍十萬人，分為五營團體操練，稱為「團營法」。每營置都督一人，下設都指揮三人，把總十五人，指揮三十人。團營仍由武臣、內臣往來提督。不在團營的軍隊，歸本營訓練，以衛護軍師，稱為「老營」或「老家」。

于謙改革京軍舊制，整肅軍紀，使三大營面目一新，京軍之制為之一變，明朝的軍事力量得以增強。天順元年（一四五七年）英宗復辟以後，于謙被殺害，團營的訓練也就此停止了。

向南轉移，到彰義門土城（外城廣安門）時，又遭到石亨義子石彪截擊。也先環攻不下，只好挾英宗拔營退兵，由良鄉往西出紫荊關而去。于謙派騎兵一路追擊，在清風店、固安等地多次擊敗敵兵。明軍沿途斬獲頗多，奪回大批被掠的百姓和牲畜。

十一月初八，北京城城門解禁，北京保衛戰勝利。于謙繼續整頓防務，充實邊關，嚴防也先捲土重來。

于謙率領軍民力戰九門，取得北京保衛戰的輝煌勝利。此役，于謙指揮火器部隊與步兵、騎兵部隊協同作戰，有效抗擊了瓦剌軍的進攻，創造出明代城市陣地防禦作戰的特殊戰略。京城中軍民齊心，同仇敵愾，也是大敗瓦剌軍、取得勝利的重要保證。

箭樓
位於北京天安門廣場南端的箭樓，建於明正統四年（一四三九年）。開箭窗八十二個，有門通向城臺。

奪門復位

●時間：西元一四五七年

●人物：明英宗　曹吉祥　石亨　徐有貞

景泰八年（一四五七年）正月，景帝重病，英宗在大臣徐有貞、石亨和宦官的幫助下，重新登基，這就是明朝歷史上著名的「奪門之變」，又稱「南宮之變」。

⊙「北狩」歸來

明英宗於土木堡之變被俘，在瓦剌過了一年的囚徒生活。對一個皇帝來說，這無疑是奇恥大辱，英宗託稱到漠北狩獵，美其名曰「北狩」。也先進攻北京失敗後，原想以英宗為人質，要挾明廷割地賠款。明朝另立新帝後，也先便打算將英宗放回，一方面示好求和，一方面可以坐觀明廷內鬥。景泰元年（一四五〇年）八月，英宗獲釋回到北京。

已經當上皇帝的景泰帝朱祁鈺自然不願英宗回來。景泰帝先是不肯遣使「迎駕」，英宗回來後，被安置在皇城南宮（今北京南池子緞庫胡同內），實際是被軟禁。名義上稱作「太上皇」的英宗在南宮過著清閒的生活，但並不甘心，一直夢想再登皇位。

荷葉形琥珀杯

明代琥珀杯，高四．八公分，長十二．八公分，寬八．六公分，杯身周圍浮雕或透雕錯落有致的荷梗與水草，並以透雕漁翁為把手。漁翁上身袒露，腰間挎一魚簍，右手抓杯口，左手握魚，情態喜悅。設計巧妙，雕工精緻，琥珀製品甚為罕見。

⊙七年幽居

英宗在南宮過著幽居生活，七年不曾踏出半步。為了斷絕英宗與外界的聯絡，南宮長年大門緊閉，日常所用都從小窗戶中遞送。英宗生活上的待遇並不是很好，錢皇后雖曾貴為國母，也不得不做些針線活出售，換取食物。

生活上的窘迫勉強可以忍受，皇宮內的新變故則讓英宗陷入更加悲憤絕望的處境。起初，景泰帝立英宗

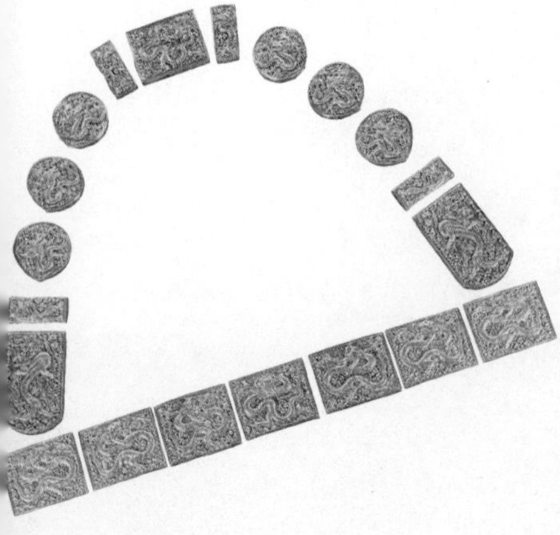

雲龍紋金帶板　明金帶板共二十塊，形狀為圭形、長方形和桃形，板上雲龍紋造型生動，工藝精湛。按照明朝的輿服制度，金帶是上層官員佩帶的。明代金帶板的出土在考古中尚屬少見，為進一步瞭解明代的歷史、工藝、喪葬習俗等提供了實物資料。

長子朱見深為太子，許諾日後傳位於他。地位日漸穩固後，景泰帝便想改立自己的長子為太子。

景泰三年（一四五二年）四月，千戶袁洪上疏請易太子，大臣紛紛贊同，正中景泰帝下懷。五月初二，景泰帝冊立長子朱見濟為太子，廢朱見濬為沂王。

不到一年，太子朱見深病死。景泰帝沒有其他兒子，又不肯復立朱見濬，造成儲位空缺。

⊙野心家的陰謀

景泰八年（一四五七年）正月，景泰帝身染重病，不能上朝。大臣都很憂慮，如果景泰帝駕崩，該由誰來繼承皇位呢？

太監曹吉祥、武清侯石亨、都督張軏和都御史徐有貞私下商議多次都無結果。

正月十二日，景泰帝在病榻上召見石亨，命他代為主持祭祀。石亨出宮後，對曹吉祥等人說皇帝可能是不行了，得快點打定主意。曹吉祥說有大臣打算請求復立廢太子，但還不如擁太上皇復位。其他人紛紛附和，若事能成，大家就都是功臣了，只有張軏擔心。

這幫陰謀家決定捨命一搏，由張

歷史詞典

景泰藍

景泰藍又叫掐絲琺琅，是一種瓷銅結合的獨特工藝。景泰藍的製作工藝精細複雜，主要工序有製胎、掐絲、燒焊、點藍、燒藍、磨光、鍍金等。

製作景泰藍先要用紫銅製胎，再用扁細的銅絲在銅胎上黏出圖案花紋，然後用色彩不同的琺琅釉料鑲嵌填充在圖案中。這道工序完成後才是反覆燒結，磨光鍍金。因為這種琺琅釉料的顏色主要以藍色（孔雀藍和寶石藍）為主，藍色珍貴，稱佛頭藍、寶藍，加上這種工藝主要流行於景泰年間，所以稱為景泰藍。景泰藍的製作工藝既運用了青銅工藝，又利用了瓷器工藝，同時又大量引入了傳統繪畫和雕刻技藝，堪稱中國傳統工藝的集大成者。

景泰藍釉色純正，絲工粗獷，飾紋豐富，造型端莊富麗，沉著大方，金碧輝煌，所以明代宮中許多御用器具都改用景泰藍。景泰藍也是中國金屬工藝品中的重要品種。

紫禁城謹身殿內的寶座

謹身殿建成於永樂十八年（一四二〇年），嘉靖年間遭火災，重修後改稱建極殿。清時更名為保和殿。

軏負責通知南宮中的英宗。

⊙奪門復位

正月十六日晚，曹吉祥一夥聚到徐有貞家。張軏表示已經得到英宗許諾，眾人商定由石亨、張軏在早朝時各帶兵將進入皇城，曹吉祥負責拿到皇城各門的鑰匙，以便兵到門開。

半夜過後，石亨、張軏等假稱軍情緊急需加強防守，騙過守門衛兵，帶領千餘名兵士從長安門進宮。一路將各門封鎖，帶兵直奔南宮。南宮大門常年不開，緊緊鎖牢。

天色慢慢發亮，眾人情急之中，叫兵士取來巨木，幾十個人撞開大門，推倒宮牆，一擁而入。

英宗早已得知信息，起床來到庭院中。曹、石等人來到面前，英宗故作不知問：「你們要做甚麼？」眾人齊伏於地說：「請陛下登位。」英宗一言不發，不置可否。

石亨等人把英宗抬進御輦，朝金殿前進。在東華門受到阻擋，英宗大聲說：「我是太上皇！」禁衛兵士不敢再加阻攔。

石亨等人把英宗簇擁到奉天殿，請上皇帝寶座，鳴鐘擊鼓，大開宮廷各門。

徐有貞高喊：「太上皇復位了！」正在朝房等候早朝的大臣嚇得目瞪口呆。

徐有貞又叫大家上殿朝賀。群臣入謁，英宗安撫說：「你們因為景泰皇帝病重，迎我復位，大家各任其事，各安其位吧！」

奉天大殿上的鐘鼓聲和朝賀聲驚動了病床上的景泰皇帝，侍者說明是太上皇復位了。事情已經無法逆轉，

掐絲琺琅獅紋尊　明

尊通身以淺藍釉作地，腹部飾四獅戲球，間飾花紋。足內中心刻陽文「景泰年製」楷書款。

掐絲琺琅雙陸棋盤　明

此盤為明代御用監製造，銅胎鍍金。長方形，四壁直立，下承束腰六足帶托底座。盤內底四邊飾鍍金長方框，框內以掐絲淺藍釉為地，飾七獅戲球紋。方框長邊上各有十二個小圓開光，內嵌螺鈿，是為棋位。

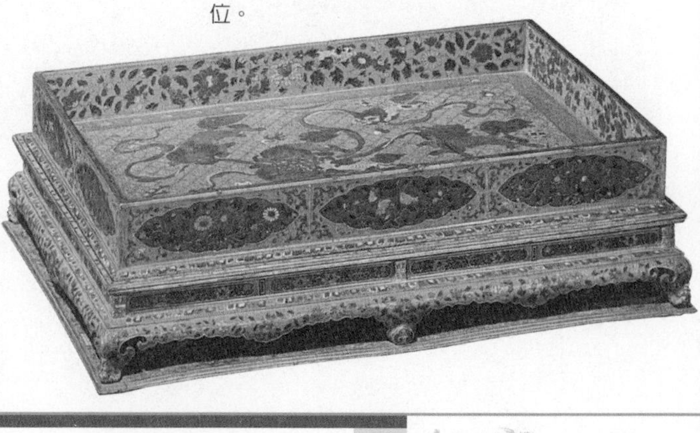

朱祁鈺不久就一命嗚呼！

⊙復位之後

幽居南宮七年後，明英宗終於重見天日，再登皇位。英宗對奪門功臣大加封賞：徐有貞封武功伯，升兵部尚書兼華蓋殿大學士，掌管內閣大事。石亨封忠國公，張軏封太平侯，曹吉祥升任司禮監太監，姪兒曹欽封為昭武伯。一時間，經他們請功賜賞的不下四千人，封官之濫達到頂點。

這些因陰謀爬上高官顯位的小人一朝得志，開始排除異己，陷害忠良。首先打擊的是于謙和大學士王文。徐有貞等人把英宗被俘後為穩定人心、力主立新帝的于謙等人說成是「逢迎景泰篡位」，又誣稱于謙在景泰皇帝病重時曾陰謀迎立襄王。

紫禁城中右門

英宗被俘歸來，帝位已失，歷經七年南宮歲月，雖然可以想見當年的情勢，但對于謙仍懷有恨意。英宗下令拘捕于謙、王文。負責審問的官員以圖謀迎立外藩的罪名，判凌遲處死。

奏摺送到英宗面前，由於于謙保衛北京有功，英宗多少有些猶豫。完全掌握了英宗心理的徐有貞說，如果不殺于謙，陛下復位一事就說不通了。英宗於是下令殺死于謙、王文。一些正直的官吏極力辯護，于謙才得以減免一等，改為斬刑。

徐有貞等人並沒有就此罷手，又攛掇英宗，逮捕陳循、商輅等十多位大臣，強加上諸多罪狀，一一削職、充軍，牽連達數十人之多，朝廷中正直的官員差不多陷害殆盡。關心國事的正派官員相繼被害，用心險惡的小人升居高位，自此，明朝政治更加腐敗。

要留清白在人間

●時間：西元一四五七年
●人物：于謙

明代名臣于謙的一生，忠實實踐了自己詩中的誓言：但願蒼生俱飽暖，不辭辛苦出山林。粉身碎骨全不惜，要留清白在人間。

于謙，浙江錢塘（今杭州）人，字廷益，永樂十九年（一四二一年）進士。少年時，就曾以「拔劍舞中庭，浩歌振林巒。丈夫意如此，不學腐儒酸」抒發胸懷。

宣德初年，于謙授御史，後隨明宣宗平定漢王朱高煦叛亂。宣德三年（一四二八年），于謙巡按江西，嚴懲污吏，審理冤獄，頌聲滿道。五年（一四三〇年），于謙升為兵部右侍郎，巡撫山西、河南。他調節糧價，賑濟貧苦，興修水利，加固黃河堤岸，深得民心。

正統六年（一四四一年），于謙遭王振等迫害下獄，得兩省百姓、官吏及藩王力請免死，並官復原職。

土木之變中，明英宗被瓦剌俘獲，于謙擁立景帝，反對南遷，升為兵部尚書。他整飭兵備，嚴格督戰，親自率師二十二萬，在北京九門外大敗瓦剌軍隊，加少保頭銜，總管軍務。

後來，也先以英宗為人質逼明朝議和，于謙主張社稷為重君為輕，不肯答應。也先無計可施，只得放回英宗。

景泰八年（一四五七年），英宗復辟，于謙以「謀逆罪」被殺。萬曆年間，追謚忠肅。

⊙為官清廉

宣德二年（一四二七年），于謙巡按江西。公正廉明，執法不阿，審理平反冤獄數百件，即使是藩王官屬，犯了罪也不寬恕。

同年，明朝設立「巡撫」作為地方最高行政長官，職權在都指揮使司、布政使司和按察使司三司之上。三十三歲的于謙任命為首批巡撫之一，巡撫河南、山西長達十九年。

在任期間，于謙深入民間，察訪疾苦，懲治貪官。興修水利，改良農業生產，立平糴法以備荒，並創「平

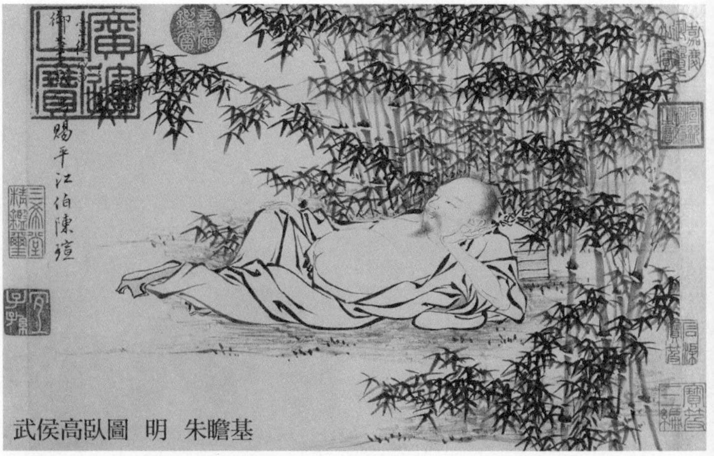

武侯高臥圖　明　朱瞻基

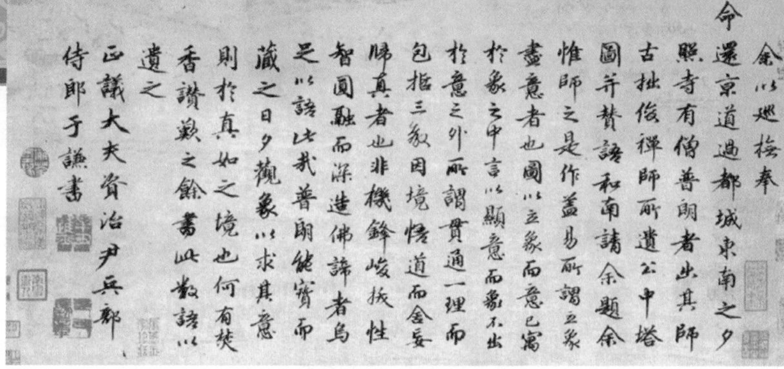

于謙書《公中塔圖贊》

倉」「義倉」儲糧，以備荒年賑災。設「惠民藥局」，救治百姓疾病。命地方官員修治河堤以防水患，招撫山東、陝西難民，予以安置。並屢次上疏請求蠲免受災地區的錢糧賦稅。

于謙始終保持為政清廉，不受私謁，為民請命，不避權貴的耿直作風，兩省百姓呼為「于青天」。貪官污吏聽到于謙的名字就膽破心寒，盜賊響馬也為之避匿。

正統元年（一四三六年），明英宗朱祁鎮即位，軍國大權漸漸被宦官王振把持。朝中貪污成風，地方官員進京辦事，必須先賄賂上司。于謙每次議事京師，總是「空囊以入」。

六年（一四四一年），于謙遭王振等迫害下獄，處以死罪。山西、河南兩省百姓聯名上書，幾位藩王也為于謙說情，王振只好讓他復職。

十年（一四四五年），山東、山西、陝西飢民大批流入河南，人數達到二十多萬。根據法令，地方官應當把沒有「路引」（通行證）的飢民按照「逃戶周知冊」遣返回鄉，以追索稅糧。于謙甘冒「有違國法」的罪名，奏請撥發河南官倉存糧八十多萬石進行賑濟，將飢民安置在附近州縣，或編入里甲，或散插鄉都，新編民戶共七萬多戶，又撥給境內荒田及黃河退灘地，酌量散發種子、耕牛，使災民得以生產自救。

含冤而死

景泰八年（一四五七年）正月初，景泰帝突然患病，臥床不起。當時太子未立，朝廷內外惶惶不安。十六日夜，石亨、徐有貞等人策劃發動了「奪門之變」。十七日破曉，太上皇朱祁鎮重登寶座，改年號為天順。英宗對于謙不顧他的生死，拒絕議和並擁立景帝，始終耿耿於懷，正午便傳旨逮捕于謙、王文下獄。

次日，石亨、徐有貞等進行「廷審」，誣陷于謙、王文「謀逆罪」。案件提交時，英宗尚感猶豫，徐有貞馬上說：「不殺于謙，此舉為無名。」眾人甚至提議將于謙凌遲處死。英宗最後判決：將于謙與大學士兼吏部尚書王文及四名大太監（王誠、王瑾、張永和舒良）一起公開斬首。

天順元年（一四五七年）正月二十二日，于謙在北京東市處斬，妻、子發配邊疆。抄家時，發現于謙「家無餘資，蕭然僅書籍而已」。史書記載：「公被刑之日，陰霾翳天，京郊婦孺，無不灑泣」，「行路嗟歎，天下冤之」。

曹石之亂

●時間：西元一四六〇～一四六一年
●人物：曹吉祥　曹欽　石亨

曹吉祥、石亨等人，本來就是靠陰謀發家，奪門之變後，都得以竊居高位。但他們並不滿足於此，不久，新的陰謀又開始醞釀了。

⊙擠走徐有貞

奪門之變中，曹吉祥、石亨、徐有貞等人齊心協力擁戴明英宗復辟，但在一一除掉朝廷中的忠誠正直之士後，他們內部的衝突開始突顯出來。

曹吉祥對石亨封公、掌握實際的軍政大權十分不滿，經常在英宗面前毀謗石亨。石亨自以為功高蓋世，也常向英宗說曹吉祥的不是。徐有貞自認是進士出身，又是內閣首輔，看不起石亨、曹吉祥等人，一有機會就在英宗面前攻擊二人。曹、石小人得勢，忘乎所以，經常插手內閣和六部的事情，英宗也開始不滿。曹、石兩人暫時團結一起，共同對付徐有貞。

掐絲琺琅蒜頭瓶　明

英宗和徐有貞每次單獨談話，曹吉祥就派身邊的親信太監偷聽，到他和英宗獨處時，再把細節裝著不經意流露出。英宗很奇怪，問曹吉祥怎麼知道，曹吉祥說是徐有貞說的。英宗非常惱怒，認為徐有貞太不可靠，逐漸疏遠了徐有貞。

不久，徐有貞煽動御史張鵬、周斌揭露石亨的不法行為。這事被依附曹、石的給事中王鉉知道，密告石亨。石亨馬上和曹吉祥到英宗面前哭訴，說張鵬是已經被殺的景泰帝寵信太監張永的乾兒子，勾結幾個御史要為張永、于謙報仇，徐有貞和他們勾結，一定別有圖謀。英宗勃然大怒，立即逮捕徐有貞和張鵬等人，貶徐有貞為廣東右參政。

剔犀葫蘆式漆執壺　明

⊙李賢評「奪門」

擠走徐有貞後，曹吉祥和石亨在朝中更加肆意妄為，毫無顧忌。公開納賄，隨意更換文武大臣，朝臣都不敢輕言。

石亨的親信遍佈京師三大營和兵部，經常向皇帝推薦親信，英宗有時不同意，石亨便立刻不高興了，幾天也沒有好臉色。

英宗找大學士李賢談話，詢問對「奪門」事件的看法。李賢說：「說迎駕可以，但怎麼能說『奪門』呢？皇位本來就是陛下的，何必要奪？況且內府的門能隨便奪嗎？那次幸虧是成功了，萬一事機洩露，石亨等人死不足惜，只是難以想像陛下會被置於何地。」英宗恍然大悟。

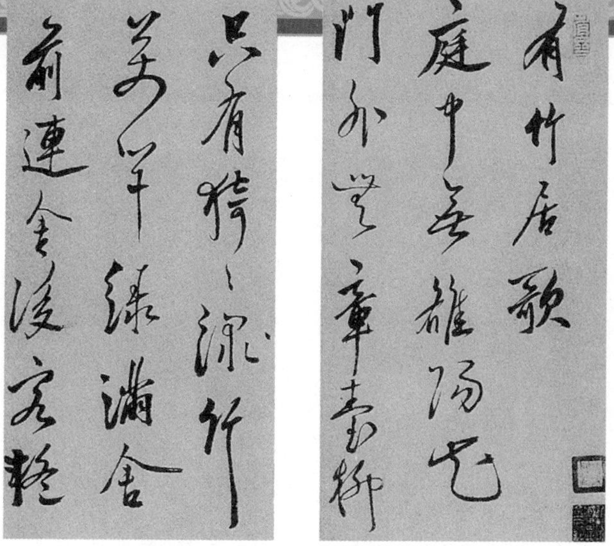

有竹居歌冊（局部） 明 徐有貞

李賢接著說：「景帝病重，群臣自然會上表請陛下復登大位，又何必弄出個奪門事件，傳到後世也不好聽！都是因為幾個小人想藉陛下升官，達到專權干政的目的，哪裡是為陛下和國家著想？要不是他們，大臣不至於貶殺那麼多，貪賄之風也不至於到這個地步！《易經》上說『開國承家，小人勿用』，就是這個道理。」

英宗聽完李賢的話，說：「如果不是先生教導，我幾乎被蒙在鼓裡。」

英宗當即下旨，以後奏章中不許再提「奪門」二字。通知宮廷衛士，不許石亨隨便進宮。凡在奪門事件中冒功受賞的人，必須自首改正。

⊙石亨欲反先喪命

英宗旨意一下，奪門之功一筆抹消，石、曹對英宗大為怨恨。石亨自恃兵權在手，養子石彪領兵在外，便圖謀不軌。

當時邊防有警，英宗派石亨至大同視察。路過紫荊關時，石亨對身旁的人說：「這兒的地形真是好啊！如果派兵守住此關，以大同作根據地，京師的兵就過不來了。」這句話被英宗知道了。

正好石彪從陝西回朝，積極活動想要鎮守大同，石亨指使千戶楊斌等人出面奏保，引起英宗懷疑。英宗逮捕楊斌，審訊證實石氏父子確有異謀，於是逮捕石彪，石亨罷官。

石亨更加怨恨，積極策劃叛亂。鼓勵同黨說：「宋太祖陳橋兵變，歷史上並沒說他是篡位，你們能助我成大事，可富貴同享。」這話被石亨的家人報告給朝廷，英宗立即傳旨逮捕石亨。

天順四年（一四六〇年），石亨以圖謀不軌的罪名下獄而死，石彪被殺。

⊙兔死狐悲

石亨之死令曹吉祥深感難以獨自

北海白塔

保身，決心鋌而走險。和姪兒曹欽廣招心腹，網羅了一批死士，準備謀反。

一天，曹欽向同黨提問：「自古以來，歷史上有沒有宦官子弟當皇帝的？」有人說：「有啊，你們本家魏武皇帝曹操就是中宦曹騰的後人。」曹欽非常高興，加緊陰謀叛亂。

當時蒙古軍侵擾陝西，朝廷派恭順侯吳瑾、懷寧伯孫鏜領京軍征討，定在七月初二黎明開拔。曹氏叔姪二人便計畫在當天動手。曹欽和同黨商議，到時藉京軍開拔掩護，率死士五百人，和曹吉祥掌握的部分禁軍裡應外合，發動叛亂。

一切準備停當，曹欽大擺酒宴，時間一到便要發難。有個蒙古族降將馬哈麻半夜從席間溜出，把這一緊急情況報告等候早朝的吳瑾和孫鏜。吳瑾馬上寫了個簡單的便條：「曹欽反」，從宮門的門縫中投進去。英宗得到情報，立即抓捕曹吉祥，並加強宮廷守衛，下旨緊閉皇城和京城九門。這些情況，曹欽一無所知。

⊙曹欽叛亂

天快亮時，曹欽率幾百人來到東長安門前。照理，這時皇城各門應該開始放行。曹欽見大門緊鎖，明白事情已經暴露。認定是錦衣衛指揮陸杲告密，領兵直奔陸家，將正要上朝的陸杲亂刀砍死。

曹欽藉口「清君側」，帶兵闖進西朝房，把正在等候早朝、曾經彈劾過他的都御史寇深劈成兩半，又在東朝房砍傷大學士李賢。曹欽逼李賢代寫奏疏，說今日之變是陸杲逼出來的，又強押李賢一塊面奏皇帝，以為這樣就能騙開朝門。

延伸知識

北京三海

北海、中海和南海位於故宮西側。三海水面並不大，因為遼、金等少數民族長期居住在北方，很少能見到大海，「北人凡水之積者輒曰為海」，所以北京城內及近郊有許多處以「海」命名的地方。

三海一帶原先只有一些小山和水池，遼代統治者選擇這裡作為遊玩之地，開拓了水池，並引玉泉山泉水灌入，命名為「太液池」。金代，三海一帶成為皇帝的離宮，修建了不少宮殿、園苑，稱為「西苑太液池」。元朝建大都時又對三海進行了大規模挖掘，挖出的土堆起來，形成了故宮北面的景山。三海的水面也得以開闊，南北長兩公里，東西寬兩百公尺，成為北京內城最大的風景區。

明代，皇宮向東遷移，太液池成為皇帝的行宮，正式分為北、中、南三海。三海以兩座橋樑作為分界線，金鰲玉橋（今北海大橋）北為北海，蜈蚣橋南為南海，兩橋中間為中海。北海是中國現存歷史悠久、規模宏偉的一處古代帝王宮苑，全區可分為瓊華島、團城、北海東岸與北岸四個部分。金鰲玉橋以南的湖面，即是中南海。現北海闢為公園，中南海是中共黨中央和國務院所在地。

曹欽在長安左門遭到衛兵堅拒，便下令攻門，想放火燒毀城門，守軍拆下御河岸牆上的磚堵住門洞。曹欽久攻不下，轉奔東安門。

吳瑾、孫鏜早已分頭調兵，孫鏜召集城內西征軍兩千人直奔東長安門，工部尚書趙榮召集數百人與孫鏜會合，奮勇殺賊。

曹欽力戰不勝，向東敗退，碰上帶兵不多的吳瑾。吳瑾寡不敵眾，被殺身亡。曹欽賊心不死，將隊伍帶到東華門下，被趕來的孫鏜人馬團團圍住。

曹欽帶隊拚死反撲，東華門外殺聲震天，從早上直到中午，難分難解。交戰中，雙方損失慘重，孫鏜的兒子陣亡，曹欽的兩個弟弟被殺，曹欽也中了流矢。曹欽打算外逃，跑到齊化門（今朝陽門），但京城九門早已奉命全天關閉。曹欽折向東直門、安定門都無法出城，只得率領殘兵回到家中死守。

到了晚上，前來平叛的官軍越集越多，把曹欽的宅第團團圍住。大雨如注，孫鏜督軍環攻，軍士奮勇殺入，曹欽投井自盡，叛兵全部敗亡。

三天後，曹吉祥處以磔刑，全家都處死。

象牙山馬筆　明

銅鎏金太獅少獅鎮紙　明

此鎮紙造型為獅子，獅子原名狻猊，龍生九子之一，為獸中之王。太獅少獅能避邪，寓意吉祥。

傳奉官

●時間：西元一四六四年
●人物：明憲宗

明憲宗朱見深好方術，大批趨利之徒以進獻方術授予官職，乃至竊居高位。這些官職沒有經過吏部正常的選官程序，是由皇帝直接任命的，稱為「傳奉官」。

明憲宗長期沉迷神仙、佛道和長壽祕術，怠於朝政。太監梁芳先後引薦李孜省、僧人繼曉等人，進獻方術與符籙。明憲宗從迷信方術發展到寵信方士，梁芳、李孜省、繼曉等人逐漸得勢並干政，李孜省任通政使、禮部左侍郎兼掌司事，繼曉破格授封通玄翊教廣善國師。

為了滿足隨意任用官員的要求，明憲宗下旨可以不經吏部選拔和考覈，直接任命官員，即所謂的「傳奉官」。大批佞幸因此獲得官職，導致吏治敗壞，開明代不良官制先河。

⊙迷戀方術

明憲宗怠於政事，不見大臣，群臣奏事都要經由內廷中官。成化二年（一四六六年），憲宗平反于謙冤獄。次年二月，受于謙案牽連被貶逐的官員商輅被召回。其時，憲宗所倚重的閣臣還有孜孜奉國數十年、「持正存大體」的彭時等。

成化七年（一四七一年），大學士彭時、商輅等以彗星久現，力請朝見。憲宗在奉天門接見閣臣，彭時奏請減京官俸，憲宗准奏。大學士萬安等人卻只是叩頭呼萬歲，退朝後，朝野傳笑為「萬歲閣老」。以後直到病死，憲宗再也未曾召見大臣。彭時上疏勸誡憲宗不要沉迷佛事，浪費錢財，但荒怠的憲宗根本不聽。

憲宗少年天子，血氣方剛，與後

紫禁城奉天殿
該殿建於永樂十八年（一四二〇年），初名奉天殿，嘉靖四十一年（一五六二年）改稱皇極殿，清更名為太和殿。這座大殿是新皇帝登基，頒布重要詔書，公布新進士黃榜，派大將出征等，舉行重大慶祝典禮儀式的地方。

宮嬪妃婢女淫樂無度。萬安等佞臣迎合帝意，進獻媚藥及房中術。諫諍風紀之臣如都御史李實、給事中張善等，為了升職求官，也向憲宗進獻祕方。僧人繼曉經宮中內宦引薦向憲宗進祕術，進而奉為國師。

江西南昌人李孜省在布政司吏任上因貪贓藏匿治罪，他自稱幼習「法術」，結納內宦梁芳等向憲宗進上道家符籙及淫邪方術，不但免罪，還特授上林苑監一職，進至通政使。李孜省與萬安、繼曉及內宦梁芳等相互勾結，操縱官員進退，朝野為之側目。

明代方士煉丹圖

⊙佞臣得勢

天順八年（一四六四年）二月，朱見深下詔授予司禮監匠人姚旺為文思院副使，開「傳奉官」之始。「傳奉官」從宮內頒布詔令直接封官，不通過吏部正常的任命和批准手續。從此，憲宗視官爵為私物，隨意任用官員，破壞了皇帝與官僚士大夫之間的平衡。

憲宗命內宦傳奉聖旨授官，求官者向內宦行賄，「傳奉官」授官日濫。傳奉官中混雜著大批出身於軍人、僧道、工匠、畫士的佞幸之人，依靠結交宦官、行賄等手段取得官職，大大敗壞了吏治。

成化十九年（一四八三年），吏科都給事中王瑞、御史張稷等上疏彈劾傳奉官之濫。張稷更指出，傳奉官中竟有文官不識字、武官沒有拿過弓箭的現象。憲宗被迫貶黜傳奉官十二人。

次年十月，刑部員外郎林俊上疏彈劾僧人繼曉在京城建寺靡財，內官梁芳耗費府藏。憲宗大怒，將林俊下獄拷問，都督府張黻為林俊辯護，也被治罪。太監懷恩伏地力爭，憲宗命將林、張各杖三十，貶謫為州官。

陝西巡撫鄭時彈劾太監梁芳被貶黜後，陝民哭送。消息傳到憲宗耳中，頗感後悔，特斥傳奉官十人，下獄六人，並命以後傳旨授官必須上書覆奏。

成化後期，內宮累積所存七窖金銀全部用盡，憲宗對梁芳與韋興說：「靡費帑藏，實由汝二人。」韋興不敢回話，梁芳辯解道：「建顯靈宮及諸祠廟，為陛下祈萬年福耳。」憲宗很不高興，只說道：「吾不汝暇，後之人將與汝計矣。」

這些狀況，直到明孝宗即位後才有所改觀。

天下只知汪太監

●時間：西元一四七六～一四八一年
●人物：汪直

天下人只知有汪太監，而不知有皇上，眾多朝廷官員對一個太監巴結逢迎，跪伏一片。這樣的事情，就發生在明憲宗成化年間。

⊙特務起家

汪直，大籐峽（今廣西桂平西北大籐峽）人。汪家先人曾因反叛明廷抄家。汪直幼年時就淨身進宮當了宦官。成化年間，汪直成為昭德宮內使，服侍萬貴妃。

明憲宗像

明憲宗姓朱名見深，英宗長子。即位後，為于謙平反昭雪，並禁止豪強擴張土地。但是，憲宗好遊逸，溺於女色，信用宦官。在位期間，任用宦官汪直，設西廠，國政日壞，國庫空虛。憲宗在位二十三年，年號成化，廟號憲宗。

汪直生性狡詐，善於察言觀色，深得萬貴妃喜愛。成化二年（一四六六年）正月，萬貴妃為剛登基不久的明憲宗朱見深生下皇子，從此便不把皇后放在眼裡，一心想取而代之。不到一年，萬貴妃生的皇子夭折。萬貴妃害怕其他妃子或宮女生下兒子，讓汪直暗中打探，發現有人懷孕，立即報告。汪直的特務生涯從此開始。經汪直報告，許多已孕嬪妃、宮女被逼迫墮胎。汪直為萬貴妃掃清後宮障礙出力不少，因此更得萬貴妃歡心，進而獲得憲宗寵愛，很快便升任御馬監掌印太監。

⊙提督西廠

成化十二年（一四七六年），宮中出了一樁事，平民李子龍用符術勾結太監，隨意出入禁門，圖謀不軌。李子龍和黨羽最後雖然被錦衣衛一網打盡，但憲宗由此深感宮中偵刺力量不足，於是把汪直派往宮外打探消息。

汪直帶領兩個錦衣校尉化裝成市井平民，在北京城內外遊蕩，從官吏的言談行為到街談巷議、打架鬥毆都在刺探之列，搜羅了不少「祕密消息」，報告憲宗。

十三年（一四七七年），憲宗乾脆成立了一個新的內廷機構——西廠，由汪直統領。西廠的軍官主要從禁衛軍中選拔，再自行選置部下。短短幾個月內，西廠人員極度擴充，勢力甚至超過東廠。

西廠成立原本只是為了替皇帝刺探消息，但汪直為表忠心，拚命構置大案、要案，其辦案數量之多，速度之快，牽扯人員之眾，比先前的錦衣衛、東廠有過之而無不及。西廠派出爪牙四處偵察，上至朝廷大政方針是否受到非議，下至民間繁雜瑣事。

延伸知識

萬貴妃

成化年間，憲宗除了任用宦官汪直，設立西廠以外，並沉溺於女色，寵愛萬貴妃。

萬貴妃四歲就入宮，等到十幾歲時，在東宮服侍太子朱見深。憲宗即位時才十六歲，這時萬貴妃已經三十五歲了。她為人機警，並且善於迎合憲宗的心意。因為她的讒言，憲宗廢掉了皇后吳氏，從此她得以統御六宮。憲宗每出去游幸，她都要戎裝前驅。

成化二年（一四六六年）正月，生皇長子，憲宗非常高興。但是沒過多久，小孩就夭折了，從此以後，萬貴妃沒有再生育。這時候憲宗還沒有子嗣，但是，宮中不管哪個妃子有了身孕，萬貴妃都暗中用藥迫使墮胎，所以都沒有子嗣。孝宗出生後，頭頂上有很大一塊地方沒有頭髮，可能就是藥物所致。宮中佞幸錢能、汪直、梁芳等人都巴結她。萬貴妃非常講究排場，宮中靡費大量錢糧。

成化二十三年（一四八七年）春天，萬貴妃去世，憲宗非常難過，輟朝七天。沒過多久，憲宗過分思念萬貴妃，也去世了。

西廠主要的打擊對象是京內外官員，一旦懷疑就立刻逮捕，事先不必經由皇帝同意，隨後嚴刑逼供，案件愈大愈好。西廠有一種「彈琵琶」的酷刑，就是用利刀剔活人的肋骨。一般百姓言行稍有不慎，就會被西廠以妖言罪從重處置。

西廠成立不久，朝野上下人心惶惶。以大學士商輅為首的輔臣集體上書，向憲宗痛陳西廠之害，並將汪直犯下的不法之事一一舉報。在群臣一致指責下，憲宗只好撤銷西廠。

⊙權傾一時

一個月後，九年考滿卻沒有得到升用的御史戴縉為投機取巧，上疏大肆吹捧汪直，稱西廠緝捕奸惡，禁革宿弊，「足以服人而警眾」。憲宗本來就是不得已罷西廠，藉著這個機會，馬上將西廠重開。汪直復出後，辦案更加嚴酷。戴縉也得以升職。

汪直兩度統領西廠，威風甚至超越皇帝。每次出行都帶著一大班隨

千秋絕豔圖　明

程君房製五螭墨 明

從，前呼後擁，朝中公卿大臣都要讓路。由於汪直掌握朝廷重權，人們把當朝閣臣戲稱為「紙糊的三閣老」、「泥塑的六尚書」。

汪直積極樹立私人勢力，對趨炎附勢的無恥之徒升官晉爵，大力提拔，對不肯依附的官吏則肆意排擠。

兵部尚書馬文升整頓遼東邊務時，憲宗派汪直前去巡視，大臣陳鉞跪在路邊候迎。馬文升認為官員向太監下跪大失體統，汪直唆使陳鉞誣告馬文升，馬文升罷官，陳鉞卻無功受賞，推薦當了戶部尚書。

大臣王越身為京官，每天出入汪直家門，帶頭行跪拜大禮，爬升快速。兵部尚書項忠生性正直，不把汪直放在眼裡，因此處處遭受刁難。汪直羅織罪名，王越也從中竭力詆毀，憲宗聽信讒言，將項忠削籍為民，王越則升任兵部尚書。

成化十四年（一四七八年），發生了一起假汪直案。崇王府內使下人楊福因長相酷似汪直，便假稱汪直，從蕪湖、常州、蘇州，到杭州、紹興、寧波，所到之處，各地官員爭相奉承，並有人上門拜託官司。楊福南下到福州時，被福建鎮守太監識破，將他斬殺。此案雖然令汪直頗為難堪，卻側面反映了他權傾一時。

⊙權柄盡失

汪直為了鞏固地位，在成化十五年（一四七九年）和十六年（一四八〇年）先後兩次出征任監軍，謊奏捷報，冒領軍功，累加祿米。明太祖時，規定宦官最高品秩為正四品，每月祿米二十四石。汪直的祿米經過幾次加升，達到正一品文武官員的數倍。

汪直權勢的增長引起眾人注意。

黃花梨方角四件櫃 明

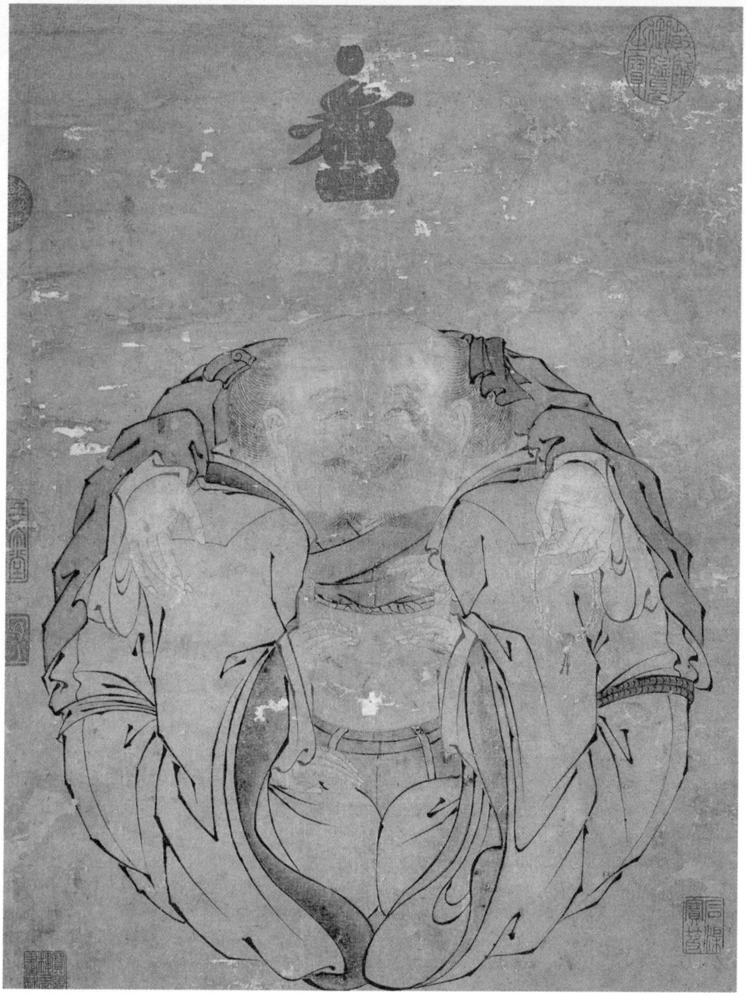

一團和氣圖　明　朱見深

此畫構圖絕妙，粗看似一笑面彌勒盤腿面坐，體態渾圓。仔細觀看揣摩，可見在佛的左耳處，有一道教冠帽老者的髮髻，面左側坐。佛的右耳為一儒家打扮、戴方巾的老者，面右側坐。此二人團膝相接，仙臉相對，手各持經卷一端。第三人則手持佛珠，手搭在二人肩上，頭臉被遮，只露出光光的頭頂，當是佛教中人。在明憲宗期間的這幅三教人物抱作一團，共論經書，正是當時「三教合一」思想的呈現。

善於詼諧表演的中官阿丑曾經在宮中裝醉謾罵，旁邊的人說皇帝來了，阿丑仍謾罵不休，有人說汪公來了，阿丑立即驚慌失措逃走。

人們問為甚麼不怕皇上，反而怕汪太監，阿丑回答：「現在的人哪裡知道皇帝，只知道汪太監啊！」

阿丑又在憲宗面前穿著汪直的衣冠，手持雙斧，說：「我領兵打仗，全仗此兩鉞。」兩鉞，即陳鉞和王越。憲宗看過阿丑的表演後，也感到汪直權重震主，逐漸疏遠汪直，派他外出總鎮大同、宣府等處。

成化十七年（一四八一年），明朝北部邊境受到蒙古騎兵侵擾。憲宗命汪直、王越前往宣府禦敵。敵兵退卻後，憲宗將其他人調回京城，卻讓汪直移鎮大同。

十九年（一四八三年）六月，汪直與總兵官許寧衝突，兵部請求憲宗早作處分。以往，文臣武將很少敢與鎮守太監抗衡，即使發生爭執，皇帝也是偏向太監。但這次憲宗卻責備汪直不以「邊寄為重」，剝奪汪直的兵權，調任南京御馬監太監，再次撤銷西廠。

不久，科道官奏劾汪直妄報功績，侵盜錢糧，擅作威福，交結朋黨。汪直降為奉御，不久被罷官。

成化二十三年（一四八七年），汪直去世。

荊襄流民之痛

●時間：西元一四六五～一四七〇年
●人物：劉通　李原

明朝英宗正統以後，流民幾乎遍及全國，流民總數約達六百多萬，占總在籍人口的十分之一，成為當時嚴重的社會問題。

地處湖廣、河南、陝西、四川四省交界的荊州、襄陽山區，曾是元末紅巾軍的重要據點。

明朝建立後，「剿滅」了盤據在當地的紅巾軍餘部，將該地列為全國最大的封禁山區。這裡川險林深，土地肥沃，礦藏豐富，又是幾省交界、疏於管理的地界，各地流民紛紛湧入，墾荒開礦，過著不當差、不納糧的生活。成化初年，流民聚集已達一百五十萬左右。

⊙籌備大事

為了加強管理，天順八年（一四六四年），明朝增設湖廣布政司參議，專門負責處理荊、襄、南陽三府流民事宜。按照法令，各地流民應驅回原籍，或編入當地戶籍，違令者發配邊疆，甚至處死。嚴酷的限制和瘋狂的迫害，激起流民的反抗，成化元年（一四六五年）四月，劉通、石龍等率眾反抗。

劉通，河南西華人，臂力超群，曾因舉起縣衙門前的千斤石獅得到外號「劉千斤」。早在英宗正統年間（一四三六～一四四九年），劉通流亡襄陽府房縣（今屬湖北）時，便醞釀生事。

後又聯絡劫富濟貧、綽號「石和尚」的石龍等人一起起事。劉通自稱漢王，國號「大漢」，建元德勝。以石龍為謀主，劉長子、苗龍、苗虎為羽翼，另設將軍、元帥、國師、總兵等官職。四方流民紛起響應，隊伍很快發展到數十萬。

五月，明廷派撫寧伯朱永、兵部尚書白圭、湖廣總兵李震分率三路大軍前往征討。到次年五月，經過長期戰爭，雖然官軍多次重創，終因力量對比懸殊，劉通、苗龍等主要首領四十多人兵敗被俘，送到京城磔殺於市。

暫時倖免的劉長子、石龍等轉移到四川巫山等地，繼續奮戰。後來，劉長子叛變，劉通的妻子連氏及部將共六百餘人均被誘殺，叛徒劉長子也和石龍等人一起被磔殺。

⊙烽火再起

成化六年（一四七〇年）十月，荊襄流民在李原等人領導下再次起事。李原，河南新鄭人，綽號「李鬍

子」，原是劉通的部將。劉通的隊伍失敗時，李原與王彪等走脫。不久，李原聯絡其他將領小王洪、石歪脖等人再度起事。李原被推為「太平王」。

延伸知識

黃冊和魚鱗冊

黃冊是明朝政府為徵派賦役而編造的户口籍冊，因造送户部的户口簿冊封面為黃色而得名。

洪武十三年（一三八〇年）確定全國實行里甲編制後，次年下令各州縣編造黃冊。黃冊以户為主，按照丁糧多少為次，細開本户所屬府州縣和所在里甲，所隸役籍、户等和輪當里甲年份，並詳細登記每户的人丁和田地山塘、稅糧數目、車船房屋牛隻等事產的舊管、新收、開除、實在之數。黃冊每十年根據人丁事產的增減編造一次，一里彙編為一冊，一式四份，分送户部、縣、府和布政司。

魚鱗冊是明代的田畝登記冊。洪武二十年（一三八七年）命各州縣分區編造，以田地為主，分號詳列面積、地形、土質以及業主姓名等，作為徵稅根據。因圖上所繪田畝，挨次排列如魚鱗，故名魚鱗圖冊，簡稱魚鱗冊。後官吏因其妨礙營私舞弊，常加破壞，且歷時稍久，與實際也漸不符，自明中葉起常常加以修訂。中期以後，自一條鞭法實行攤丁入地以後，魚鱗冊便成為徵派賦役的主要根據，而黃冊已退居於次要的位置。

十一月，明廷任命都御史項忠為統帥，總督河南、湖廣、荊襄等處軍務，前往征討。項忠到襄陽後，採用圍困逼降的手段，遣人張榜招撫，廣大流民扶老攜幼，出降者竟達四十多萬。另外的一百多萬人被項忠軍隊強行驅逐出山，有的遣返回鄉，有的充軍湖廣、貴州等地。七年（一四七一年），李原在竹山（今屬湖北）戰敗，被俘犧牲。至此，轟轟烈烈的荊襄流民亂事平息。

但是，流民並沒有隨著鎮壓而消失，始終是趕走了又回來，依舊聚集在幾省交界處。明廷被迫研究妥善解決這一問題，國子監祭酒周興謨編寫《流民說》，提出政府應該允許流民就近附籍，離郡縣遠者，則要僑設州縣。

朝廷採納，派都御史原傑經略鄖陽，安撫流民，願回原籍的發還原籍，願定居當地的則允許各占曠土，官府按人口分給土地，自行耕作並作為永久產業，以供賦稅徭役。

流民圖（局部） 明 吳臣

此圖原共繪流離失所的難民二十五人，無論老幼病殘，醜醜賢愚，均栩栩如生，如徐沁在《明畫家》中所評「古貌奇姿，綿密蕭散，各極意態」。這種描繪生活在社會最底層人物的繪畫在古代是極其罕見的。作者如實描寫，不加任何修飾，作者自題曰「警勵世俗」，即要喚起世人的仁愛之心，憐憫周濟這些流離失所、無奈乞食的流民。其技法形式與其描繪的對象是統一的。

「三元宰相」商輅

●時間：西元一四一四～一四八六年
●人物：商輅

就在汪直權勢如日中天之時，竟有人敢上奏彈劾他，為首的便是內閣大學士商輅，商輅也是整個明代唯一一個連中三元的士人。

⊙連中三元

商輅（一四一四～一四八六年），字弘載，號素庵，浙江淳安人。小時候的商輅沉默寡言，但聰明好學，每年歲考成績都十分優異，得到淳安縣令的賞識和資助。

宣德十年（一四三五年）秋，三年一度的鄉試臨近，二十一歲的商輅來到浙江首府杭州應考。這一年，到杭州趕考的讀書人數百成千，能夠錄取的卻只有三十名。三場考試過後，商輅和眾多士子都焦急等待發榜。

方于魯製摽有梅墨　明

發榜那天，雖然人很多，但商輅一眼就看見了，因為排在第一，中了解元。中舉等於是登上了做官的第一級階梯，即便是考不中進士，也已經有資格選派當州縣官。

年少得志，商輅飄飄然，雖然第二年春天便是會試，但覺得考中進士是十拿九穩的事情，把學業丟在一邊，忙於應酬。

第二年會試，商輅名落孫山。落榜對年輕的商輅是一個沉重的打擊。商輅本來可以到吏部登記候選，謀得一官半職，但他以不中進士為恥辱，立志精進學業。按照規定，會試落榜的舉人如果願意，可以進國子監攻讀。商輅進入國子監，潛心讀書。

商輅日夜鑽研，博覽群書，花了整整十年，終於在正統九年（一四四四年）會試中一舉奪得會元。這次商輅沒有再鬆懈，在緊接著的殿試中獨占鰲頭，奪得狀元。他連中三元的故事廣為傳誦，成為當時一大盛事。

⊙彈劾汪直

商輅以狀元身分授官翰林院修撰，後來陸續當過兵部侍郎、兵部尚書、戶部尚書和吏部尚書，主持修纂《宋元通鑑綱目》，兼任過東閣、文淵閣大學士，參與國家機要事務，成為內閣大臣。因為商輅「三元」出身，便被稱為三元宰相。

商輅為人平易近人，老成寬厚，官風廉潔正直。土木之變時，商輅積極支持于謙，反對徐有貞。英宗復辟後，商輅不畏權奸，反對石亨，屢次受到排擠，最後革職，回家閒住。

明憲宗繼位，商輅召復原官。商輅看不慣權閹汪直的橫行霸道，與輔臣聯名上書彈劾，列舉汪直和西廠十大罪狀，使憲宗不得不關閉西廠。汪直同黨對商輅恨之入骨，卻找不出商輅的過失。最後利用一個罪犯，以殘酷的刑訊逼他誣指商輅就是包庇的人。汪直以此為據，唆使諂媚的官僚告發商輅。

西廠關閉不久，又重新開設。商輅看出憲宗依然寵信汪直，深覺政事難辦，奏請告老還鄉。家居十年後，明代唯一連中三元、曾為士林稱羨的一代名臣商輅與世長辭，終年七十二歲。

五子登科鏡

明代銅鏡，圓鈕，無鈕座。鏡背素地，飾「五子登科」四字，每字內側對應一「喜」字，每字均用方欄圈起。「五」字兩側長方欄內鑄「胡聚盛號青銅明鏡」八字，「子」字兩側飾以蓮蓬紋，取「連生貴子」之意。五子登科，是當時常用的吉語。

滸溪草堂圖（局部）　明　文徵明

浪蕩天子明武宗

●時間：西元一四九一～一五二一年
●人物：明武宗　劉瑾

武宗在位時，政事荒廢，日事嬉遊淫樂，靡費無節，而且更加依賴內官。入侍東宮的八個內宦深得武宗倚任，號稱「八虎」，胡作非為，朝政日益腐敗。

⊙偏倚內宦，荒廢政事

明武宗朱厚照為太子時，入侍東宮的內宦劉瑾、馬永成、谷大用、魏彬、張永、邱聚、高鳳、羅祥八人得到他的信任。武宗即位後，更得倚重。八人進而擢用親信，排斥異己，號稱「八虎」。朝臣與內宦之爭，有如水火，政局日益動盪。

「八虎」陰險狡猾，抓住武宗少年天子喜好嬉戲的特點，想辦法鼓動玩樂。每天進奉鷹犬狐兔，又偷偷帶武宗出宮遊蕩，哄得武宗高興，因此很受寵信，逐漸掌握大權。「八虎」經常組織各種演出和體育活動，因而人們戲稱東宮為「百戲場」。武宗沉溺其中，終其一生不能自拔。八人中以劉瑾最得武宗信任，升為內官監，掌控北京軍隊，人稱「立地皇帝」。

在劉瑾的引導下，武宗玩得越來越離譜。武宗先在宮中模仿街市建了許多店鋪，讓太監扮做老闆、百姓，他扮做富商，在其中取樂。後來，武宗覺得不過癮，又模仿妓院，讓許多宮女扮做妓女，挨家進去聽曲、淫樂，把後宮搞得烏煙瘴氣。

給事中陶諧、御史趙佑等上疏論劾「八虎」，戶部尚書韓文與九卿諸大臣伏闕上疏，斥責八人「造作巧偽，淫蕩上心，擊球走馬，放鷹逐犬，俳優雜劇，錯陳於前」，導致武宗萬乘之軀「日游不足，夜以繼之，勞耗精神，虧損聖德」，請求將「八虎」明正典刑，潛消禍亂。

武宗派司禮監太監陳寬、李榮、王岳等與閣臣商討，打算將八人安置南京。劉瑾得知後，帶領七人到武宗面前，下跪哭訴乞憐，反誣王岳結納閣臣欲限制皇帝出入。

武宗大怒，連夜逮捕王岳，發落南京，又任命劉瑾掌司禮監，馬永成掌東廠，恢復西廠由谷大用掌領，緝查朝臣。王岳赴南京途中，遭劉瑾派人殺害。

劉瑾將原大學士劉健、謝遷，尚書韓文、楊守隨、林瀚，都御史張敷華，郎中李夢陽，主事王守仁，檢討劉瑞，給事中湯禮敬，御史陳琳等五十三人列為奸黨，榜示朝堂，傳群臣跪於金水橋南宣戒，由此開創內宦指朝臣為朋黨的惡例。此後，「八虎」更加氣焰囂張，擅權跋扈。

⊙縱情聲色，荒淫暴戾

武宗整日沉湎玩樂，縱情聲色。

為了滿足慾望，武宗不惜違背歷朝祖訓和社會習慣，將朝廷政事委付劉瑾和閹黨諸臣。武宗在宮中多方享樂，揮霍無度。

正德二年至七年（一五〇七～一五一二年），武宗修理南海子及製造元宵燈諸項工程，用銀二十餘萬兩。工程尚未完工，武宗又耗銀二十四萬餘兩，在西華門另築宮殿，造密室於兩廂，稱為「豹房」「新宅」，共有房屋兩百餘間，多構密室，猶如迷宮。豹房內美女如雲，武宗過著恣意妄為的淫亂生活，滿足了聲色犬馬的感官享受。

統兵打仗是武宗最大的願望。宣府是北方重要軍鎮，也是抵禦蒙古軍隊入侵的第一道防線。武宗經常以巡關為名住在宣府，每到夜晚，便帶上一隊親兵在空蕩的街道上閒逛，看見高牆大院的富庶之家，就令親兵上前砸門，入內強索婦女，弄得人心惶惶，國無寧日。

武宗自降身分，封自己為「威武大將軍」，改名為朱壽，後來，又加封自己為「鎮國公」。正德十二年（一五一七年），在寵臣江彬等人的鼓動下，武宗在宣府建造「鎮國府」，將豹房內的珍寶、婦女運來，以供淫樂。在豹房和宣府「鎮國府」兩處，武宗為所欲為，樂而忘返。

正德十四年（一五一九年）六月，寧王朱宸濠在江西起兵叛亂。八月，武宗出發親征。此時叛亂已經平息，武宗走到中途才得到消息，不願就此回京，一路停停走走，遊山玩水，侵擾百姓，所經之處，雞犬不寧。

第二年，武宗在清江浦（今江蘇清江）捕魚時，不慎翻船落水，一病不起。

正德十六年（一五二一年）三月，武宗死於豹房，結束了荒唐的一生，終年三十一歲，葬於昌平金嶺山東北的康陵。

歷史詞典

受俘趣聞

正德十四年（一五一九年）六月，寧王朱宸濠舉兵叛亂。在穩操勝券的情況下，武宗下詔親征，實則是為了去江南遊山玩水。等他優哉游哉於年底到達南京之時，王守仁早已抓獲寧王。但武宗為了在南京多留駐一些時間，卻把正式受俘的時間一拖再拖。

十五年（一五二〇年）閏八月，受俘儀式才正式舉行，這是一個十分荒唐的儀式。武宗先派兵開闢了一個大廣場，用兵重重圍住，然後著戎裝在大批侍衛簇擁下來到廣場，下令將朱宸濠等叛黨押入，除去桎梏，接著敲鑼打鼓，指揮官兵上前捕捉，重新戴上桎梏。最後才是常規的受俘儀式。

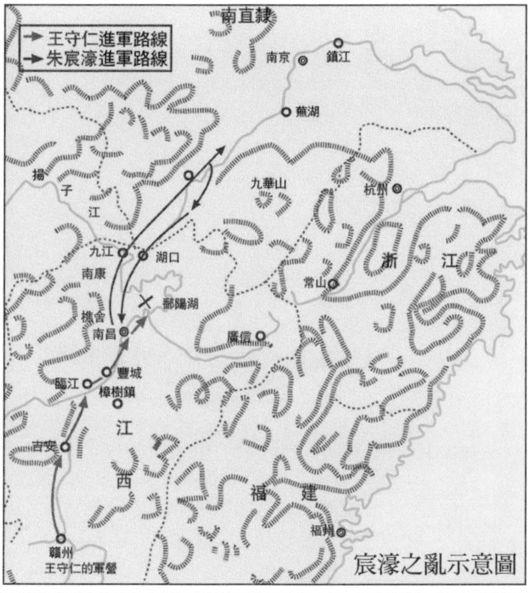

宸濠之亂示意圖

劉瑾專權

●時間：西元一四五一～一五一〇年
●人物：劉瑾

明朝宦官數量之多，權勢之大，在中國歷史上是較為罕見的，劉瑾就是宦官弄權誤國最典型的代表人物。

劉瑾（一四五一～一五一〇年），本姓談，陝西興平人。劉瑾自幼入宮，投靠劉姓太監門下，因此冒姓劉，成為東宮太子朱厚照身邊的玩伴。朱厚照即位後，劉瑾利用當年的感情得明武宗寵信，把持朝政，所作所為比前朝的王振更加無法無天。

⊙廷杖百官

劉瑾是武宗朝「八虎」之首，得到武宗寵信，胡作非為，一手遮天，甚至代替皇帝批閱奏章。劉瑾並升為司禮太監，掌管硃批大權。

劉瑾誣陷曾上疏武宗要求誅殺「八虎」的謝遷、劉健是「奸黨」，把他們趕出朝廷，充軍邊疆，為謝遷和劉健說情的大臣也革職查辦。朝中大臣在劉瑾的淫威下惶惶度日，曲意逢迎。哪位官員對劉瑾稍有微詞，就會遭到殘酷地打擊報復。

正德三年（一五〇八年）夏天的一次早朝上，武宗把御道上出現的一封揭發劉瑾種種罪行的匿名信交給他。劉瑾惱羞成怒，為了追查匿名信的出處，竟然命令滿朝文武三百多人跪在奉先門外。時值盛夏，驕陽似火，劉瑾不許官員喝水，年老體衰的官員甚至中暑而死。

天黑時，劉瑾還沒有查出蛛絲馬跡，又命錦衣衛將官員關入天牢。隨後，劉瑾發現匿名信來自宦官內部，才把眾人釋放。

此後，再沒有人敢對劉瑾的荒唐舉動提出半點異議，劉瑾權勢薰天，所有國家大政方針都由他一人決定。宰相焦芳、吏部尚書張綵、兵部尚書曹元都是劉瑾的心腹，與他的家奴無異。朝中大臣趨炎附勢，稱劉瑾為「千歲」。

荒唐的朝政使叛亂頻發。劉瑾當權五年後，寧王打出討伐劉瑾的旗號叛亂。雖然叛亂僅十八天就平息，但是卻給了宦官張永一個擊敗劉瑾的機會。本是「八虎」之一的張永一直遭到排擠，日久生怨，早就想把劉瑾除掉。

張永在慰勞平叛大軍的慶功宴

正德窯素三彩海蟾紋洗

正德窯的突出成就是創製了「素三彩」新品種，其特徵是不用紅色，在素瓷胎上直接施釉。孔雀釉瓷的燒製是正德窯的又一成就。

上，彈劾劉瑾十七條不法之事，武宗下令逮捕劉瑾。第二天，在劉瑾家中抄出無數金銀珠寶和龍袍、御帶等違禁物品。武宗震怒，以謀逆罪將劉瑾處以凌遲酷刑。

正德緞地釘繡雲龍紋夾上衣 明

⊙明代多劉瑾之輩

劉瑾的結局，正是「多行不義必自斃」。可是人們不得不反思，明代歷史上為何劉瑾之輩群出，幾乎每一朝都有弄權的宦官？

朱元璋開國建制，雄才大略，征戰一生，身邊的宦官根本不可能染指朝政，萬沒想到後世子孫竟會把江山社稷交給宦官打理。但朱元璋深諳歷史上閹宦之禍，曾鑄鐵牌警示「內臣不得干預政事，犯者斬」。

洪武年間，朱元璋罷宰相，目的是要大權獨攬。然而一個人的力量畢竟有限，皇帝不可能處理所有政務，需要幫手。明成祖朱棣因為在「靖難之役」中得到宦官幫助，授予宦官權柄，走出了明代宦官弄權的第一步。

不幸的是，明王朝是中國歷史上懶皇帝最多的朝代。與明朝前期帝王不同，後來的皇位繼承者一味追逐享樂，將朝政委以親信宦官，宦官由皇帝的幫手變成代理人。

明英宗時，宦官王振公然把太祖立於宮門的鐵牌毀掉，最終釀成「土木堡之變」。到明憲宗時期，親信宦官汪直甚至擁有軍政大權，造成「今人但知汪太監」的荒唐局面。至此，明代宦官終於在制度的縫隙中一步步登上了權力的高峰。

水晶臥鹿 明

明代水晶臥鹿，作鎮紙用。高六．二公分，寬四．七公分，長九．七公分，潔白，透光。鹿昂首，口微張，直頸，弓背，屈肢，平臥於地，臀部肥大，小尾上翹。形態生動，刀法簡練，琢磨圓滑，是明初水晶製品的代表作。

歷史詞典

內行廠

明武宗時，於正德三年（一五〇八年）設立內辦事廠，即內行廠，簡稱內廠，由宦官劉瑾統領。

內行廠專門進行特務活動，用嚴刑酷法迫害官員和民眾，比東廠、西廠尤為酷烈。一旦被內行廠的人所捕捉，很少有能夠全身而出的。並且，如果一家人犯罪，鄰里連坐，甚至株連九族。

武宗以前，東廠、西廠和錦衣衛分立，更迭用事。到了內行廠設立時，東廠首領丘聚、西廠首領谷大用和錦衣衛指揮石文義，都是劉瑾的死黨，所以廠、衛合勢，特務遍佈天下。他們創立重刑，官吏軍民非法死者數千，人們視宦官如虎狼。

劉瑾專權擅政，逐漸引起了同黨的不滿，內部衝突。正德五年（一五一〇年），劉瑾以謀反罪處死，西廠、內行廠才撤銷。

明世宗議大禮

●時間：西元一五二一～一五三八年
●人物：明世宗　楊廷和

世宗朱厚熜作為藩王入繼皇位，為其生父母及先帝后的尊稱問題與廷臣爭禮，「大禮議之爭」歷時近二十年，並引發了「左順門事件」。

明世宗朱厚熜的父親興獻王朱祐杬與明孝宗朱祐樘是親兄弟，明武宗朱厚照病死時無子嗣，朱厚熜於正德十六年（一五二一年）以藩王身分繼承皇位，第二年改年號為嘉靖。

朱厚熜尊崇父母，即位不久就與朝臣楊廷和等在議興獻王尊號的問題上發生禮議之爭。從嘉靖即位之初的正德十六年（一五二一年）開始，至嘉靖十七年（一五三八年）世宗一方勝利，以楊廷和為首的舊朝臣受到打擊，以慈壽皇太后（武宗母后）為代表的皇族、勳戚勢力也被削弱，世宗總攬內外大政，皇權高度集中。

宣德吳邦佐造雙龍鏡

明代銅鏡，圓鈕，無鈕座。雙龍夾鈕對峙，口對鈕珠，昂首蟠曲。隙間飾四朵祥雲。雙重三角緣。鏡體厚重，製作規整。

⊙「大禮」之議

荒唐放誕的明武宗朱厚照因縱慾過度死亡後，沒有子嗣可以繼承皇位。宸濠之亂剛剛平定，明王朝又面臨著宗藩奪位的危局。首輔內閣大學士楊廷和在位十餘年，權位最重，倡議迎立憲宗之孫、孝宗之姪、興獻王朱祐杬之子朱厚熜嗣位。年僅十五歲的朱厚熜就這樣登上了大明皇帝的寶座。

正德十六年（一五二一年）三月十四日，即正德皇帝死後兩天，一個由司禮監、勳貴、皇室、內閣及朝廷代表組成的使團前往安陸（今湖北鍾祥）。朱厚熜接受了太后的詔書。之後，一行約四十人簇擁著皇帝從安陸出發，經過二十天不間斷跋涉，於四月二十二日抵達北京。

明顯陵

位於今湖北鍾祥，為明世宗嘉靖帝父母的陵墓。

朱厚熜到達北京城外時，進城的

禮儀成為第一個問題。禮部員外郎楊應奎、郎中俞才擬定的儀注是照準皇太子即位之禮，由東華門入，宿文華殿，朱厚熜拒不同意，最後議定由大明門入，御奉天殿。在議禮的第一次交鋒中，朱厚熜占了上風。

即位後，世宗勵精圖治，廢除武宗時的弊政，誅殺佞臣錢寧、江彬等人，朝政為之一新。內閣中以楊廷和為首的前朝老臣因參與定策立帝，自恃功高，企圖決斷一切。朱厚熜登上皇位後，念念不忘家鄉的父母，如何尊奉生父與母后成為他的一塊心病。世宗應該稱孝宗為伯父還是父親？如果稱孝宗為父親，那麼又該如何稱呼親生父親興獻王？對世宗來說，議大禮不僅是要爭取皇權的合法性，也是要逐步樹立作為皇帝的專制權威。

以楊廷和為首的舊臣雖然依祖訓兄終弟及之意擁立世宗，卻把世宗繼位看作是孝宗過繼皇子，堅持世宗應尊孝宗為父考，而以其生父為叔父，這當然是世宗母子不能同意的。楊廷和等閣臣聯絡朝官，一再抗疏，希望迫使世宗就範，屈從廷議。世宗尊崇父母，又要維護皇權，自然不甘受人擺佈，自削權柄。

「大禮之議」成為新帝與舊臣的一次全面較量。從正德十六年至嘉靖三年（一五二一～一五二四年），朱厚熜依靠部分臣工支持，在議禮問題上與大部分朝臣對立了整整四年。在這一過程中，朱厚熜逐步走向強硬和專制。

楊廷和曾幫孝宗起草了一份遺詔，這時卻被朱厚熜利用，成為迫使楊廷和改變立場的利器。遺詔用武宗的語氣說：「皇考孝宗敬皇帝親弟興獻王長子，聰明仁孝，德器夙成，倫序當立，已遵奉祖訓兄終弟及之文，告於宗廟，請於慈壽皇太后，與內外文武群臣合謀同詞，即日遣官迎取來京，嗣皇帝位。」

其中，「嗣皇帝位」四個字最為關鍵。朱厚熜對身邊的興獻王府長史

歷史詞典

皇史宬

皇史宬是明清兩代的皇家檔案館，又稱表章庫，「宬」是指古代用於藏書的屋子。

皇史宬位於北京東城區南池子大街南口路東。始建於嘉靖十三年（一五三四年）七月，建成於嘉靖十五年（一五三六年）七月。占地八千四百六十平方公尺，建築面積三千四百平方公尺。主要建築有皇史門、主殿、東西配殿、碑亭等，四周繞以朱牆。

主殿全為磚石結構，漢白玉欄臺基，坐北朝南，面闊九間，黃琉璃瓦廡殿頂，磚石無樑結構。簷下椽子、斗拱、額枋等全部用石料雕成，施以油漆彩畫。殿內大廳無樑無柱，南北牆厚分別為六公尺，東西牆厚分別為三公尺。地面築有一．四二公尺高的石臺，其上排列一百五十餘個外包銅皮雕龍的樟木櫃，叫「金櫃」。主殿通體基本上是石屋。殿內南北兩面牆上闢有石窗，有空氣對流作用，在結構上具有防火、防潮、防蛀等功能，這就是古代所說的「金匱石室」。

整個建築與裝飾設計完美，做工精良，功能齊全，華貴耐用，不僅能防火、防潮、防蟲、防霉，而且冬暖夏涼，溫度相對穩定，極宜保存檔案文獻。此後，隆慶年間和清朝嘉慶年間均有修葺。

樓閣人物金簪　明

江西南城益莊王朱厚燁墓出土，長十八·二公分。金簪是在細金絲編成的襯底上，用金片和細金絲做出樓臺和奇花異草。樓閣的上層閣內兩人倚坐正中，兩側立有侍女；下層廊內端坐一人，有侍女執物立於兩側侍候。此金簪運用了高超的掐絲工藝，在有限的空間內以細絲編織出多層次的精美紋樣，精緻巧妙至極。

袁宗皋說：「遺詔是讓我來做皇帝的，不是皇子。」

正德十六年（一五二一年）七月，新科進士張璁上疏，針對「為人後者為人子」的說法，為朱厚熜追封親生父母找了許多「理論」依據，引經據典批駁群臣的觀點。朱厚熜看後非常高興，張璁得以加官進爵，成為議禮派的首領，朝中由此出現議禮派與護禮派的對立。由於朱厚熜的支持，議禮派隊伍不斷擴大。但楊廷和在大禮議中利用權勢，排斥異己，直言不諱，群臣都很畏懼，不敢不附和，雙方衝突日趨激烈。

嘉靖元年（一五二二年）三月，世宗朱厚熜無奈之下，勉強同意稱興獻王為「興獻帝」、稱興獻王妃為「興國太后」。議禮派諸臣如張璁、霍韜、熊浹等人以各種理由外放做官，剩下皇帝一人與整個文官政府抗衡。

⊙左順門事件

巡撫湖廣都御史席書曾草擬奏疏，附和張璁、霍韜之議，稱興獻帝宜定號「皇考興獻帝」，但奏疏沒能上呈。吏部員外郎方獻夫上疏，提出繼統不繼嗣之論。

嘉靖三年（一五二四年）正月，世宗召集文武群臣集議，楊廷和見世宗有意變更前議，上疏請求致仕。世宗統治日漸穩固，早已厭於楊廷和跋扈難制，就順水推舟，批准楊廷和致仕歸里。楊廷和致仕震動朝野，成為新帝舊臣之爭的一個轉折。

七月，世宗正式詔諭禮部：「本生聖母章聖皇太后，更定尊號曰『聖母章聖皇太后』。於七月十六日恭上冊文，遣官祭告天地宗廟社稷。」

朝臣紛起上疏諫阻，楊廷和的兒子楊慎說：「國家養士百五十年，仗節死義，正在今日。」九卿自尚書、侍郎至員外郎、主事、司務等二百二十人跪伏於左順門候旨，大呼太祖高皇帝、孝宗皇帝。

朱厚熜命太監傳諭說：「爾等姑退！」但群臣直到中午時分仍伏地不起，企圖迫使世宗屈服。

楊慎等人撼門大哭，「聲震闕庭」。世宗行使皇權，採取鎮壓措施：先將為首的翰林學士豐熙等八人逮捕，又把五品以下官員馬理等一百三十四人下獄，命四品以上八十六人待罪。豐熙等八人由錦衣衛奉詔拷訊，其餘四品以上者剝奪薪俸，五品以下杖責致死者十六人，釀成「大禮獄」。朱厚熜餘怒未息，命人對楊慎、張原等糾集者廷杖，張原當場杖死，楊慎等人或削職為民或充戍邊疆。

升庵簪花圖
明 陳洪綬
楊慎是明代著名的文學家，字用修，號升庵，為楊廷和之子。此圖表現楊慎被貶之後，心情壓抑，對現實不滿的心緒。繪出酒醉後由侍女捧缽跟隨，似醉似歌的放浪神態。畫家以極為誇張的手法，將楊慎「奇行駭俗」的行為，倔強不羈的風骨氣質，表現得淋漓盡致。

嘉靖三年（一五二四年）七月，世宗率文武群臣奉冊寶，上生母蔣后尊號為章聖慈仁皇太后，上生父尊號為皇考恭穆獻皇帝，均不再有「本生」二字。

九月，世宗正式頒詔定大禮：「稱孝宗敬皇帝曰皇伯考，昭聖懷惠慈聖皇太后曰皇伯母，恭穆獻皇帝曰皇考，章聖皇太后曰聖母。」

左順門事件是大禮議的轉折點。此後，朝臣一味順旨，所議世廟神道、廟樂、武舞及太后謁廟等多順利實現。

嘉靖七年（一五二八年）六月，世宗頒布《明倫大典》，備述議禮諸臣建議始末，以垂誡後人，並定議禮諸臣之罪。

十五年（一五三六年），世宗認為世廟之名不妥，改稱「獻皇帝廟」。

十七年（一五三八年）九月，世宗尊生父為睿宗，改陵墓為顯陵。大禮之議，世宗戰勝朝臣，取得全面勝利。

世宗在長達十餘年的時間裡，把精力投入到議大禮上，絕不僅僅只是為其父母爭奪皇考及皇太后的虛名。其真正目的在於加強皇權，衝破內閣制約，就實質而言，嘉靖大禮之爭實為皇權與閣權的對抗。世宗藉大禮議風波加強帝位，開始了對明朝長達四十五年的統治。

明代嘉靖年間修建的北京皇史宬

「家淨」皇帝崇道

●時間：西元一五二二～一五六六年
●人物：明世宗

明世宗朱厚熜十五歲即位，年號嘉靖。雖然當了四十五年的皇帝，卻癡迷道教方術，懈怠朝政，使明朝在嘉靖時期元氣大傷。

⊙道士方術受寵信

嘉靖帝朱厚熜一心崇道，阿諛奉迎的官員乘機以歪門邪道討好，由此青雲直上，竊據朝廷要職。更有裝神弄鬼的道士，成了天子貴客、朝廷要員，勢壓滿朝文武。其中，最被嘉靖皇帝寵信的有兩個人，一個是道士邵元節，一個是有「仙術」的陶仲文。

嘉靖三年（一五二四年），邵元節奉召進京，封為真人（道家稱得道的人為真人），頒二品，又在城西為他專門建造了一座「真人府」。十五年（一五三六年），嘉靖皇帝因為有了兒子，認為邵元節祈禱有功，賜給蟒衣玉帶，加封禮部尚書。

燒丹圖

明陳洪綬繪《燒丹圖》，反映了世宗寵信道士、燒煉丹藥，導致社會上煉丹求仙風氣之盛。

陶仲文由邵元節推薦，得到世宗信任。一次，嘉靖帝說宮中鬧鬼，不安靜。邵真人仗劍作法，卻不見效，便對皇帝引薦仙術高超的朋友，定能降服鬼怪。召進宮的陶仲文披髮仗劍，裝神弄鬼，胡亂折騰了一回，最後說妖怪已被降服，嘉靖帝竟然信以為真。

這時皇太子正出水痘，嘉靖帝又命陶仲文求神保佑。陶仲文畫符禱告後，太子病情好轉，世宗對他的仙術更加相信，大加封賞，任命為禮部尚書，享受一品官的薪俸待遇。太子最終仍然死於天花，但嘉靖皇帝卻執迷不悟，一心崇道。

⊙宮婢殺帝

嘉靖二十一年（一五四二年）二月，皇宮裡發生了一件驚奇的大案，幾個小婢女趁皇帝熟睡，準備用繩子勒死嘉靖帝，但沒有成功。

嘉靖帝雖然迷信道教，卻不像道家所主張的那樣「清心寡慾」。嘉靖帝在民間大選淑女，宮女人數超過千人，除供作淫樂外，更備受淩辱。嘉靖帝聽信方士胡言，從宮女中選出童女，虐待童女煉取所謂的長生不老之藥。

楊金英等十六名宮女不堪忍受，暗中商議殺死嘉靖帝。幾個宮女趁嘉靖帝熟睡，先用布蒙住他的臉，隨後把繩子套在嘉靖帝的脖子上，按住嘉靖帝手腳，更騎在嘉靖帝身上勒繩子。慌亂中，繩子打成死結，半天也沒有把嘉靖帝勒死。聲響驚動了其他人，皇后等人及時趕來，救了嘉靖帝的性命，楊金英等人被殺。因為這一年是農曆壬寅年，這一事件便稱作「壬寅宮變」。

劫難過後，僥倖不死的嘉靖帝非但沒有反思，反說是神靈保佑，專程到齋醮的朝天宮燒了七天香。

延伸知識

宮廷年節娛樂

明朝宮廷的年節娛樂活動非常豐富。元旦（現在的春節，即農曆正月初一），宮內有燒香、放紙砲與「跌千金」等活動。立春的前一天，順天府還要在東直門外舉行「迎春」儀式，比賽跑馬。元宵節時，帝后登樓賞花燈，宮中還有雜技表演。正月十九日是「燕九」節，屆時皇帝和內臣要到白雲觀遊訪，以求得「長生之道」。

清明節時，皇帝要到回龍觀等地踏青，宮中還有盪鞦韆等娛樂活動。端午節時，帝后到西苑，觀看龍舟比賽，並到萬壽山插柳。七月七日的七夕節，宮中穿鵲橋補子，玩乞巧。七月十五日中元節，西苑做法事，放河燈。中秋節時，宮中有祭月等活動。九月九日重陽節，皇帝要到萬壽山等地登高郊遊。

從十二月二十日起到次年正月十七日，宮中每天白天都燃放花砲，安置花燈、扎煙火。

這些年節娛樂活動，大多數是來自民間，並且在民間也是廣泛流行的，有的還一直流行至今。

陸子剛青玉卮　明

通高十一·五公分，口徑六·四公分，底徑六·六公分。器表光潔細潤。直口，腹部呈圓筒形，平底，三獸首足。腹部以雲雷紋為地，隱起夔龍紋。腹側一環形柄，側面出脊，上飾象頭，象鼻自然內彎成一孔，可穿繫與杯蓋相連。圓形蓋，正中飾圓柱形鈕，且鏤有小圓孔，近沿處凸雕三個臥獅，蓋面間飾獸面紋，蓋沿飾雲紋。柄下剔地陽文篆書「子剛」二字。子剛為明代嘉靖、萬曆間蘇州市琢玉名匠陸子剛。器物上款署作者姓名的玉器，甚為罕見。

⊙嘉靖與「家淨」

壬寅宮變後，嘉靖帝更加篤信道教，深居祕殿不出。其後二十多年，嘉靖帝沒有上過朝，朝政先後由當權的內閣大學士把持，其中嚴嵩專權時間最長。當時，朝廷內吏治腐敗，沿海倭寇騷擾，北邊蒙古族的俺答不斷南侵，嘉靖帝卻一味沉溺於齋醮祈禱。

嘉靖帝為了信道修建朝天宮和泰山、武當山等地的道廟，花費國庫數

三界諸神圖（南極帝、浮桑帝） 明

河北省石家莊毗盧寺壁畫中的南極帝、浮桑帝是道教八位主神中的兩位。圖中南極長生大帝一手執如意，一手正從金童所捧的圓盒中取紫藥，其身後有玉女捧金蓮，金童執寶幡。浮桑帝頭戴冕旒，執圭，面目慈祥。背後並立有執團扇的天將和捧珊瑚的玉女。

十萬兩銀子。每年，宮中採買蠟燭及各種香品達數十萬斤。嘉靖帝在宮中建立許多道教的齋醮法壇，日夜香煙瀰漫，蠟燭長明。皇宮裡的火災因此特別多，先後有兩宮三殿燒成灰燼。其中奉天殿起火時，火勢一直蔓延到奉天門，重修時光是清除瓦礫就調用了軍隊三萬多人。

重建三殿不僅花費國庫大量財富，也為百姓帶來巨大苦難。大殿的木料從四川、貴州等地採購，一共是十多萬根，一根大木料要九十兩銀子，光這一項就花費白銀一千多萬兩。所有原料的採買、運費和官吏侵吞的費用，實際是一個難以計算的數字。

接連不斷大興土木，加上奢侈浪費，宮廷開支比以前各代增加了數十倍，國庫連年虧空。從首輔到各級官吏，貪污受賄，層層盤剝，使得國困民窮。百姓說：嘉靖嘉靖，實是「家淨」，家家都窮得一乾二淨。嘉靖帝因此得到「家淨」皇帝的稱號。

【陽明先生王守仁】

●時間：西元一四七二～一五二九年
●人物：王守仁

王守仁生活的年代，程朱理學日趨僵化和空虛。王守仁繼承和發展了陸九淵的哲學、教育思想，形成了與程朱理學大相逕庭的「心學」體系，對傳統社會後期以至近代的教育思潮產生了重要的影響。

王守仁（一四七二～一五二九年），浙江餘姚人，字伯安。王守仁曾築室故鄉陽明洞，創辦陽明書院，因此稱為「陽明先生」。王守仁的父親王華是明成化十七年（一四八一年）狀元，對兒子管教極嚴。

王守仁少年學文習武，十分刻苦。但他非常喜歡下棋，往往因此耽誤功課，父親多次責備，他卻總是不改。據說王華一氣之下，把象棋扔進河裡，王守仁心受震動，頓時感悟，寫了一首詩寄托志向：

象棋終日樂悠悠，苦被嚴親一旦丟。
兵卒墜河皆不救，將軍溺水一齊休。
馬行千里隨波去，象入三川逐浪游。
砲響一聲天地震，忽然驚起臥龍愁。

王守仁在詩中以諸葛亮自喻，表現出決心大事的少年壯志。

壽山石長方章　明

⊙龍場徹悟

少年時的王守仁對儒家經書很感興趣，並開始探求宋代大儒朱熹的「格物窮理」之學。格物是指推究事物的原理，朱熹認為一草一木，皆涵「天理」。本著這個理論，王守仁對著庭院中的竹子冥思苦想，希望從中「格」出「理」來。從早「格」到晚，一直堅持了七天，不但一無所獲，反而大病一場。

從此以後，王守仁開始懷疑並最終放棄了朱熹的格物之學，轉而結詩社會友，留意兵法武學，向道士、和尚請教佛、老之學。在這段時間裡，王守仁所接受的佛道思想，對他後來創立「心學」有著很大影響。

弘治十二年（一四九九年），王守仁考取進士。只做了兩年官，便告病返鄉。王守仁一度隱居紹興陽明洞靜坐修道，依然難覓真理，於是又回到朝中。

武宗正德元年（一五〇六年），身為兵部主事的王守仁上疏援救戴銑等人，因此得罪宦官劉瑾，受廷杖，被謫為龍場驛丞。

龍場在貴州西北部山區，是少數民族雜居的荒僻之地，自然條件十分艱苦。王守仁滿懷報國壯志，卻由正六品貶為沒有品級的小驛丞，置身窮荒之地，不免深感惆悵，精神空虛。在龍場的兩年中，王守仁除了應付差事，也導化風俗，開辦書院，教人讀書。但他的主要精力還是放在體悟「聖人之道」上。

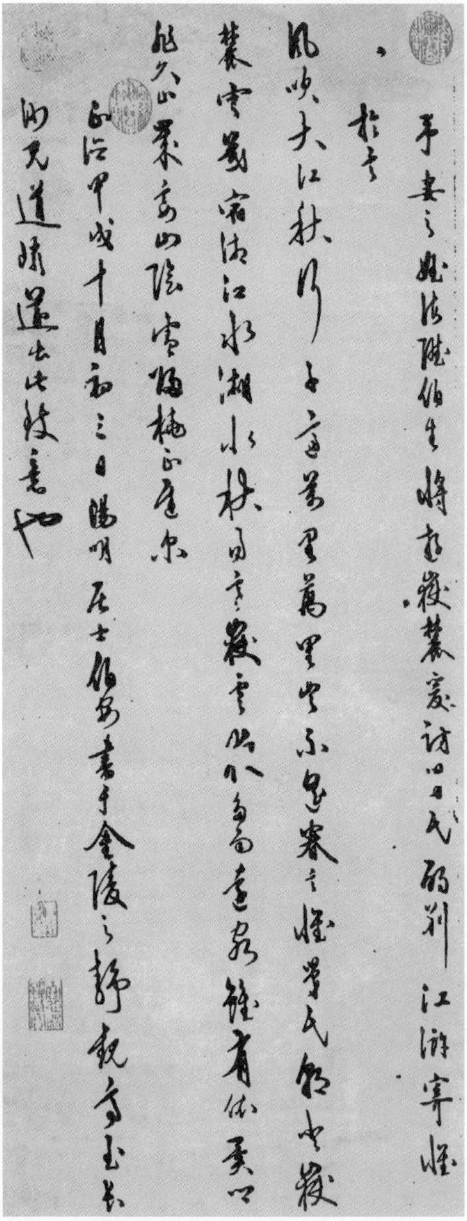

五言詩　明　王守仁

為了悟道，王守仁日夜靜坐。據說有一天晚上，他突然高興得手舞足蹈，說已經頓悟了聖賢「格物致知」的道理。王守仁認為，「道」是在心裡存在著的，不必向事物外部尋找。

⊙創立「心學」

王守仁從朱熹的「理在心外」一說，轉而傾向於另一位南宋著名理學家陸九淵的「理在心中」理論，從客觀唯心論轉向主觀唯心論。陸九淵提出：宇宙即是吾心，吾心即是宇宙。

王守仁發展了陸九淵的學說，提出「知行合一」和「知行並進」說。王守仁認為知是行的起點，又是行的歸宿，突破了長期以來把知和行相互割裂的形而上學觀點。他說：「無善無惡者心之體，有善有惡者心之用，知善知惡者良知，為善去惡者格物。」以此作為講學的宗旨。又斷言「夫萬事萬物之理不外於吾心」，「心明便是天理」，否認心外有理、有事、有物。

王守仁開設書院，門徒遍及各地。所創立的「心學」以反傳統的姿態出現，在明代中期以後形成陽明學派風靡一時，成為明清時期一股影響很大的社會思潮。

⊙平定宸濠之亂

劉瑾被誅後，王守仁的政治地位逐步上升，先後任廬陵知縣、南京刑部主事、考功郎中、南京太僕寺少卿、鴻臚寺卿等職。

正德十一年至十二年（一五一六～一五一七年），王守仁在江西以都察院左僉都御史職鎮壓民變。十四年（一五一九年），率兵平息了寧王朱宸濠在江西南昌發動的叛亂。

寧王朱宸濠是朱元璋的五世孫。

吹簫引鳳圖　明　仇英

《吹簫引鳳圖》故事出自漢代劉向《列仙傳》，傳說春秋時秦穆公之女弄玉擅吹簫，與擅吹簫的仙人蕭史結為夫妻。穆公築鳳臺，兩人吹簫引來鳳凰，後雙雙乘龍鳳升天而去。畫面以繁縟精緻的藝術手法，描繪出弄玉吹簫引鳳的動人情景，境界優美，富有神話色彩。

正德十四年（一五一九年）六月，朱宸濠利用生日之際宴請江西眾官，起兵反叛明朝政府，集兵號稱十萬，由南昌沿鄱陽湖、長江順流而下，攻占九江等地，圍攻安慶。

時任提督南贛軍務都御史的王守仁奉命率兵征討。部將或主張攻打南昌，或主張救援安慶，王守仁說：「如果直接救援安慶，南昌和九江的叛軍一定會切斷我軍後路，乘勢來攻，使我軍腹背受敵。南昌守軍不多，可以一舉攻下，不如就近攻打南昌。朱宸濠得知後，定會放棄安慶，回兵自救。只要在他來之前攻下南昌，打擊叛軍士氣，定可全殲叛軍。」

王守仁派伍文定為先鋒，向南昌進發，不久便將南昌攻下。朱宸濠在安慶聽說王守仁攻打南昌，大為恐慌，立即回兵救援。王守仁分兵迎擊，在樵舍（江西南昌西北）縱火燒船，分兵合擊，一舉消滅叛軍，擒朱宸濠父子及謀士等人。前後只用了四十多天，便平定了這場叛亂。

嘉靖六年（一五二七年），王守仁總督兩廣軍務，平定瑤族和侗族的少數民族變亂。第二年，王守仁在歸途中病死於南安舟中。死後，由門人輯成《王文成公全書》，即《陽明全書》，其中最重要的哲學著作是《傳習錄》和《大學問》。

三大古典文學名著

宋元以來，民間說話藝人經過長期的藝術加工，留下許多講史話本。在這些話本的基礎上，經過文人的再創作，產生了一批長篇小說名著，其中最著名的有《三國演義》《水滸傳》和《西遊記》。

《三國演義》

《三國演義》寫定於元末明初，作者羅貫中，名本，號湖海散人，生卒年不詳。現存最早的本子是弘治七年（一四九四年）序、嘉靖元年（一五二二年）刊刻的《三國志通俗演義》，分二十四卷，二百四十則。明末二百四十則合併為一百二十回。

清朝初年，毛綸、毛宗崗父子在明末刊本的基礎上，作了較大的修改、增刪，使全書情節更為緊湊，這就是流傳至今的一百二十回本《三國演義》。

《三國演義》為近人的簡稱，反映了東漢靈帝建寧二年（一六九年）至西晉武帝太康元年（二八〇年）一百多年的歷史，生動再現了這一動亂時期群雄紛起的局面。

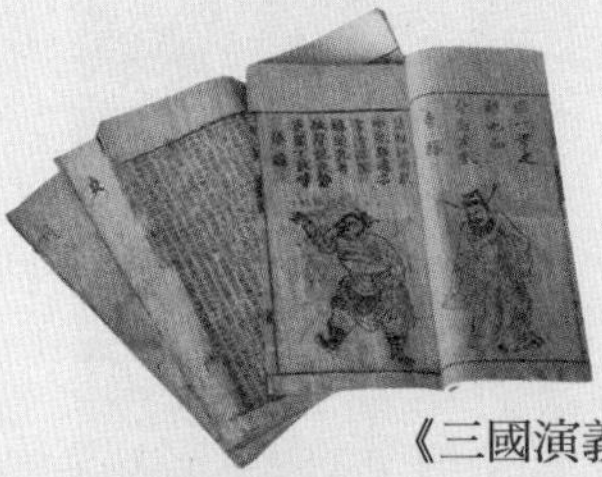

《三國演義》書影

皮影戲曹操發兵

曹操發兵是《三國演義》劇目《當陽橋》皮影戲中的一個場面。通過生龍活虎的幾個人物形象，再現了曹操百萬大軍的氣勢。

清人所繪的《西遊記》插圖

《水滸傳》

《水滸傳》是一部長篇英雄傳奇小說，講述北宋末年宋江的故事。作者或謂施耐庵，或謂羅貫中，紛紜莫定。成書年代大約在明永樂之後至正德、嘉靖一百年間。

《水滸傳》可貴之處在於通過對北宋末年黑暗社會的描寫，揭示出「官逼民反」的深刻道理，歌頌了梁山泊好漢替天行道、反奸除暴的正義精神。「逼上梁山」由此成為各階層人民反抗黑暗勢力的通用詞語。《水滸傳》成功塑造了一批江湖英雄形象，充滿傳奇色彩。

忠義堂

梁山自宋江做了寨主後，接連大勝官軍，四方好漢紛紛歸附，山寨事業日見強盛。為了表明梁山聚義的正義性，宋江特意將聚義廳改為忠義堂，又命人在忠義堂外豎起一面高高的杏黃旗，上書「替天行道」四個大字。

《西遊記》

《西遊記》是一部長篇神話小說，由吳承恩根據民間傳說故事，寫成於嘉靖、萬曆時期。吳承恩，字汝忠，號射陽居士，淮安府山陽縣（今江蘇淮安）人。

《西遊記》成功塑造了不受拘束、任性勇為的孫悟空這一形象。小說通過描寫孫悟空的叛逆性格，表現出大膽的民主傾向。另外，小說還描繪了一個廣大的神魔世界，充斥著昏庸殘暴、營私舞弊、貪財好貨的行為，正是人間黑暗社會的真實寫照。

較之以前的小說，《西遊記》更自覺以人物為情節的中心，鮮明概括了幾種重要的人物個性類型，通過豐富的想像，創造出一個虛實相映的藝術殿堂，因而超越了時間的界限，博得不同時代、不同年齡讀者的喜愛。

青詞宰相

●時間：西元一四八〇～一五六七年
●人物：嚴嵩

嘉靖年間，權臣嚴嵩把持朝政，呼風喚雨，風光一時。而他取悅於皇帝的祕密武器，並非治國方略，而只是善於撰寫青詞。

嚴嵩（一四八〇～一五六七年），字惟中，號介溪，江西分宜人。出身於寒士之家，父親嚴準是秀才，對孩子的學業要求極為嚴格。嚴嵩幼時即表現得資質出色，文采出眾，據說八歲就能誦讀書史，寫奇文，出語非凡，被稱為神童。

弘治十八年（一五〇五年），嚴嵩經過十餘年寒窗，終於考中進士，選為翰林院庶吉士，擔任編修。嚴嵩得知禮部尚書夏言也是江西人，便拜入門下，刻意逢迎，從此平步青雲。

菊瓣式高足金杯　明　高十公分，重八十四．五克，金質，高足，杯身形如花瓣，口沿和足上鏨有花蕊紋一周。杯足底鐫刻陰紋：「崇禎十三年（一六四〇年）仲春月，余榮四六置，吉旦」。明晚期有具體年代款識的文物不多，該器的出土為文物斷代提供了重要的實物例證。

⊙青詞助力，青雲直上

夏言並沒有把嚴嵩送上權力的巔峰，真正幫助的是一紙青詞。嘉靖帝迷信仙道，常年避居西苑，不理朝政，日夜祈求長生不老。在建立道壇，齋戒沐浴，向神仙祈福時，必須向皇天上帝呈奉奏章祝詞。這些文章通常用硃筆寫在青籐紙上，稱為「青詞」，也叫「綠章」。

內閣大學士都清楚：要想討好皇上，青雲直上，就必須投其所好，在青詞上下功夫。嘉靖一朝成為閣臣的標準不是治國之能，而是「青詞」寫得好壞。嚴嵩就是在這場較量中脫穎而出的。

嚴嵩本是頗負盛名的詩人，文學修養很高，他使出渾身解數，寫出的青詞自然超人一等。更重要的是，他的青詞不僅詞藻華麗，還能夠說出皇帝的心聲，因此深得嘉靖帝賞識。皇帝對嚴嵩進獻的青詞往往再三把玩，讚賞不已，「醮祀青詞，非嵩無當帝意者」。

嘉靖七年（一五二八年），嚴嵩奉命祭告顯陵（嘉靖帝親生父母的陵墓），給了他一個大展文采的機會。嚴嵩極言祥瑞，更得嘉靖帝歡心。加上夏言的推薦，嚴嵩在幾年內不斷升遷，先後升為吏部右侍郎、禮部尚書、吏部尚書。

⊙孔雀雖毒，不掩文章

早年的嚴嵩確是文章高手，寫出的「青詞」仙風道骨，典雅華彩，成

歷史詞典

吳門派和徽派

明朝中葉以後，文人畫家親手參與篆刻，使篆刻藝術得到了新的發展，出現了一些篆刻流派，其中最著名的是吳門派和徽派。

吳門派的代表人物是江蘇蘇州人文彭（一四八九～一五七三年）。他繼承秦漢的美學傳統，吸取宋元朱文印的藝術，取法前人又有所創新，力追印文造型藝術的意境美，其篆法以小篆為主，界於方圓之間，其白文印宗師兩漢，朱文印取法宋元。他的印章具有曲雅秀潤、古樸醇正的風韻，一時風靡印壇，對明朝後期的印章影響極大。

徽派的代表人物是何震。何震（？～一六〇四年）是徽州婺源（今屬江西）人。他的篆刻風格古樸端莊，刀法、結構都有獨到之處。他能製銅印、玉印，小篆、繆篆，刀筆之外韻味無窮。他的仿漢滿白文印，刀痕顯露，天然渾樸，用單刀刻邊款，別有奇趣。何震與文彭齊名，並稱「文何」。

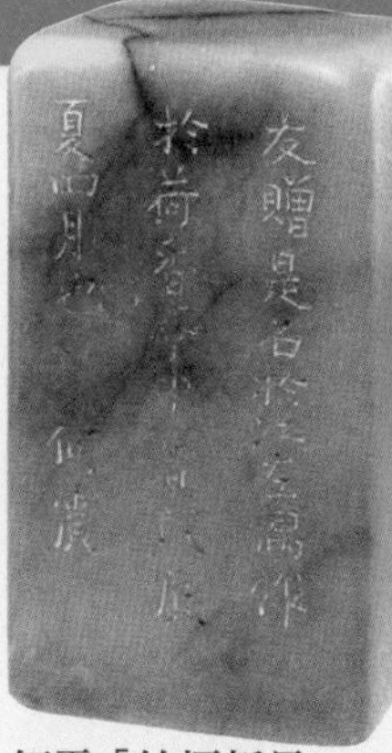

何震「竹煙新月」
青田石印　明

為不斷晉升的敲門磚。一代文宗王世貞的父親為嚴嵩所害，與嚴嵩仇深似海，但王世貞本著「代不能廢人，人不能廢篇，篇不能廢句」的精神，對嚴嵩做出了一分為二、實事求是的評論，肯定了嚴嵩的詩作。

嚴嵩的《鈐山堂集》存目於《四庫全書》中，紀曉嵐在《四庫全書總目提要》中引用王世貞的詩評論《鈐山堂集》，「孔雀雖然毒，不能掩文章」。

二十一年（一五四二年）八月，嚴嵩憑藉青詞「入閣拜相」，拜武英殿大學士，入值文淵閣，成了「宰相」。當時嚴嵩已經六十多歲，卻「精爽溢發，不異少壯」。兩年後，嚴嵩升任首輔，獨攬國政。他雖然年過花甲，卻整天在西苑值班，連回家的工夫都沒有，受到感動的嘉靖帝更加信任和器重。

⊙父子擅權

嚴嵩長期把持朝政，依靠的不僅是文采，更是手段。嘉靖二十五年至二十七年（一五四六～一五四八年）間，內閣只有夏言和嚴嵩兩位大學士，夏言自恃是嚴嵩的前輩恩師，盛氣凌人，讓嚴嵩感到惴惴不安。嚴嵩用盡心機，以柔克剛，最終將夏言擠出內閣。當年十月，夏言被棄於市，嚴嵩在這場生死攸關的內鬥中取得了徹底的勝利。從此，明朝歷史進入了嚴嵩專政的二十年。

閣臣的本事在於能夠揣摩皇帝的心思，說出皇帝想說甚至是不方便說的話。嚴嵩正好就有這樣的本事。嚴嵩幾乎每次都能把嘉靖帝的心思猜

定陵出土的嘉靖青花大龍缸　明

中，所奏總是「甚合朕意」。後來嚴嵩年事漸高，精力大不如前，兒子嚴世蕃便成為最重要的幫手，嚴嵩處理朝政都要和嚴世蕃商量，人稱「大、小宰相」，又說「皇上不能一日無嵩，嵩又不能一日無其子」。

嚴世蕃的文才比父親猶有過之，揣摩聖意更是天下一絕。嘉靖帝的詔書向來語焉不祥，嚴世蕃卻能從隻言片語中判斷出皇帝的好惡，嚴嵩每次按兒子的意思上摺，無不中的。在嘉靖帝不理朝政的日子裡，嚴嵩父子掌握著天子與朝臣的對話權，欺上瞞下，權傾天下。

隨著嚴嵩日漸年老，嘉靖帝逐漸不滿意他把持朝政。江郎才盡的嚴嵩早已寫不出精妙的青詞，一直都是兒子代筆。這時，嚴世蕃因為要為母親歐陽氏守孝三年，不能再跟著嚴嵩入朝辦事，嚴嵩寫不出令皇帝滿意的青詞，也不能正確揣摩聖意，經常會錯意思，嘉靖帝便慢慢疏遠了他。

正所謂，成也青詞，敗也青詞。

竹院品古圖　明　仇英

此圖以竹林中屏內士人觀畫為主題。其中並穿插有奉茶侍女，或持古物侍立、或扇爐煮茶的童子，整個場景展現了文人雅士清悠閑雅的生活方式。

王忬象牙腰牌　明

腰牌為腰佩的裝飾物，也有信物憑證之用。此腰牌為明代監察御史王忬的腰牌。

【徐階鬥嚴嵩】

●時間：西元一五六一～一五六五年
●人物：徐階　嚴嵩

嚴嵩把持朝政二十年，橫行一時，風光無限。然而，被徐階鬥垮之後，最後落到晚景悽涼、死後沒錢下葬的慘境。

嘉靖四十三年（一五六四年）十一月，權傾一時的嚴嵩之子嚴世蕃遭人告發，以「通倭謀反」的罪名逮捕下獄，等待嚴嵩父子的是身敗名裂、家破人亡的結局。導演這場驚天大逆轉的正是與嚴嵩同為閣臣的徐階。徐階採用以其人之道還治其人之身的辦法，最終扳倒嚴嵩，取而代之。

徐階（一五〇三～一五八三年），字子升，號少華，又號存齋，華亭（今上海松江）人。嘉靖二年（一五二三年），徐階考中探花，從此步入政壇。和嚴嵩一樣，徐階也是因為青詞得到嘉靖帝的賞識。三十一年（一五五二年），徐階以禮部尚書兼東閣大學士，名列首輔嚴嵩和次輔李本之後。徐階入閣令嚴嵩提高了警惕，但青詞是徐階的護身符，有了嘉靖帝的袒護，嚴嵩也不敢輕舉妄動。

白玉龍魚式花插　明

經過多年政治風雲的洗禮，徐階的官場閱歷不斷加深，逐漸成為「器量深沉」的人物。共事十年間，面對嚴嵩多次試探、陷害，徐階裝聾作啞，隱忍退讓，從不與嚴嵩爭執，甚至把孫女嫁給了嚴嵩的孫子。對嚴世蕃，徐階也以禮相待，忍氣吞聲，虛與委蛇。

四十年（一五六一年）五月，李本離職，徐階升任次輔。徐階與嚴嵩的對立不可避免了，雙方都在暗中設計，要給對手致命一擊。

⊙嚴嵩失寵

雖然嚴嵩罪惡多端，但是要打敗他卻困難重重。許多御史、監察大臣因為彈劾嚴嵩而遭到報復，輕者斷送政治前途，重者丟掉性命。嚴嵩這樣的權臣，按常規上書彈劾是不行的，必須出奇制勝。徐階利用嘉靖帝迷信仙道，設計出進攻方略。徐階推薦來自山東的道士藍道行，通過仙人之口向嘉靖帝進言。

嘉靖帝幾乎事事都要占卜，國家用人大事自然也要詢問「神仙」，藍道行按照徐階的指示，回答道：「朝中賢人得不到重用，而奸臣卻長期把持朝政。」嘉靖帝進一步詢問，賢人、奸臣何人，藍道行說：「賢者如徐階、楊博，不肖者如嚴嵩父子。」這樣的情況經常發生，動搖了嘉靖帝

銀鼎　明

為平沿、直口、淺腹、圓底，口沿有兩個對稱拱形耳，耳下腹側各有一道鋸齒形出脊，底有三夔形扁足。

漢宮春曉圖　明　仇英

對嚴嵩的信任。

⊙嚴嵩倒臺

光靠裝神弄鬼不可能真正擊敗嚴嵩，為了取得實質性進展，徐階暗示御史鄒應龍彈劾嚴嵩。鑑於前人的遭遇，鄒應龍把彈劾的重點放在嚴世蕃身上。

嘉靖四十一年（一五六二年），鄒應龍連夜修成〈貪橫蔭臣欺君蠹國疏〉，指控嚴世蕃貪贓枉法，禍國殃民，應處死刑。嚴嵩溺愛惡子，受賄弄權，建議將其斥退。嘉靖帝很快做出批覆：嚴嵩退休回家，嚴世蕃發配雷州充軍。

二十年的老宰相嚴嵩終於倒臺，徐階成為新的首輔。徐階沒有得意忘形，表面上不斷寫信慰問嚴嵩父子，暗地裡卻在謀劃新的打擊，要把嚴嵩徹底打垮，置於死地。

徐階城府之深令人心驚，嚴家始終沒有覺察和醒悟。

⊙徹底擊潰

嚴世蕃沒有到雷州服刑，而是偷偷溜回家鄉。嚴世蕃依然不知收斂，大興土木，修建私宅，氣焰十分囂張，引起地方官員的注意。巡江御史林潤再次上疏彈劾嚴世蕃，這一次的罪責不再是貪贓枉法，而是勾結倭寇，意圖謀反等滿門抄斬的重罪。

嘉靖四十三年（一五六四年）十一月，嚴世蕃被捉拿歸案。嚴家聞訊，將重金送給徐階，請他營救。徐階錢照收，人也照殺。他的道理很簡單：不收錢，嚴家的人要懷疑我搗鬼；不殺人，眾人要懷疑我搗鬼。

四十四年（一五六五年）三月，嚴世蕃論罪被斬。在徐階的授意下，行刑並未等到秋後，嚴世蕃立即處死。

嘉靖帝顧念舊情，沒有判處嚴嵩死罪，革職為民，抄查家產。一無所有的嚴嵩寄食鄉野破廟，流浪乞討，死後沒錢下葬，更沒人弔唁，身後無限悽涼。萬曆初年，張居正當國，這才吩咐分宜縣縣令收拾嚴嵩骸骨備棺埋葬。嚴嵩、嚴世蕃父子依恃權勢，搜刮百姓，殘害忠良，雖然最終受到制裁，但已經敗壞到極點的朝政卻再也無法挽救。

徐階雖然風光一時，結局卻也並不美妙，三個兒子被海瑞判處充軍，田產充公，若不是張居正極力維護，只怕也落得和嚴嵩一樣下場。

歷史詞典

前後七子

明朝前期，三楊開創的「臺閣體」成為文學主流。為了改變這種粉飾太平、無病呻吟的文風，文學上出現了「前後七子」的復古運動。

「前七子」指的是弘治、正德年間的一個文學流派，代表人物有李夢陽、何景明、徐禎卿、康海、王九思、邊貢、王廷相等七人。他們強調文章學習秦漢，古詩推崇漢魏，近體宗法盛唐，提出了「文必秦漢，詩必盛唐」的口號。前七子雖然只是仿效古人的詩作，形式呆板，內容也沒有創新，但是在打擊八股文、提倡復古方面，仍然有一定的功績。

前七子之後，嘉靖、隆慶年間又出現了一個繼續提倡復古的文學流派，代表人物有李攀龍、王世貞、謝榛、宗臣、梁有譽、吳國倫、徐中行等人，稱為「後七子」。後七子在文壇上活躍的時間較長，文學主張彼此也有一些差異，而且有所發展和變化。

到了復古運動的後期，公安、竟陵兩派異軍突起，前後七子的影響逐漸被這兩派所取代。

天壇祈年殿

天壇始建於明朝永樂十八年（一四二〇年），因為當時是天地合祀，故名天地壇。嘉靖九年（一五三〇年）時，朝廷制定了四郊分祀制度。四年之後，祭地挪到了新建的地壇之中進行，這裡成為帝王祭天、祈穀、祈雨之所，從此改稱天壇。此圖為天壇祈年殿，每年正月上辛日皇帝要到此舉行祈穀禮，祈求上天保佑五穀豐登。

海禁與倭寇

●時間：明朝
●人物：明世宗　王直

明代是中國歷史上倭寇、海患最嚴重的時代。為此，明朝長期實行海禁，閉關鎖國，其結果卻大出明朝君臣的預料，海患愈演愈烈。

倭寇入侵中國的情況，在十四世紀初已經出現。究其外因，是日本封建諸侯割據，互相攻戰，在戰爭中落敗的一些封建領主組織武士、商人和浪人到中國沿海地區進行武裝走私，搶劫燒殺。內因則是當時的中國陷入元末混戰，海防空虛，無瑕東顧。日本在歷史上被稱為「倭奴國」，這種海盜就稱為「倭寇」。

明初，通過明太祖嚴厲打擊，在沿海興建防倭城，佈置數萬兵力，倭寇大為減少。嘉靖年間，明朝國力漸衰，君主荒怠無能，奸宦把持朝政，倭寇入侵事件頻繁發生。

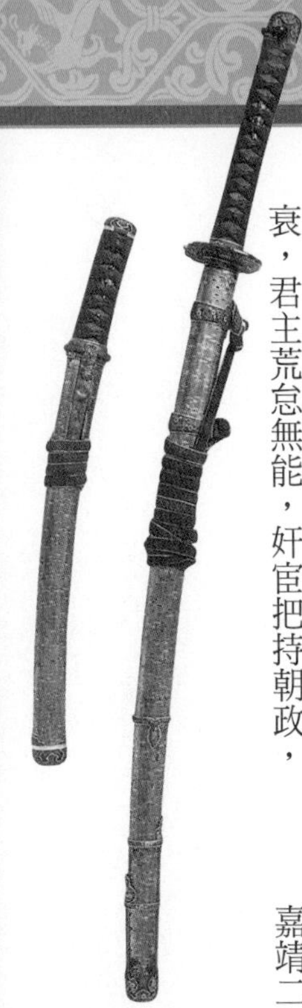

倭寇使用的日本刀

⊙海禁與「爭貢之役」

為了防止海患，明朝實行海禁政策，除了政府之間的朝貢交易外，不許百姓私自出海，或與外國人交易。海禁政策使沿海民眾無以為生，損失慘重，一些漁民、商人與日本人勾結，占據島嶼，淪為海盜。海盜私下從事走私貿易，或者採用不法手段搶劫居民財物，成為邊防大患，此時的「倭寇」已經不僅僅只是日本人了。

嘉靖二年（一五二三年），日本遣明船貢使為取得商業利益發生內訌，兩位貢使互指對方是假的。當時的市舶司太監收受賄賂，處理不公，致使發生「爭貢之役」。一名貢使放火搶劫後，又大肆報復中國官民，浙江都指揮劉錦在追擊戰中陣亡。這就是第一次倭寇入侵事件。

以此事件為導火線，嘉靖帝斷絕中日朝貢關係，規定「片板不許下海」，把明帝國緊鎖在封閉的大陸體系之中。

在巨大的經濟利益面前，民間走私貿易日益猖獗，倭寇與海盜、沿海豪族、商人，甚至是官員，互相結合，形成規模龐大的走私集團。此後四十年，是明代倭寇為害最烈的時期。

⊙「倭寇」中的中國人

倭寇中「華人所居七八」，除中國人和日本人外，還有部分馬來西亞人和葡萄牙人，成為國際性的武裝走私團體。

各股倭寇中以王直的實力最為強大。王直（《明史》作汪直）原是徽州海商，因為貿易不通，轉而以走私搶劫為生，流亡海上。王直在日本平戶建立基地，聯合葡萄牙和日本勢力，不斷發展壯大，成為中國海商集團中人數最多、勢力最強的一支，擁有兵眾二十餘萬人及載重一百二十噸以上巨艦百餘艘。王直海盜集團不斷在舟山、定海一帶搶劫、殺人。

嘉靖三十二年（一五五三年），王直率領巨艦百餘艘，「蔽海而來，浙東西、江南北，濱海數千里，同時告警」，影響甚大，史稱「壬子之變」。

浙江總督胡宗憲無法以武力消滅王直，便利用迫切通商的心理進行誘捕。嘉靖三十六年（一五五七年），王直被捕入獄，兩年後處死。王直被誘殺後，養子和下屬大肆報復，四處作亂，海患愈演愈烈。

嘉靖以後，朝野有識之士開始反思倭寇問題的根本所在，認為海禁過嚴，沿海百姓失去謀生手段，是倭寇屢禁不絕的根源，逐漸形成「馳禁派」。此後明政府採用較為開放的政策，加上戚繼光等將領率軍有力抵抗，到隆慶年間，倭寇之禍逐漸減輕。

延伸知識

朱紈之死

嘉靖二十五年（一五四六年），朱紈擢升為右副都御史，巡撫南贛。次年七月，改提督浙閩海防軍務，巡撫浙江。

當時的閩、浙沿海，海防鬆弛，倭寇大肆侵擾，海防官員、當地權貴、閩浙海盜商人與倭寇相互勾結，騷擾百姓，掠奪財物。朱紈到任後，立即著手整頓海防，建造戰船，加強保甲制度，補充兵丁，討伐海盜與倭寇，搜捕通倭奸民，捕獲海盜頭目許棟等人，其餘的海盜、倭寇四散潰逃，海邊稍稍寧靜。

但是，朱紈的舉動觸犯了當地權貴的利益，招致閩浙官僚的仇視。不斷通過各種關係上報朝廷，稱朱紈捕捉的皆是良民。朱紈歎說：「去外國盜易，去中國盜難，去中國瀕海之盜猶易，去中國衣冠之盜尤難。」

不久，朱紈被吏部改為巡視，仍數次討伐海盜與倭寇，擒獲賊首等九十六人，並全部斬首。御史陳九德彈劾他「擅殺」，明世宗將他革職，立案審問。嘉靖二十九年（一五五〇年），朱紈憤而自殺。

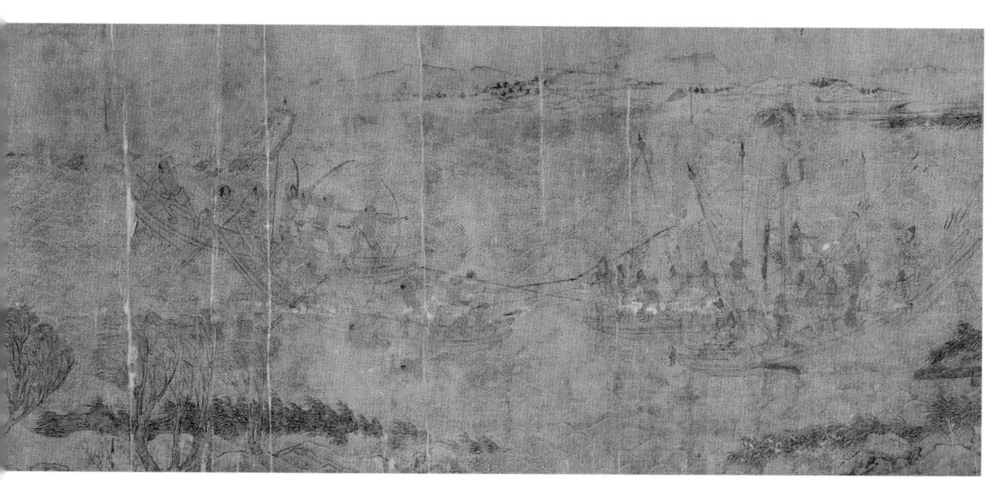

抗倭圖卷（局部）

這是反映明嘉靖年間（一五二二～一五六六年）浙江沿海軍民抗擊倭寇侵擾的畫卷。圖片所示為「水上激戰」。

【三娘子】

●時間：西元一五五〇～一六一三年
●人物：三娘子　俺答汗

做了三代順義王妻子的三娘子，為開闢和維護馬市，維持漢蒙兩個民族的友好往來，發展蒙古地區的社會經濟，都有很大的貢獻。

⊙發展農業

明朝時，蒙古地區農業和手工業都很落後，明朝政府曾在長城沿線開設貿易市場，以供蒙古各部定期用馬、羊與內地交換生活用品，這就是「馬市」。後來蒙古各部爭鬥不休，常常侵擾中原，明朝政府把馬市關閉。

鑲寶石金蝴蝶　明

蒙古右翼土默特諸部的首領俺答汗為了發展當地農業和手工業，一再請求明朝政府重開馬市，但明廷官員認為俺答汗擁有十萬騎兵，如果開放馬市，大兵可能乘機而入，於是拒絕。

俺答汗只好另想辦法，在適於耕種的豐州灘（今呼和浩特一帶）開荒種地以吸引中原人民，部分守邊軍卒和內地農民不堪忍受邊將和官吏的盤剝壓搾，偷偷跑到蒙古地區。嘉靖初年，在大同發生的兵變失敗後，士兵和被追捕的白蓮教教徒大批逃入蒙古地區，在豐州灘上開墾出萬頃良田，大大促進了蒙古地區的農業發展。但鐵器和布帛等手工業品還需要中原供給，俺答汗仍然堅持，要求明朝政府開放馬市。

⊙開放馬市

三娘子（一五五〇～一六一三年）是蒙古西部衛拉特奇喇古特部首領的女兒，被俺答汗搶來做了妻子。此前，三娘子已經接受了鄰近襖兒都司部的聘禮，襖兒都司威脅發兵進攻俺答汗，以奪回三娘子。俺答汗只好把孫子把漢那吉聘下的未婚妻送給襖兒都司以作補償，把漢那吉一怒之下，於隆慶四年（一五七〇年）投奔明朝。

大同巡撫方逢時和宣大總督王崇古見把漢那吉來投，認為是重開馬市貿易的機會，聯絡俺答汗，要求先用逃去蒙古的山西白蓮教首領趙全等人贖回把漢那吉，然後才准許開放馬市。俺答汗為了重開馬市，把曾經幫助開發豐州灘的趙全等人當作犧牲品，贖回把漢那吉。

隆慶五年（一五七一年），明朝政府正式恢復馬市，並封俺答汗為順義王。三娘子帶領蒙古各部酋長進貢五百匹駿馬，明朝政府則賞賜大量金銀、綢緞和生活用品。

美岱召

美岱召，位於內蒙古土默特右旗，前身即為俺答汗的「歸化城」，廟內有三娘子的骨灰塔堂「太后廟」。

⊙三娘子護馬市

馬市重開後，三娘子經常前來貿易。一次來到宣府張家口（今屬河北），宣府巡撫吳兌贈送八寶冠、百鳳雲衣等禮物。與明朝地方官保持良好關係的三娘子更加積極維護馬市貿易，有時聽到其他部落要進關擄掠，便提前告訴吳兌，讓他防備。俺答漢的大兒子黃台吉一直想搶劫口內，俺答汗曾經一再告誡，不要破壞與明朝的貿易市場。俺答漢知道黃台吉與三娘子不合，恐怕一旦死後，黃台吉會加害她，撥給三娘子很多騎兵。

萬曆九年（一五八一年），俺答汗去世，長子黃台吉繼承順義王爵位。按照蒙古族傳統，黃台吉可以占有除生母之外父親所有的妻子，其中也包括三娘子。黃台吉繼位後，計畫進攻中原，破壞馬市貿易，遭到三娘子強烈反對。黃台吉年老多病，又沉湎酒色，一切政事均由三娘子主持，馬市貿易得以維持。

不久，黃台吉病死，長子扯力克繼承，仍然娶三娘子為妻，明朝政府封三娘子為忠順夫人。這時，蒙古族的兩個部落首領牙答漢和洪賣分別掠奪明朝邊關助馬堡和偏頭關，三娘子發現後，依照法令嚴懲，其他蒙人再也不敢侵擾明朝邊境。

漢蒙通商古道上的土井

李時珍與《本草綱目》

●時間：西元一五一八～一五九三年
●人物：李時珍

在對前人藥物學遺產總結的基礎上著寫而成的《本草綱目》，反映了明代醫學和藥物學的新成就，是李時珍傾一生之心血著就的一部「東方醫學巨典」。

⊙世醫出身

李時珍（一五一八～一五九三年），明代著名藥物學家。李時珍出生於湖廣蘄州（今湖北蘄春）一個世代行醫的家庭，祖父和父親都是當地著名的醫師。李時珍從小受家學薰陶，耳濡目染，少年時代就對醫藥學產生了濃厚的興趣。

李時珍銅像

起初，父親督促李時珍的學業，想要培養他讀書入仕。李時珍涉獵很廣，除了儒家經典，還有小說傳奇、詩詞歌賦。廣泛的閱讀，為他後來從事醫藥學研究建立了堅實基礎。

讀書之餘，李時珍經常隨父兄到山中採摘藥草，少年時就能識別很多種藥草。父親在家裡為病人診治時，李時珍在旁邊學習，幫著抄寫藥方，日積月累，學到不少醫藥常識。

李時珍十三歲中了秀才。但在緊接著的三次鄉試中，李時珍都名落孫山。科舉考試的失敗，更堅定了從事醫學事業的決心。李時珍從小跟隨父親診病濟窮，積累了大量的實踐經驗，樂於鑽研，活用「單方」「驗方」，治癒了不少疑難雜症，很快成為受人愛戴的一方名醫。

⊙立志著本草

在行醫治病的過程中，李時珍發現前人所編的本草書中謬誤，遺漏不少，不同的書中還有很多說法不一的地方，而醫藥上的錯誤輕則延誤病時，重則害人性命，有時非常嚴重。

李時珍墓前塑像

李時珍立志要對本草進行重新修訂和整編，打算編寫一本綱目分明、體例劃一、名稱一致、分類合理、圖文對應的新本草。李時珍閱讀了大量書籍，除醫藥類書籍外，詩詞小說等其他書籍中有關醫藥學知識的內容，都認真研究。此外，李時珍注重野外採集和實地調查考察，以獲取準確翔實的第一手資料。他不迷信書本，提倡親身體驗，曾經親自服用曼陀羅，以測試其引致麻醉的最佳劑量。

《幽居樂事圖冊》中的採藥圖　明　陸治

嘉靖三十一年（一五五二年），李時珍治好了楚王兒子的氣厥病，被任命為楚王府奉祠正。幾年後，被舉薦到京城太醫院任職。當時的嘉靖帝迷信方術，一心只想長生不老，太醫院中競相進奉所謂仙丹不老藥。這樣的環境並不適合李時珍潛心醫藥學研究，一年後，便託病辭官返鄉。但這段經歷使李時珍得以翻閱皇室珍藏的醫藥書籍，接觸到一些珍貴藥材以及外國貢獻的藥物，增長了不少見識，對他日後修撰《本草綱目》大有幫助。

三十年本草始成書

嘉靖四十年（一五六一年），年過不惑的李時珍回到湖廣老家，開始著手編寫《本草綱目》。李時珍以宋代唐慎微的《證類本草》為基礎，結合自己搜集的大量新資料，重新安排體例，寫成這部藥物學專著。《本草綱目》規模宏大，內容豐富，為了便於辨認，藥草除文字介紹之外，並配有根據標本繪製的圖像。從前期調查研究到編著，李時珍前後歷時近三十年，三易其稿，直到萬曆六年（一五七八年）才最終成書。

《本草綱目》完成後，李時珍很想盡快刻印，發揮功用。當時刻書業非常繁盛，但這樣一部規模巨大的著作使許多書商望而卻步，不敢輕易印行。直到李時珍七十三歲時，懂得醫藥的書商胡承龍見到此書，才答應刻印。

萬曆二十一年（一五九三年），李時珍去世。三年後，《本草綱目》出版。明神宗詔修國史時，李時珍的兒子李建元把書稿獻給朝廷，明神宗敕命刊行天下。從此《本草綱目》風行全國，後來流傳到國外，譯成英、法、德、俄、拉丁文等多種文字，影響遍及世界各地。

潘季馴治河

●時間：西元一五六五～一五九二年
●人物：潘季馴

潘季馴是一位以治理河患聞名的治河專家。明朝時，黃河等河流頻發水患，潘季馴經過多年深入調查研究，針對黃河的特點，提出了著名的「東水攻沙」理論。

潘季馴（一五二一～一五九五年），字時良，號印川，烏程（今浙江湖州）人。嘉靖二十九年（一五五〇年）中進士，授九江推官。此後，曾以御史巡按廣東，官至工部尚書兼都察院右都御史。嘉靖四十四年到萬曆二十年（一五六五～一五九二年），潘季馴四次出任總理河道，負責治理黃河、運河近十年，在理論和實踐上都頗有建樹。

明中期剔紅穿花龍雙耳瓶

⊙束水攻沙

明代黃河自開封東流，至徐州往南，由泗水至清河（今江蘇淮陰）注入淮河，再東經安東，至雲梯關入海。黃、淮、運在清口交匯，形成極其複雜的地理關係。治理黃淮，對於皇陵的保護（明朝皇帝的祖陵和皇陵均位於淮河岸旁）、漕運的暢通以及淮河流域千百萬人民的安危與生計關係極大。

嘉靖末年，黃河下游的徐州以上河道分汊達十三支，淤積嚴重，連年為患。嘉靖四十四年（一五六五年），潘季馴升為右僉都御史，負責治理黃河。同年，主持疏通黃河，並開鑿了南陽新運河。

隆慶四年（一五七〇年），黃河在邳州、睢寧決口，丁憂在家的潘季馴重新起用。潘季馴到任後，迅速徵調官民堵塞決口。但第二年，被不懂治河的勘河官員彈劾罷官。

萬曆初年，黃、淮經年不治，相繼決口。萬曆六年（一五七八年），明神宗採納張居正的建議，任命潘季馴為右都御史兼工部左侍郎，總理治河事務。

潘季馴第三次總理河道時，在前人經驗和前兩次實踐的基礎上，提出「通漕於河，則治河即以治漕；合河於淮，則治淮即以治河；會河、淮而同入於海，則治河、淮即以治海」的規畫原則，對黃、淮、運進行綜合治理。潘季馴認識到「黃流最濁，以斗計之，沙居其六」，針對黃河含沙多的特點，強調治河宜合不宜分，分則水勢緩而沙停淤槽，合則水力強而沙隨水去，提出「築堤束水，以水攻沙」。具體的做法是，通過築堤來約束河水，提高水的流速，增大水的挾沙能力，同時提高水流沖刷泥沙的能力。

「束水攻沙」理論的提出，實現了治黃方略由分水到合水，由單純治水到沙、水綜合治理的歷史轉變。

萬曆七年（一五七九年），黃、淮兩河工程完工，共用去五十六萬多兩白銀，比原計畫節省二十四萬兩，修築土堤三百三十六公里，石堤近十公里，疏濬運河三公里，栽種護堤柳八十三萬多株。「一歲之間，兩河歸正，沙刷水深，海口大辟，田廬盡復，流移歸業，禾黍頗登，國計無阻，而民生亦有賴矣」。

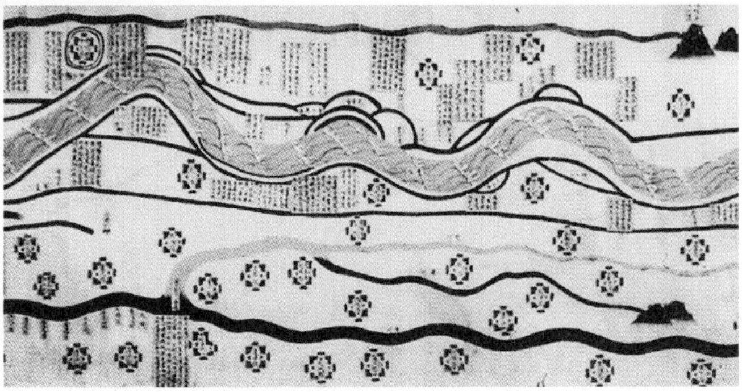

河防一覽圖卷（局部）

明萬曆十八年（一五九〇年），潘季馴繪。全卷縱四十五公分，橫一九五九公分，充分呈現了潘季馴一生治理黃河、運河的經驗。

⊙積勞成疾

潘季馴在治理黃河上取得如此大的成就，與他實事求是、不畏艱辛的工作作風是分不開的。潘季馴每次制定治河規畫，都親自到河患嚴重的地方向當地鄉官、村民調查，詳細瞭解水情、沙情，徵詢治理意見。

為了取得第一手資料，潘季馴冒著暴風驟雨乘船到河中實地查勘。有一次潘季馴乘坐的小船被風浪捲入漩渦，險些翻沒，幸而掛在樹梢上，才和老船工免於罹難。

第二次治河即將完工時，河水突然暴漲，堤防潰決，潘季馴正患背瘡病倒在床上，他忍著病痛率領民工奮力搶險。

第四次主持治河時，潘季馴已是六十多歲的老人，但仍「日與役夫雜處畚鍤葦蕭間，沐風雨，裹霜露」。

萬曆十八年（一五九〇年），潘季馴巡視河堤時突然暈倒，吐血不止，他稍作休息，便再次來到工地。

在潘季馴的不懈努力下，黃河多支分流「歸於一槽」，河道保持了兩百多年的基本穩定。

萬曆二十年（一五九二年），被捲入政治爭鬥漩渦中的潘季馴再次遭到彈劾罷官。二十三年（一五九五年），潘季馴於家中病故。潘季馴在職期間，著寫《兩河經略》（原名《兩河管見》）和《河防一覽》（原名《宸斷大工錄》）等書，闡述治河方略和經驗，對後世治河產生深遠影響。

奔騰咆哮的黃河

朝堂上的樣板

●時間：西元一五一四～一五八七年
●人物：海瑞

海瑞是明朝嘉靖時期的著名清官。為官一生，為國為民操勞一世。由於敢於直言進諫，懲惡揚善，一心為百姓謀利，人民敬為海青天、南包公，其英名流傳至今。

海瑞（一五一四～一五八七年），廣東瓊山人，字汝賢，回族。海瑞自號「剛峰」，表明自己一切以剛為主，終生剛直不阿的決心和志向，世人尊稱為剛峰先生。

海瑞出生於官僚家庭，但童年家境並不殷實。四歲時父親不幸病逝，從此和母親相依為命，日子過得異常清苦。海瑞的母親性格剛強，勤儉持家，教子有方，「苦針裁，營衣食，節費用，督瑞學」。海瑞自幼誦讀《大學》《中庸》等書，加上母親嚴格要求，並請來良師指點，使他受到良好的家庭與文化教育，很早就有了報國愛民的思想。

海瑞塑像

此塑像位於海南海口海瑞墓前。

明嘉靖二十八年（一五四九年），海瑞在鄉試中以〈治黎策〉一文中舉人，從此浮沉宦海，一波三折。

⊙初入官場

嘉靖三十二年（一五五三年），海瑞任福建延平府南平縣儒學教諭。海瑞在任期間，雖然屢屢冒犯上司，但為人正直，業績斐然，得到正直官員的推薦。

四年後，海瑞得到京師吏部垂青，委以浙江淳安知縣一職。當時淳安風氣頹廢，治理混亂，情況嚴重得出乎海瑞的意料。海瑞上任後，首先革除縣府各級官吏的種種攤派。此舉得到當地百姓高度讚賞，但卻在官場中掀起巨浪，把所有同僚都得罪了。海瑞並抑制地方豪強，清丈土地，均傜賦，推行「一條鞭法」，政績顯著。

⊙帶棺上疏

嘉靖四十三年（一五六四年），海瑞任戶部雲南司主事。海瑞雖然只是京師的低級官員，卻義無反顧提筆，

青花魚藻盤　明

批判昏庸的皇帝和頹廢的朝政。

嘉靖四十四年十二月（一五六六年一月），海瑞毅然買好棺材，以死上疏，抨擊嘉靖帝迷信道教，沉迷長生不老之術，長期不理朝政等事。這篇名為〈治安疏〉的著名奏章，被稱為「直言天下第一事疏」，是中國王朝史上罕見的奇文。

〈治安疏〉譴責嘉靖帝是一個自私、虛榮、殘忍、多疑的愚蠢君主，幾乎全盤否定這個擁有至高無上皇權的一國之君的人格，海瑞的大膽與耿直在字裡行間表露無疑。

〈治安疏〉使嘉靖帝惱羞成怒，暴跳如雷。據說嘉靖帝把奏摺往地上一摔，嘴裡大喊著：「抓住這個人，不要讓他跑了！」太監慌忙跪下，說道：「陛下息怒，還請從長計議。這個人向來就有癡名，聽說早知道必死無疑，在遞上奏本以前就買好棺材，召集家人一一訣別。家裡的奴僕早已嚇得四處逃散。這個人是肯定不會逃跑的。」嘉靖帝這才平息了怒氣。

海瑞罷官入獄，但卻沒有被嘉靖帝處死。嘉靖帝雖然對海瑞恨得咬牙切齒，卻始終不敢處以極刑，只是把奏章留中不發。嘉靖帝也不得不承認海瑞曠世忠耿，害怕落得殘殺忠臣的千古惡名，如果把海瑞比做上古的忠臣比干，那自己豈不就成了暴戾的商紂王。

海瑞第一次罷官的十個月後，嘉靖帝駕崩，海瑞恢復自由，重新啟

歷史詞典

天一閣

天一閣是中國現存歷史最久的藏書樓，是亞洲現存最古老的圖書館，也是世界上現存最古老的三大家族圖書館之一。

天一閣是明朝兵部右侍郎范欽的藏書樓。范欽（一五〇六～一五八五年），鄞縣人，嘉靖十一年（一五三二年）進士，歷任袁州知州、按察副使、廣西參政、河南副都御史等職，最後官至兵部右侍郎。

范欽愛書，宦游各地時便經心收集各類書籍。嘉靖四十年（一五六一年），范欽在家鄉月湖之西創建了一座藏書樓，根據鄭玄註釋《易經》中「天一生水，地六成之」的說法，取「以水制火」之意，將藏書樓定名為「天一閣」。並在閣前開鑿了一個水池，稱為「天一池」，蓄水防火。

按「天一」「地六」之說，天一閣樓上不分間，為一統間，樓下分六間。天一閣收藏了很多珍貴的書籍，其中包括大量的明代地方志、政書、實錄、詩文集、碑帖等等。

明清之際以及清朝和民國時期，天一閣的藏書因為種種原因大量散佚，藏書只剩下一萬多卷，近年受到了重視和保護。

海南省海口市海瑞墓

用。但他入獄期間，兩個兒子不幸因瘟疫奪去了性命。海瑞出獄時，受到朝中六部中下層官員和京師百姓夾道歡迎。一個小小的戶部六品主事能夠贏得整個京城人士的敬仰，除了欽佩海瑞的赤膽忠心外，更代表了朝政頹廢已久後的人心所向。

⊙肅貪倡廉

隆慶三年（一五六九年），海瑞升任右僉都御史，欽差總督糧道，巡撫應天十府，管轄包括現在的長江下游兩岸，南京、蘇州、常州等富庶地區。

海瑞到任後發現，這些地區的百姓在重賦和惡吏貪官的壓迫下，生活十分困苦。這一年發生了洪澇災害，直到冬至還有一半田地淹沒，糧價飛漲，百姓沿街乞討，甚至餓死街頭。

海瑞決定將治水與救災一起解決，既為當前解困又為將來謀利。他召集災民，趁冬閒季節開工，疏濬吳淞江及其支流。又上書皇帝，請求將應該上交的糧食留下部分，用於解決災民的吃飯問題。工程完工後，當地百姓都很感激海瑞。

同時，海瑞展開了一場聲勢浩大的肅貪倡廉行動。海瑞上任僅一個月，被送到南京刑部的貪官就有一百多人。有一個縣從知縣、縣丞、主簿、典史等，一共抓了十多人。

海瑞主張恢復明太祖時期對貪官的嚴刑，剝皮實草。對此，不僅「議者以為非」，就連皇帝也覺得太過。但海瑞只想到用嚴刑肅貪，卻沒有提出消除貪污的積極辦法，因而招致更多怨恨。

⊙二度罷官

海瑞在南直隸（直隸於南京的地區，今江蘇、安徽及上海）境內的反貪行動初見成效後，便開始處理土地擴張問題，不可避免地和以鄉官集團為首的地方豪紳展開了正面交鋒。江南最大的鄉官，也是占田最多、民憤最烈的，正是海瑞的恩人——前內閣首輔徐階。在這場法與情的較量中，海瑞選擇了前者。

起初，徐階只是象徵性退還一些土地。海瑞不顧京官說情，寫信勸徐階做出表率，又聯合其他官員，迫使徐階退回一半的田地，並依法將徐階的兩個兒子充軍。見此情景，其他地主不得不將多占的田地退還。

地方鄉紳並沒有因此妥協，一個以前內閣首輔徐階為首，反對海瑞的江南鄉官縉紳集團悄然形成。他們使出渾身解數，軟硬兼施，一面讓吏部尚書等高官重臣致函海瑞，欲使其妥協，一面唆使朝中官員彈劾海瑞。在江南籍高官雲集的宦海中，海瑞幾乎

青花龍紋扁執壺　明

海瑞墓園全景

海瑞墓園建築莊重古樸，一百多公尺長的墓道由花崗石鋪成。始建於萬曆十七年（一五八九年），是明神宗命許子偉專程到海南監督修建的。據說，當海瑞靈柩運至現墓建處時，抬靈柩的繩子突然斷了，人們以為這是海瑞自選的風水寶地，於是就地下葬。

找不到一個支持者。但在四面楚歌的情況下，海瑞仍然艱難地完成了鄉官退田還民的工作。

災難性的打擊接踵而至：因遭鄉官報復，海瑞的第三個兒子海中行被人捂死後丟入蘇州河，失去兒子的妻子吳氏吊死在房內。半個月後，海瑞患病的母親王氏在接二連三的打擊下，病情急劇加重，撒手人寰。

海瑞擔任應天巡撫時，愛民撫民，為民除害謀利，生活卻過得十分儉樸清苦。海瑞所到之處，不許鼓樂迎送，也不住豪華住宅，甚至規定地方上為迎接他而擺的宴席每頓飯不能超過三錢銀子。他沒有置買田產，只靠祖上留下的一點土地過活。海瑞母親去世時，他依靠旁人幫助買了一塊墳地，將母親安葬。

海瑞的災難並沒有結束，在江南官紳的謀劃下，終於，滿朝官員聯合誣告他支持倭寇。不久，海瑞第二次罷官，返回原籍。這一年，正是隆慶四年（一五七〇年）。

⊙清官的身後

張居正當權時，因政見與海瑞不合，始終沒有起用海瑞。張居正死後，萬曆十三年（一五八五年），賦閒在家十六年的海瑞以七十二歲高齡東山再起，任南京右都御史，再舉反貪腐大旗，聲震天下。

兩年後，年事已高的海瑞病死於任上，滿腔理想再也無法實行。

海瑞去世時，家裡的錢竟不足以辦理喪事。去世前幾天，他還退還了兵部多送來的七錢銀子，遺物只有八兩銀子、一匹粗布和幾套舊衣服。海瑞的妻子和兒子早已去世，靠著同僚的幫助，靈柩才得以運回故鄉。

悲傷的江南百姓為海瑞披麻戴孝，舉行盛大的送葬儀式。南京市民家家供奉靈堂。南京罷市數日，只有布店和畫店開門，布店裡賣的是白布黑紗，畫店裡賣的是海瑞的畫像，畫師的手都畫腫了，畫像還是供不應求。

海瑞的靈柩運回海南那天，喪船由秦淮河出發，兩岸擠滿送行百姓，隊列長達百里，人人如喪考妣，哀嚎惜別，連綿不絕。

【張居正改革】

●時間：西元一五二五～一五八二年
●人物：張居正

張居正與商鞅、王安石並稱為中國傳統社會最具盛名的三大改革家。生前權傾朝野，乾綱獨斷，在王朝頹敗之際，臨危變制，厲行改革，死後卻遭「斲棺戮屍」，累其家人代為受過，抄家、充軍、自殺。

⊙躋身內閣

張居正（一五二五～一五八二年），字叔大，號太岳，江陵人（今屬湖北）。張居正少年得志，十六歲就成為當時最年輕的舉人。嘉靖二十六年（一五四七年）中進士，歷任翰林院庶吉士、編修等。隆慶元年（一五六七年），明穆宗即位後，張居正升為禮部侍郎兼翰林院學士，不久又任吏部侍郎兼東閣大學士，後為吏部尚書、建極殿大學士。

張居正為皇帝編著的《帝鑑圖說》

隆慶六年（一五七二年）春，長期沉湎酒色的隆慶帝突然中風，隨即宮廷與內閣各派力量圍繞著掌印太監與首輔的職位展開激烈爭奪。最終，隆慶帝把年僅十歲的幼帝朱翊鈞（即神宗）和大明江山託付給內閣首輔高拱和次輔張居正、高儀。張居正謹慎考量局勢：同樣身為次輔的高儀年邁多病，沒有威脅，唯一的障礙就是身為首輔的高拱。

⊙取代高拱

高拱和張居正都是能臣，但高拱為人驕橫傲慢，早已得罪了司禮監掌印太監馮保。司禮監掌印太監、秉筆太監在明朝政治體制中尤其重要，有「內相」之稱。他們有代替皇帝批閱奏章的權力，藉著一支硃筆，小小太監的權力被無限擴大，甚至可以按照自己的意見改動內閣的票擬，或者對皇帝施加影響。

隆慶帝時，高拱看不起秉筆太監馮保，反對其升任掌印太監，兩人從此留下心結。隆慶帝死後，神宗年幼，實權由生母李太后掌握。馮保是神宗的「大伴」，又是李太后的親信，便藉機自升為掌印太監，掌管東廠。從此，「批紅」在一定程度上變成馮保的意志呈現。

張居正知道馮保與高拱的嫌隙，又看到馮保身後有太后做靠山，決定借力打力，向高拱進攻。對張居正的品行，史家評價一向不高。奸臣嚴嵩當政時，「嵩亦器居正」。徐階代替嚴嵩為首輔後，同樣「傾心委居正」。高拱秉權後，「兩人益相密」。張居正左右逢源的本領由此可

延伸知識

詔毀天下書院

張居正當權後進行了許多的改革，而政治主張和措施卻遭到了多人的反對，其中包括知識分子，這些人往往以書院為場所，進行講學和批評時政。

書院制度有很長遠的傳統，創建於唐而盛於宋，元代各路、州、府皆設有書院。書院以研習儒家經籍為主，偶爾也議論時政。明中葉以來，講學之風大盛。由於時局動盪，社會危機表面化，書院又成為發表各種言論，譏評時政的集中地。

張居正秉政後，為了禁止反對者講學，因而封閉書院。萬曆七年（一五七九年），明神宗下詔禁毀天下書院，將「各省私建書院俱改為公廨衙門，糧田查歸里甲，不許聚集游食擾害地方」。先後共毀壞書院六十四處。一時之間，清產查封，驅逐山長，遣散生徒，全國為之震動。

實際上這是張居正為了統一思想，推行改革，而打擊改革反對派的措施，但同時也嚴重挫傷了廣大在學士子通過科舉以入仕的要求，限制了他們鑽研學術的積極性。在張居正身死失勢後，各省書院便紛紛復建，講學之風復興。

見一斑。隨後的幾十年裡，作為合作的籌碼，張居正保障了馮保「批紅」的權力，雙方合作默契而愉快。

高拱曾經搶先策動言官上奏彈劾，試圖驅逐馮保。但馮保深得李太后信任，又有張居正為之謀劃，高拱非但沒有成功，反倒落下口實。人們紛紛猜測，幼年皇帝剛剛登基，高拱就彈劾其身邊之人，有挾輔政之名奪權的野心。

六月十六日，在李太后主持下，馮保宣讀諭旨，稱高拱「攬權擅政，奪威福自專」，限令回籍閒住，不許停留。張居正坐收漁翁之利，順理成章接任首輔。

高拱走後不久，高儀去世，內閣中只剩下張居正一人。張居正期待已久的時代來到了。

⊙整頓吏治

張居正初任首輔時，吏治腐敗。張居正以鐵腕政策，在兩京十八大衙門中強行推行「京察」，對四品以上官員實行考覈，凡不合格者一律裁汰，從此開始了他構思多年的改革，史稱「萬曆新政」（神宗年號爲萬曆）。為實現富國強兵的願望，張居正不惜得罪權貴，為日後的悲劇埋下禍根。

新官上任三把火，「京察」這第一把火卻粉碎了官僚集團對新任首輔的期望。隨後，張居正整頓學政，遏制請託腐敗風氣，減輕百姓負擔。改革驛遞制度，阻擋官員私用驛站、中

「大明萬曆年製」款五彩雲龍紋瓷觚

飽私囊之風，為國家節省大批資金。

可以說，張居正的吏治改革是圍繞反對貪污賄賂而展開的。張居正認為，上層官員應做獎廉抑貪的表率，政府首腦及地方督撫是正風之本，他率先垂範，概不接受官員的禮物。

張居正在給一位官員的信中說：「當事以來，私宅不見一客，非公事不通私書，門巷闃然，殆如僧舍，雖親戚故舊，交際常禮，一切屏絕，此四方之人所共見，非驕偽也。」

平番得勝圖　明

這是一幅描繪明萬曆三年（一五七五年）平定西北少數民族叛亂的歷史畫卷。

⊙推行一條鞭法

張居正改革的重點在經濟，為國理財，整頓稅務。張居正重用銳意改革的官吏，安排到各個重要部門，並清查皇室子粒田，處理荊州抗稅，追查京營兵士棉衣造假事件，大刀闊斧整頓經濟。

雖然張居正得罪了不少既得利益者，但堅定執行了一系列賦稅改革，實施一條鞭法、丈量田地等政策。考成法的實施，取消了農村中豪富鄉紳的賦稅減免特權，扭轉了賦稅轉嫁到小農身上的狀況，開闢國家賦稅之源。

一條鞭法的推行，更是中國賦稅史上具有跨時代意義的事件。一條鞭法取消了豪紳勢官利用優免特權逃避賦役、偷漏稅糧的特權，一律強制納稅，達到「貧民之困以紓，而豪民之兼併不得逞」的目的，增加國家財政收入。

「大明萬曆壬辰年製」款剔彩龍紋盤

張居正艱難推行的改革，既解除了明朝政治和經濟危機，又減輕了百姓的沉重負擔。嘉靖末年，國家糧食不足，儲備不夠一年之需，財政空虛，入不敷出，赤字超過三分之一。經過張居正治理後，國家儲糧可以保證十年的消耗，國庫積銀達四百萬兩，後人稱讚道：「是時，帑藏充盈，國最完備。」敗落的明王朝出現了復甦跡象。

⊙身死政亡

個人主導的改革往往隱伏著巨大危機，即人在政在，人亡政亡。張居正早在改革之初就明白，自己的施政必然要遭到豪強權貴的瘋狂報復，但他並不在意，決心「棄家忘軀，以殉國家」。然而令他沒有想到的是，政敵的報復在他去世之後展開，連累的是母親、愛子和方興未艾的改革大業。

萬曆十年（一五八二年）六月二十日，張居正病逝，享年五十八歲，贈上柱國太師銜，賜謚文忠。

張居正死後，二十歲的萬曆帝開始親政。萬曆帝一直生活在張居正的陰影中，對他有著對父親般的畏懼，隱忍多年後，此時終於發作。半年後，萬曆帝將馮保逐出京城，發往南京孝陵種菜。久居官場的大臣嗅到了政治風向的轉變，彈劾張居正的奏疏紛至沓來，正中萬曆帝下懷。

張居正死後不到兩年，萬曆帝下詔奪去他上柱國太師銜，並奪謚，隨後查抄張居正的家產。在這次抄家中，官場的冷酷無情達到極致。京城官員還沒有趕到江陵，就令當地官員登錄張府人口，封閉房門，不許外出，以致還未抄家就有十幾口老弱婦孺活活餓死。

張家查抄的家產有十幾萬兩。張家出身鹽商，本就有錢，加上張居正生前受到萬曆帝豐厚賞賜，十幾萬家產並不稀奇。為了向皇帝邀功，負責查抄的官員對張居正的兒子嚴刑拷打追贓，逼死長子張敬修，二子張懋修屈打成招後，自殺未遂，與弟張允修等族人一起充軍。

一代名相、十年帝師的身後遭遇，令清明志士寒心戰慄。這一系列事變，不僅全盤否定了一個輔佐萬曆帝十年的老臣，更否定了十年來的國政，多年勵精圖治的改革成果毀於一旦，明朝最後幾十年的短暫復興變成滅亡前的迴光返照。

至此，「萬曆新政」夭折。以萬曆帝為首的滿朝文武斂財為風，明朝急劇衰落，積重難返，回天乏術。萬曆帝在推倒張居正的同時，也將自己和後代子孫推向深淵。

天啟、崇禎年間，國力衰微，險象叢生，人們終於體會到張居正的良苦用心。天啟年間，熹宗將張居正恢復原官，給予祭葬禮儀，發還張府沒有變賣的房產。

崇禎二年（一六二九年），思念救國之才的崇禎帝給還張居正後人官蔭與誥命。可惜時過境遷，一切都已經來不及了，有人有感於此，在江陵張居正故宅題詩抒懷：「恩怨盡時方論定，封疆危日見才難。」

八仙慶壽紋象牙笏　明

戚繼光抗倭

●時間：西元一五五三～一五六六年
●人物：戚繼光

亂世出英雄。嘉靖年間倭寇肆虐之時，戚繼光、俞大猷等名將挺身而出，以血肉之軀保一方平安，「但願海波平」。

戚繼光（一五二八～一五八七年），字元敬，號南塘，晚號孟諸，山東蓬萊人。戚繼光出身將門，從小受父親影響，立志馳騁疆場。當時倭寇橫行最烈，戚繼光眼見倭寇過後「焦土遍江村，滿道豺狼跡，誰家雞犬存」的慘狀，痛下誓言，定要掃平倭寇。

戚繼光像

⊙編練戚家軍

十七歲那年，戚繼光承襲其父山東登州衛指揮僉事一職，由此開始了金戈鐵馬的一生。嘉靖三十二年（一五五三年），戚繼光升為署都指揮僉事，防禦山東海上倭寇。

兩年後，在浙江總督胡宗憲的極力推薦下，朝廷把戚繼光調到浙江任參將，負責鎮守倭寇出沒頻繁的錢塘江以東地區，即寧波、紹興、台州三府及所轄各縣，二十九歲的戚繼光終於獲得了實現理想、大顯身手的機會。

戚繼光上任不到一個月，一股倭寇進犯浙中門戶龍山所（今在鎮海），朝廷調集數千軍士防守，竟無法抵擋倭寇的進攻。新上任的戚繼光衝到陣前，連發數箭，射死了為首的三個頭目，倭寇群龍無首，無心戀戰，明軍士氣大振，一舉擊退倭寇。

嘉靖三十八年（一五五九年），戚繼光針對沿海衛所廢弛，舊軍戰鬥能力低下的情況，親自到義烏等地招募了一支由四千多名農民、礦工組成的新軍。這支部隊經過戚繼光的嚴格訓練，精通戰法，軍紀嚴明，屢戰屢勝，被譽為「戚家軍」。

戚繼光重視水師，督造了四十四艘戰船，分佈於浙江松門（今溫嶺東）、海門（今椒江市）二衛。尤其崇尚「水戰火第一」的思想，為戰船裝備了最先進的火器，其數量遠遠超過陸軍，使戰船在海戰中發揮了很大作用。

戚繼光結合實戰需要，採取火器佈陣進行陣法演練。他根據中國沿海沼澤多，倭寇慣用重箭、長槍作戰的特點，創造了一種攻防兼宜的「鴛鴦陣」。該陣每隊十二人，配備火器、弓箭等長短兵器，通過靈活變換隊形，發揮各種火器和士兵的整體威力，與敵人進行近距離的肉搏戰。

火器、戰船以及「鴛鴦陣」的靈活運用，成為戚繼光不斷勝利的三大法寶。

⊙九戰九捷

嘉靖四十年（一五六一年）四月，倭寇數千人駕駛百餘艘戰船大舉入侵台州，戚繼光得到戰報，緊急部署兵力迎敵，在台州展開激戰。不到一個月的時間，戚家軍連續作戰，九次皆捷，共殲滅倭寇五千四百多人，史稱「台州大捷」。

此戰，戚家軍打出了軍威，打出了名聲，令倭寇聞風喪膽。戚繼光在戰場上看到了義烏人的英勇，又親自到義烏招兵三千多人擴建隊伍，補充實力。

在戚繼光和其他將領的共同努力下，抗倭戰爭節節勝利。九月，浙江總兵盧鏜、參將牛天錫分別率軍在寧波、溫州等地與倭寇交戰十餘次，大獲全勝。至此，流竄在浙江的倭寇基本盪平，浙江、福建等沿海地區日趨安定，經濟逐漸繁榮。

戚家軍凱旋時，台州百姓載歌載舞，夾道二十多里歡迎，聲如雷動。戚繼光也因英勇善戰、軍功卓著，快速連升三級，前往福建繼續抗倭大業。

⊙福建顯威

嘉靖四十一年（一五六二年），嘉靖帝任命俞大猷為福建總兵，戚繼光為副總兵，負責福建用兵事宜。俞大猷（一五〇四～一五八〇年），福建晉江人，歷任參將、總兵等職。俞大猷是與戚繼光齊名的抗倭名將，曾經轉戰東南沿海，戰功卓著。戚繼光和俞大猷相互配合，盪平倭寇在橫嶼、牛田、林墩的三大巢穴，戚繼光被倭寇稱為「戚老虎」。此後，戚繼光第三次赴義烏招募新兵萬餘人。

四十二年（一五六三年）四月，戚繼光在平海衛戰役中率中路軍，與右路福建總兵俞大猷、左路廣東總兵劉顯相互配合，取得「平海衛大捷」，殲敵二千二百多人，救出掠走的百姓三千多人，收復興化城（今莆田）。不久，戚繼光升為福建總兵，負責鎮守福建全省及浙江金華、溫州兩府。

這年冬天，一萬多倭寇圍攻仙遊，戚繼光率軍馳援，三戰三捷。至此，入侵福建的倭寇基本盪平。此後，俞大猷和戚繼光又率軍清除流竄在廣東沿海的殘餘倭寇。

至嘉靖四十五（一五六六年）年，東南沿海的倭患基本消除，明代抗倭戰爭歷時四十餘年，終於結束。

萬曆年間，戚繼光遭到排擠，告老還鄉，結束了四十餘年的戎馬生涯。萬曆十五年（一五八七年），戚繼光病逝，終年六十歲。

戚繼光戎馬一生，衝鋒陷陣，戰功卓著，這顆忠君愛國的赤子之心，始終懷著這樣的心願——「封侯非我願，但願海波平」。

【援朝抗倭】

●時間：西元一五九二～一五九八年
●人物：李如松　鄧子龍　李舜臣

萬曆年間的援朝戰爭，維護了朝鮮的獨立和明朝邊境的安全，但明政府也為此付出了數萬將士戰死異國和「糜餉數百萬」的代價。

龜船（模型）
朝鮮三南水軍統制李舜臣改製，可四面發射火砲，防護力、機動性較強，中朝軍隊在露梁海戰中，曾以這種船參戰，打敗了日軍。

⊙脣亡齒寒

萬曆十三年（一五八五年），在日本國內，豐臣秀吉被天皇任命為「關白」（攝政），次年又兼太政大臣，成為日本的實際統治者。豐臣秀吉掌權後，結束了日本延續百年之久的分裂局面。之後，為了轉移國內各種勢力之間的衝突，掠奪外國財富，豐臣秀吉發動了侵略朝鮮的戰爭。

萬曆二十年（一五九二年）四月，豐臣秀吉派小西行長等將領率軍二十萬進攻朝鮮。一直與日本保持友好往來的朝鮮毫無準備，日軍輕取朝鮮重鎮釜山。朝鮮陸軍潰不成軍，王京（漢城，今韓國首都首爾）、開城、平壤接連失陷，只有水軍在李舜臣等將領的率領下取得了一些勝利，使失去水師策應的小西行長在攻下平壤之後不敢貿然北犯。

朝鮮國王向明朝求援。這時的明朝雖然正在西北用兵，無法抽出更多兵力，但還是在六七月間先後派遼東武將史儒和副總兵祖承訓率兵五千入朝援救。由於地形不熟，入朝作戰的明軍全軍覆沒，史儒戰死。

消息傳到北京，明廷大為震驚。十二月，命兵部右侍郎宋應昌坐鎮遼東，提督陝西總兵李如松率領四萬餘兵馬渡過鴨綠江，於次年一月抵達平壤城下。

援朝戰爭中，中日雙方在釜山城激戰的場面

⊙平壤大捷

平壤東南臨江，西北枕山，北面

大福船（模型）

又名白槽，因造於福建，故名福船，是明代南海水軍裝備的主要戰船。

的牡丹峰更是險峻，日軍在牡丹峰和平壤城上安置大砲，防守十分嚴密。李如松命武將吳惟忠帶領兵馬攻打牡丹峰，其餘將領分別率部圍城，只留西南一角沒有佈置。

萬曆二十一年（一五九三年）正月初八，李如松指揮明軍將士奮勇攻城，城上日軍砲矢如雨。雙方苦戰正酣，一支奇軍突然從西南角攻上城牆。

原來，在佈置攻城計畫時，李如松得知日軍輕視朝鮮軍，便命令祖承訓的部隊在甲冑外面穿上朝鮮軍士的服裝，繞到西南城外。明軍攻城時，故意沒在西南角佈置軍隊，日軍就放鬆了這裡的守衛。對後來的朝鮮兵，日軍也沒在意。

此時，日軍援兵未到，祖承訓的部隊已登上城牆，兵士脫去外衣，露出明軍甲冑，其他各部頓時軍心大振，紛紛冒死登城。年踰花甲的老將駱尚志不顧傷痛，奮勇當先。進攻牡丹峰的吳惟忠被砲彈擊中，仍堅持指揮戰鬥。李如松督兵從西門攻進城中，坐騎被砲火擊斃，換馬後繼續指揮。經過激烈戰鬥，明軍大敗日軍，史稱「平壤大捷」。

接著，中朝聯軍乘勝收復開城、漢城等地，日軍傷亡慘重，不得不退守釜山。

⊙最後的勝利

平壤大捷後，明朝兵部尚書石星力主和談撤兵。明朝於萬曆二十二年（一五九四年）與日本達成和議。其實，簽訂和議只是豐臣秀吉的緩兵之計，留駐在釜山的日軍也始終沒有撤退。

三年後的萬曆二十五年（一五九七年）初，豐臣秀吉調集十四萬大軍捲土重來，朝鮮王京漢城再次受到威脅。明朝兵部尚書邢玠、大將麻貴率領四萬大軍援助朝鮮，中朝聯軍密切配合，並肩作戰，屢敗日軍，迫使日寇龜縮到朝鮮半島南部沿海一帶。

第二年，邢玠增募江南水軍，陳璘、鄧子龍等將領分領各路將士陸續抵達。邢玠把明軍分成水陸四路向釜山挺進，陳璘和李舜臣大敗小西行長，麻貴打敗加藤清正。

日軍企圖從海上逃走，陳璘、鄧子龍和李舜臣率領水軍在釜山南海和日寇水軍展開大戰，中朝聯軍砲矢齊發，擊沉、燒毀許多敵艦。年踰七十的老將鄧子龍指揮戰船戰鬥，所乘兵艦不幸中彈著火，李舜臣趕來救援，遭到伏擊，兩位將軍壯烈犧牲。

中朝聯軍同仇敵愾，全殲日本水軍，兩國軍民終於取得了這場反侵略戰爭的最後勝利。

神宗罷朝三十年

●時間：西元一五九〇～一六二〇年
●人物：明神宗

明神宗朱翊鈞在位執政四十八年，有三十年不上朝聽政，因而這位萬曆皇帝被後人認為是中國歷代帝王中最懶惰的。

⊙推行新政

明穆宗去世時，為明神宗朱翊鈞留下了較好的施政基礎。當時內閣中賢臣當國，人才濟濟，大學士張居正、高拱、高儀都極善謀略。內宮也非常安定，穆宗的正宮陳太后與朱翊鈞的生母李太后相處融洽。朱翊鈞「少年天子」，聰明敏銳，在各方支持下，勵精圖治，推行新政，頗有英主氣象。

神宗任用張居正為內閣首輔，大力支持變法改革，形成經濟發展和社會相對安定的局面。這段時間不僅是神宗一生的輝煌時期，而且使趨於衰敗的明王朝獲得了短暫的繁榮和復甦。

神宗非常尊敬張居正，言必稱張先生，從不直呼其名。冬天上課時，神宗總是囑咐小太監將厚厚的毛毯放在張居正腳下，以免凍著腳。張居正生病時，神宗更親自熬藥。張居正感激皇帝的知遇之恩，加倍努力，事必躬親，將偌大的明王朝治理得井井有條。

⊙親政清算

萬曆十年（一五八二年），「工於謀國，拙於謀身」的張居正去世，神宗為張居正輟朝一天，並諡文忠，贈上柱國太師銜，蔭一子為尚寶司丞，賞喪銀五百兩。內閣大學士張四維繼任首輔。二十歲的神宗開始親政，希望有所作為。

神宗親政之後做的第一件大事，卻是清算已死的張居正。神宗深知，要樹立權威，必須徹底擺脫張居正的影響。張居正生前剛正不阿，得罪了不少大臣，守舊派大臣在他死後乘機反撲，紛紛上奏朱翊鈞。

幾個月後，張居正就被指控接受賄賂，生活奢侈，安插不勝任的黨羽擔當要職，濫用權力，徇私舞弊使兒子進入翰林院，勾結太監馮保，壓制輿論，蒙蔽皇帝，甚至試圖篡奪皇位

琉璃龍吻建築飾件　明

等一系列罪名。

萬曆十年（一五八二年）十二月，神宗以欺君蠹國的罪名，免去馮保東廠提督之職，抄沒家產。又將張居正重用的人統統罷免，同時為從前反對張居正的人一一恢復名譽和官職。

張居正死後，言官以指摘官員瑕疵為能事，致使有大功者不能受賞，有小過者被迫辭官，朝中紛爭動盪，難以正常施政。神宗親政後，雖然親自批答奏疏，但為了追查張居正，仍不免輕信彈章，言官詆誹之風難以遏止。言官由攻擊張居正，進而攻擊張居正薦引的官員以及新任的閣部諸臣。

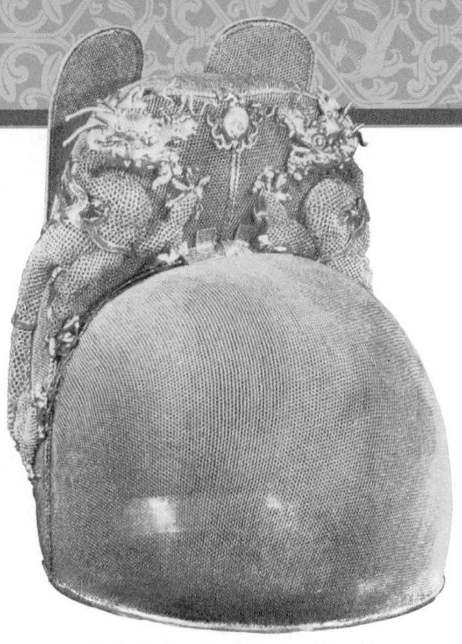

定陵出土的金絲翼善冠　明

神宗親政幾年間，言官彈章紛至沓來，朝官抗辯接踵而上，這些奏章往往空話連篇，強詞奪理，真偽混雜，意在有所作為的神宗陷入了無休止地批覽奏章和臣僚紛爭之中，難以自拔。

⊙萬曆三大征

神宗徹底擺脫張居正束縛，開始獨裁統治，從此長年深居禁宮，嗜酒、戀色、貪財，私慾膨脹，恣意妄為。

萬曆二十年（一五九二年）二月，寧夏副總兵起兵反叛。五月，日本發動侵朝戰爭。同時，西南發生播州楊應龍叛亂。神宗被迫派出三路大軍出征，史稱「萬曆三大征」。

西行平青海蒙古之亂的鄭洛獲得全勝，升為少保。言官群起攻擊，指摘鄭洛放歸順義王，沒有「除凶雪恥」，欺罔誤國。鄭洛被迫稱病辭官歸里。明廷又派葉夢熊等平寧夏之亂，歷時半年，付出沉重代價。

二十七年（一五九九年），明朝動員各路軍隊，對驕傲放縱、恃功自大的播州土司楊應龍展開全面圍剿。次年六月，明軍攻克叛軍巢穴海龍囤土城，楊應龍自殺，播州遂定。

三征歷時十餘年，雖然獲得全勝，卻喪師數十萬，耗銀千萬兩，致使國庫空虛，百姓遭難，明朝由此日趨衰敗。

⊙醉夢之期

神宗鑑於張居正專擅，有意收攬大權，削弱內閣。但神宗陷入朝臣紛爭之中，有心勤政卻難以做到，親政僅四年後，便怠於政事。

萬曆十四年（一五八六年）秋，神宗稱「一時頭暈眼黑，力乏不興」，宣示免朝。此後，神宗以多病調攝為名，很少上朝，也不再召見大臣。大臣送上的奏疏雖然仍由神宗親覽，卻往往「留中」不予理睬，既不批示，

填漆戧金雲龍紋雙連環小几　明

也不發還。

十八年（一五九〇年）二月，神宗再罷日講，「自後講筵遂永絕」。缺官嚴重而不補，也是從這一時期開始。

神宗親政三十年，基本不理朝政。近代史學家孟森的《明清史講義》把神宗親政晚期稱為「醉夢之期」，「怠於臨朝，勇於斂財，不郊不廟不朝者三十年，與外廷隔絕」。作為明朝唯一的決策者，神宗獨攬大權而怠於政事，閣臣言官相互攻訐，政局日益昏亂。由於神宗不理朝政，官員空缺的現象非常嚴重。萬曆三十年（一六〇二年），南、北兩京共缺尚書三名、侍郎十名，各地缺巡撫三名，布政使、按察使等官六十六名、知府二十五名。到萬曆四十一年（一六一三年）十一月，南北兩京缺尚書、侍郎十四名。

神宗委頓於上，百官黨爭於下，官場黨派林立，互相傾軋，整個政府陷於半癱瘓狀態。《明史》描述「論者謂：明之亡，實亡於神宗」。

晚年的神宗對朝政的興趣顯然沒有斂財濃厚。神宗縱情酒色財氣，查抄馮保、張居正的家產，全部歸自己支配。為了掠奪錢財，神宗曾以採木、燒造、織造、採辦為名搜刮民財。又多次派遣宦官為礦監稅使，四處搜刮，徵稅名目千奇百怪，無物不稅，無地不稅，百姓怨聲載道。

緙絲十二章袞服　明

萬曆十年（一五八二年）三月，神宗效仿祖父朱厚熜在民間大選嬪妃，一天就娶了「九嬪」。神宗又喜歡玩弄小太監，宮中有十個長得很俊的太監，專門「給事御前，或承恩與上同臥起」，號稱「十俊」，因此大理寺

延伸知識

徐渭

徐渭（一五二一～一五九三年），字文長，浙江山陰（今紹興）人，為明中葉以後最負盛名的雜劇作家。徐渭在詩文、戲曲及書畫諸方面都有傑出的成就，自謂「吾書第一，詩二，文三，畫四」。

徐渭在戲曲研究方面的著作《南詞敘錄》是研究宋元南戲與明代傳奇的重要資料。徐渭的代表作《四聲猿》包括《漁陽弄》《雌木蘭》《女狀元》《翠鄉夢》四個單劇，除最後一種用南曲外，其餘都用北曲。雜劇往往透過荒誕的表面表現嚴肅的社會內容，「嘻笑怒罵怒於裂眥，長歌之哀甚於痛哭」，「人生大半不稱意，放言豈必皆遊戲」。其作品中的浪漫主義思想對後來的戲曲大家如湯顯祖等人有著明顯而深刻的影響。

左評事雒于仁的奏疏中有「寵十俊以啟幸門」的批評。萬曆十七年（一五八九年）十二月，雒于仁上疏批評神宗沉迷酒、色、財、氣，並獻「四箴」，神宗暴怒，從此將奏章留中不發。

萬曆四十八年（一六二〇年）三月，神宗因長期酒色無節，加上遼東慘敗，國事困擾，終於病重不起。七月二十一日，神宗在弘德殿去世，終年五十八歲，安葬於三十多年前精心修建的「壽宮」定陵。

宮中圖（局部）　明　杜堇

朱載堉與《樂律全書》

●時間：西元一五三六～一六一一年
●人物：朱載堉

朱載堉是明宗室在學術上有成就的人物。在人類歷史上他是第一個用數學方法解決了音樂的旋宮轉調問題，對世界音樂的發展進程具有非常大的貢獻。

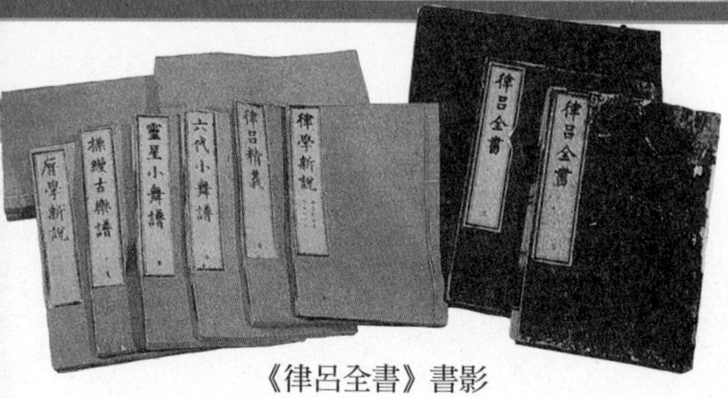

《律呂全書》書影

⊙澹泊名利辭王爵

朱載堉（一五三六～一六一一年），字伯勤，號句曲山人，又號狂生、山陽酒狂仙客。朱載堉是明太祖朱元璋第九代孫、明仁宗朱高熾第六代孫。正統九年（一四四四年），仁宗第二子即朱載堉五世祖鄭靖王遷藩到懷慶府（今河南沁陽）。

嘉靖年間，朱載堉的父親鄭恭王朱厚烷因上疏諫止齋醮，削去王爵，囚於鳳陽，嫡子朱載堉剝奪世子冠帶。十五歲的朱載堉因父親無罪被囚，發憤「築土室於宮門外，席稿獨處者十九年」。十九年裡，朱載堉潛心於天文、曆算、樂律和音樂藝術的研究，作成《瑟譜》十卷。明世宗死後，明穆宗即位，大赦天下，朱厚烷昭雪釋還，恢復爵位，朱載堉也恢復世子冠帶，回到鄭王府中。

朱載堉仍然尋師訪友，和音樂藝人、樂工、學者相互探討藝術和學術，專心著述。萬曆十九年（一五九一年），朱厚烷去世，理應嗣爵位的朱載堉連續七次上疏，要求把王位讓給曾與父親結仇的一系後人。二十九年（一六〇一年），在朱載堉上疏十五次後，終於獲准辭爵。明神宗贊其為「讓國高風，千古載見」。

⊙《樂律全書》與十二平均律

《樂律全書》是朱載堉所著十四部著作的合集，包括《律曆融通》四卷附《音義》一卷、《聖壽萬年曆》二卷、《萬年曆備考》三卷、《律學新說》四卷、《算學新說》十卷、《樂學新說》十卷、《律呂精義》內外篇十卷，樂譜、舞譜共七種十二卷。這些著作涉及聲律、音樂、舞蹈、曆算等多種學科。

其中價值最大的便是十二平均律的創建，朱載堉在《律學新說》中稱之為「新法密律」，「置一尺為實，以密律除之，凡十二遍」，「蓋十三黃鐘為始，應鐘為終，終而復始，循環無端」。朱載堉用數學表達式表述了十二平均律的每一個參數，每一個數據都精確到小數點以後的二十四位有效數字。計算出的密律為一・〇五九四六三〇九四三五九二九五二六四五六一八二五。

十二平均律最早由朱厚烷提出，朱載堉則最終完成了十二平均律的數理方法和全部理論。朱載堉在從事這一研究時，進行了多次實驗，並以具有實踐經驗的樂工為師，他認為：「凡造樂者，學士大夫之說，卒不能勝工師之說。」

十二平均律是現代音樂賴以存在的基礎理論，對音樂的發展產生了深遠影響。明末清初，大批西方傳教士來華，既有西學東漸，也有東學西傳，十二平均律傳播到歐洲，進而對世界音樂進程發生影響。

除了音樂理論中的樂律問題外，《樂律全書》中並保存了許多樂譜和舞譜。朱載堉在這部著作中第一次提出了「舞學」的概念，將舞蹈研究作為一門獨立學科分離出來。

《樂律全書》中保留有《人舞譜》《六代小舞譜》《靈星小舞譜》《小舞鄉樂譜》等，舞譜中附有朱載堉親筆所繪的白描圖，圖下寫有說明。朱載堉用上轉、下轉、外轉、內轉、未轉、轉初、轉周、轉過、轉留等標明旋轉的幅度，用伏睹、瞻仰、回顧來標明視線方向，用鞋形的不同畫法來標明左右腳與全足或足掌、足尖及著力腿與非著力腿的區別位置等，其精確與明晰程度，足以令當代舞蹈研究者驚歎。

朱載堉的成就並表現在樂器製造和古樂器的考證方面。他製造了律準、律管，考證了篪、鐘、磬、瑟、笙等古樂器的名稱、形狀、規範、音名、音高與開孔法等。在曆法方面，朱載堉編製了《黃鐘曆》和《聖壽萬年曆》。在數學方面，朱載堉用珠算進行開平方、開立方、開高次方運算，求解等比等差數列的計算方法，變九進位為十進位，並找到了不同進位制之間的換算方法。

高士圖 明 陳洪綬

此圖繪一高士坐於奇石上，正執筆展紙將作文章。圖左有一花瓶，內置牡丹等花卉。此外別無他物，畫面的上方大片的空白，令人有神遊天外之想。人物神情專注，持筆構思的姿態描繪，更呈現畫家深厚的繪畫功底。

明代戲曲

明代戲曲包括傳奇戲曲和雜劇，分別在宋元南戲和金元雜劇的基礎上發展而來。明中葉以後，隨著商業經濟的發展，市民階層不斷壯大，推動了戲曲創作和演出的繁榮。明代戲曲在形式和內容上都有了巨大的變化和發展。雜劇方面，出現了優秀的劇作家徐渭。傳奇方面，則以湯顯祖為代表，明傳奇成為戲曲史上繼元雜劇之後出現的又一個高潮。

雜劇

弘治、正德以前，明代雜劇基本上沿襲了元雜劇的基本形式，而內容又受到了官方的限制，使得前期雜劇不僅在形式上沒有創新，在思想內容和藝術成就上也遠遜於元雜劇。

明代戲曲人物

正德、嘉靖以後，雜劇創作出現一些新特點。元代以來，雜劇本用北曲，到這時卻出現了由南曲寫成的南曲雜劇和南北合套的南雜劇。形式上也逐漸擺脫元雜劇的規範束縛，折數可多至五折以上，少的只有一折。

這時一批優秀的劇作家及作品也開始出現，如康海的《中山狼》、王九思的《沽酒游春》、李開先的《園林午夢》、徐渭的《四聲猿》、梁辰魚的《紅線女》等。據《明代雜劇全目》統計，明代雜劇作家有姓名可考者有一百多人，作品三百四十九種，另有無名氏作品一百七十四種。

傳奇戲曲

傳奇戲曲的前身是流行於江南各省的南戲。「傳奇」一名在唐時用來稱小說，宋時指平話、諸宮調，元時雜劇也稱傳奇。到明代，傳奇才成為南戲的專稱。

明代傳奇的發展大致可分為兩個時期，元末明初出現的五大傳奇是雜劇時代向傳奇時代轉變的標誌，具體為《琵琶記》與荊、劉、拜、殺（《荊釵記》《劉知遠白兔記》《拜月亭》《殺狗記》）。

傳奇的繁盛則要到嘉靖以後。嘉靖時期產生了三部重要傳奇：《寶劍

明人演戲圖

記》《鳴鳳記》和《浣紗記》，傳奇已在劇壇上占居主流。

到了萬曆期間，傳奇作品大量產生，許多作品表現出強烈的現實批判精神。傳奇在形式上也更加豐富多樣，最突出的就是唱腔的變化及崑腔的興盛。

四大聲腔

傳奇戲曲的前身南戲因地域不同而形成了不同的唱腔。嘉靖之前，四大聲腔已經形成，具體為浙江海鹽腔、餘姚腔和江西弋陽腔、江蘇崑山腔。其中對後世戲曲影響最大的為弋陽腔和崑山腔，前者發展為影響廣泛的高腔系統，後者發展成典雅細膩的崑曲。

弋陽腔流傳地區最廣，富於民間氣息，主要用鑼鼓等打擊樂器伴奏。崑腔，即崑山腔，又稱崑曲，始於元末，在海鹽腔衰微之後而振興，行腔委婉細膩，流麗悠長。後來崑山魏良輔對崑腔進行改革，吸收了其他聲腔的長處，更使崑腔在嘉靖以後流播愈廣，至萬曆時，已是「四方歌曲，必宗吳門」。首先用魏良輔改革過的崑腔演唱的傳奇劇本為梁辰魚的《浣紗記》。

臨川派與吳江派

明中葉後，傳奇有了很大的發展，不同的戲曲流派也出現了，其中影響最大的有以沈璟為代表的吳江派和以湯顯祖為代表的臨川派。

湯顯祖（一五五〇～一六一六年），江西臨川人，傳奇作品以《紫釵記》《牡丹亭》《邯鄲記》和《南柯記》為代表，合稱「臨川四夢」，又因其書齋名玉茗堂而稱為「玉茗堂四夢」。其中，《牡丹亭》標誌著明代傳奇創作的最高成就。

沈璟（一五五三～一六一〇年），江蘇吳江人。用畢生精力集中研究詞曲，考正音律，曾訂定《南九宮十三調曲譜》，著有傳奇十七種。

兩派之間在戲曲創作的格律、文采等問題上存在著不同看法，就總體傾向而言，吳江派講究音律，臨川派注重文采。

《四聲猿》插圖（明萬曆刻本）

傳教士利瑪竇

●時間：西元一五五二～一六一〇年
●人物：利瑪竇

自從十六世紀新航路開闢後，歐洲與亞洲的聯絡多了。這時，歐洲的一些天主教傳教士來到中國傳教，其中最有名的是利瑪竇。

⊙從義大利到中國

利瑪竇（一五五二～一六一〇年），生於義大利馬切拉塔城。明隆慶五年（一五七一年），利瑪竇在羅馬加入耶穌會。萬曆五年（一五七七年），利瑪竇受耶穌會總會派遣前往印度。十年（一五八二年），來到澳門。利瑪竇具有驚人的語言天賦，努力學習漢語，瞭解中國的風土人情、國家制度和行政機構，一二年後，已經能熟讀中國經籍。

利瑪竇與徐光啟畫像

萬曆十一年（一五八三年），兩廣總督同意利瑪竇等人在肇慶建教堂和居住。十三年（一五八五年），利瑪竇建成了中國第一座天主教教堂。

利瑪竇在肇慶傳教之始，肇慶府官員受知府王泮影響，爭著和洋神甫交往，但當地士紳百姓仍與「洋和尚」有很大隔閡。為了消除敵對情緒，利瑪竇穿起中國式的長袍大褂，以孔門信徒的身分出現在知識界和官宦之中，他精通四書五經，尊重孔、孟，注意調和天主教與儒家學說，博得了士大夫的信任和好感。

同時，利瑪竇用西方科學技術和新奇事物吸引中國人，博得民眾好感。利用世界地圖向人們解釋全世界的地理情形，展覽各種天文儀器，並刻印《天主十誡》等有關天主教知識的書籍贈送，以宣傳天主教教義。

後來，利瑪竇受到新任兩廣總督驅逐，離開肇慶，輾轉韶州、南昌、南京等地繼續傳教。

⊙利瑪竇進京

萬曆二十九年十二月（一六〇一年年初），利瑪竇在地方官員的幫助下來到北京，向明神宗朱翊鈞進獻自鳴鐘、日晷、沙漏、玻璃器皿、銀幣、西洋琴、珍珠嵌十字架、天主像、聖母像、《萬國圖志》等貢物。

利瑪竇最初住在宮門附近，後來搬到欽天監，以便隨時進宮修理自鳴鐘和洋琴。在禮部的干預下，利瑪竇搬進四夷館，行動受到限制。

禮部官員幾次上疏要求把利瑪竇遣送出京，但神宗擔心以後沒有人修理自鳴鐘，沒有批覆。

在利瑪竇的請求下，神宗最終允許他定居北京。萬曆三十三年（一六〇五年），利瑪竇在順承門（今宣武門）附近買下一所房子修建禮拜堂，從此，天主教在北京立足。

天主教對於當時的中國還是完全陌生的事物，人們不大接受這種與傳統不同的教義，傳教工作的開展並不容易。利瑪竇以介紹西方的新發明、新成就作為誘導，在傳教的同時，向中國人民傳播了很多科學知識。

延伸知識

茶葉大量輸入歐洲

在西元前六〇〇年以前，中國人就已知道飲茶了。茶樹最早的產地是中國，廣泛栽培始於秦漢，茶葉大規模的加工製造則始於唐初。

唐時已有大宗茶葉運銷海外，主要是經過阿拉伯商人之手運往西方。南宋時，中國茶葉曾運銷日本和歐洲。而茶葉的大量輸往歐洲是在明朝中期以後，即在十七世紀之後。十六世紀起，來華的傳教士最早向歐洲介紹了中國飲茶習俗。十七世紀初，荷蘭人開始從澳門購買茶葉運銷歐洲。荷蘭王室嗜茶，人稱「飲茶王室」。而英國人飲茶與皇后凱瑟琳有關。凱瑟琳是葡萄牙公主，嗜茶如命，被稱為「飲茶皇后」。

中國的茶出口到歐洲後，引起了歐洲人生活習慣的變化，飲茶的風氣也迅速由上層社會普及到普通的百姓之中。

⊙對中西文化交流的貢獻

利瑪竇在中國的二十多年裡，曾多次繪製和刻印《山海輿地圖》《坤輿萬國全圖》等五大洲地圖，並在中國合作者的幫助下，完成用中文介紹西方宗教、倫理、天文、數學、測量、透視學的著作一百九十七種。

利瑪竇第一個向中國介紹了地圓學說、歐幾里得幾何學、筆算、西曆、西洋琴等新鮮事物。他和中國科學家徐光啟、李之藻共同開創了中國天文曆算史的新階段，並且啟發了徐光啟等人對西方科學知識的興趣。

從萬曆十九年（一五九一年）開始，利瑪竇花了四年時間，將「四書」譯成拉丁文，寄回義大利，成為第一個把孔子和儒家思想介紹給西方的人。

萬曆三十八年（一六一〇年），利瑪竇病逝，神宗下旨以陪臣禮葬於北京阜城門外（今二里溝）一處由寺院改建的墓園裡。

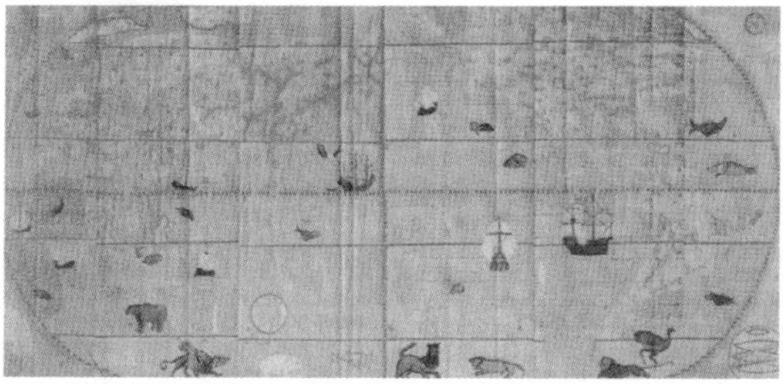

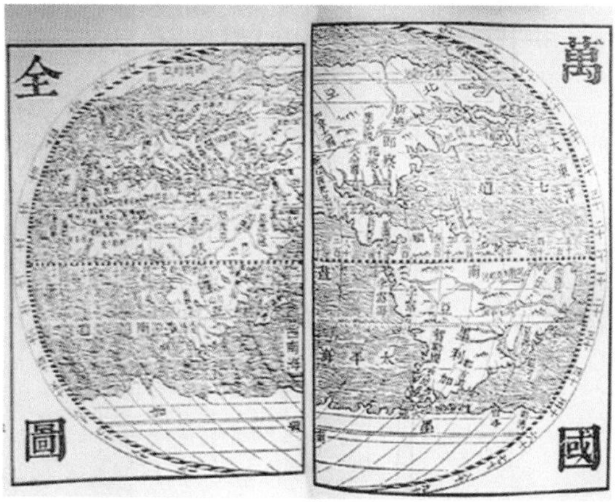

利瑪竇於明萬曆三十年（一六〇二年）繪製的《坤輿萬國全圖》

徐光啟務有用之學

●時間：西元一五六二～一六三三年
●人物：徐光啓

徐光啓是明末著名的科學家，在數學、天文、曆法、軍事、測量、農業和水利等方面都有重要貢獻，被稱為中國近代科學的先驅。

⊙科舉入仕

徐光啟（一五六二～一六三三年），生於上海商人家庭。徐家因遭受倭寇搶劫，家道中落，轉而從事農業又碰上災荒，生活更為困窘。在這樣的家庭環境中，徐光啟從小就接觸到一些具體的生產知識。

徐光啟像

雖然經濟拮据，但徐光啟的父母還是想盡辦法供他讀書。在父母的教誨下，徐光啟把科舉考試看作通往仕途的階梯。萬曆九年（一五八一年），二十歲的徐光啟考中秀才，但在之後的科舉路上，卻一路蹉跌。為了謀生，徐光啟在家鄉教書，同時參加一些農業工作。

萬曆二十五年（一五九七年），徐光啟赴北京順天府參加鄉試。主考官偶然從「落卷」中翻閱到徐光啟的考卷，「擊節歎賞」，稱「此名士大儒無疑也」，提為考試的第一名舉人。中舉後，徐光啟兩次應考進士落第。

萬曆三十二年（一六〇四年），四十二歲的徐光啟終於考取進士，授翰林院庶吉士。

⊙翻譯《幾何原本》

徐光啟的興趣相當廣泛，尤其愛讀自然科學類書籍。萬曆二十八年（一六〇〇年），徐光啟在南京結識了義大利傳教士利瑪竇。利瑪竇帶來的自鳴鐘、日晷儀等物品引起了徐光啟對西方自然科學的濃厚興趣。從那時起，他就萌發了翻譯西洋科技書籍以提高中國科技水準的想法。

徐光啟翻譯的第一部西洋科技書，就是和利瑪竇合作的《幾何原本》。翻譯由利瑪竇口授，徐光啟筆錄。翻譯書籍不僅要求文筆流暢，專有名詞要在意思準確的前提下使讀者易於領會，徐光啟為此付出了艱苦的辛勞。

《幾何原本》中文譯本的問世為清代數學研究奠定了基礎。徐光啟翻譯的名詞術語至今很多仍在沿用，如點、線、面、直角、外切等，其中「幾何」二字在漢語中本來是個虛詞，經徐光啟利用，成為一個專有名

延伸知識

談遷與《國榷》

談遷（一五九三～一六五七年），原名以訓，明亡後改名遷。談遷博覽群書，精研歷史，尤重明代典故，立志編撰一部翔實可信的明史。

天啓元年（一六二一年），談遷開始撰寫《國榷》，「六易其稿，匯至百卷」，終於完成這部編年體明史，共五百多萬字。順治四年（一六四七年）八月，全部書稿被小偷盜走，二十七年心血毀於一旦。這一年談遷已經五十四歲，發憤重寫，到順治七年（一六五〇年）再次完成《國榷》的編纂。順治十年（一六五三年）又進行了校補釐訂。

《國榷》記敘從元文宗天曆元年（一三二八年）九月太祖朱元璋誕生，到順治二年（一六四五年）五月清兵入南京、福王政權滅亡為止的三百一十七年間的歷史。書中材料參閱諸家史書，考證訂補，選擇謹嚴，具有相當的可靠性和參考價值。萬曆以後七十多年的歷史，以及建州女真的發展和後金同明的關係的記載，尤為其他書籍中所少見。而談遷根據邸報、方志和官吏遺民口述材料編補的崇禎朝史實，也有重要的史料價值。

因書中對滿清頗多貶責，當時無法流傳。

原書號稱百卷，經校補標點共一百零八卷，一九五八年由中華書局出版。

詞。

繼《幾何原本》之後，徐光啟又與李之藻、熊三拔等人合作，先後翻譯《同文算指》《泰西水法》《測量法義》等書。

⊙編撰「農業大百科」

萬曆四十六年（一六一八年），後金破撫順，徐光啟積極上疏，建議加強國防。但各種勢力的掣肘，使徐光啟有力難使，於是請假回家，著寫早已計畫編撰的「農業大百科」性質的「種藝術」，這便是後來成書的《農政全書》。

《農政全書》書影

《農政全書》分為六十卷，共六十萬字，凡涉及當時農業及與農業生產有關的政策、制度、措施、農具、農作物特性、技術知識等等應有盡有。

《農政全書》把重點放在水利、荒政等項目上。徐光啟在總結前人經驗的基礎上，提出五項用水方法，這套理論直到今天仍有很大參考價值。在備荒、救荒問題上，徐光啟把預防擺在首位。

書中記錄了四百多種草木野菜，詳細介紹這些植物可食用的部位和食用的具體方法，其中不少野菜特別註明親自嘗過。據統計，徐光啟親口嘗過的野菜草木有五十多種。

為了消滅蝗災，徐光啟專門統計了中國歷史上記載的一百一十次蝗災發生的時間和地點，從中總結規律，介紹了捕捉蝗蟲的方法。

《農政全書》彙集當時所有農書之精華，刊行後，立即引起人們高度重視，廣為流傳。

此外，徐光啟對天文曆法也很有研究，明末的《崇禎曆書》就是在他的督導下完成的。

李贄著書立「異端」

●時間：西元一五二七～一六〇二年
●人物：李贄

萬曆年間的李贄，潛心讀書治學，推崇王陽明「心學」，批評儒家經典，曾評點過《水滸傳》等小說，被譽為反對傳統的啓蒙運動的先驅。

⊙姚安知府李贄

李贄，泉州晉江（今屬福建）人，號卓吾，回族。李贄出生於商人家族，原姓林，後改姓李。李贄自幼倔強，善於獨立思考，不受儒學傳統觀念束縛。

李贄像

李贄二十六歲鄉試中舉，在二十多年的宦海生涯中，耳聞目睹官場種種黑暗，以及民反兵變、倭寇騷擾沿海等現實，深感明王朝內部的腐朽沒落，與昏官迂儒和假道學們格格不入。

李贄的最後一個官職是雲南姚安縣知府。姚安經濟上落後於中原地區，民風剽悍，社會秩序混亂。李贄到任後整理吏治，深入瞭解民情，大刀闊斧改革。

在姚安三年，李贄經常微服出訪，看到經濟困難，便慷慨解囊，出資相助。農戶遇到紅白喜事向知府大人求字，李贄便提筆書贈。人們不把他奉為老爺，而是敬稱為「先生」。

作為一個滿腹經綸的智者，李贄喜歡與文人墨客相邀談經論道，吟詩作賦，〈光明宮記〉〈龍山說〉等詩文就作於姚安任上。同時，李贄招收門人弟子，講授學問。

李贄為官清廉，深受百姓愛戴，離任時，「囊中僅圖書數卷，士民遮道相送，車馬不能前進」。這樣一位好官清官，卻為官場所不容。李贄遭到時任雲南巡撫王凝的疑忌，最後導致直接衝突，三年任期未滿便憤然辭官，再沒有重入官場。

⊙批儒反道，推崇心學

李贄受王守仁和泰州學派的影響很深，充滿追求個人自由的反叛意識。李贄公開以「異端」自居，反對禮教，抨擊道學。反對以孔子的是非觀作為判斷標準，在中國歷史上第一個公開舉起了反孔的旗職。

李贄提出天理、人欲沒有區別的見解，主張「穿衣吃飯，即是人倫物理」，不掩飾道德的功利實質。他批判道學家「存天理，滅人欲」的虛假說教，斥責道學家是「陽為道學，陰為富貴，被服儒雅，行若狗彘」的衣冠禽獸，是「口談道德而心存高官，志在鉅富」的兩面派、偽君子，表示與他們誓不兩立。

華岳高秋圖　明　藍瑛

李贄早年的自然觀有唯物主義傾向，認為天地萬物皆陰陽二氣所生。早年反對程朱理學「理在氣先」、「理能生氣」的觀點，認為世界「惟是陰陽二氣」，「天下萬物，皆生於兩，不生於一」。後來李贄接受了禪宗觀點，相信「萬法盡在自心」，山河大地同清靜本原合而為一。

李贄的學說服膺於「心學」，並把王守仁的「良知說」發展為「童心說」。「童心說」不僅是李贄批判道學的理論依據，而且成為一種文學新見解，即為文要從真心中自然流出，影響很大。

李贄重視小說、戲曲的地位，將《西廂記》和《水滸傳》稱作「古今至文」，與六經並提。李贄反對復古摹擬，主張創作應抒發己見。

他晚年熱愛史學，據歷代正史著《藏書》，又廣搜明史資料撰《續藏書》，均刊行問世，打破漢、唐、宋以來的一些史學觀點。

李贄提倡男女平等，反對歧視婦女，主張婚姻自主，讚揚卓文君和司馬相如相愛是「同聲相應，同氣相求」。李贄在黃安講學時，還破例招收女弟子。他對傳統世俗見解的批判，流露出不少與傳統觀念牴觸的進步思想。

明朝統治者把李贄的學說指責為「異端之尤」，「非聖無法」，視如洪水猛獸，並加以銷毀。

萬曆三十年（一六〇二年），禮部給事中張問達秉承首輔沈一貫之意，上奏神宗：「李贄壯歲為官，晚年削髮，近又刻《藏書》《焚書》《卓吾大德》等書，流行海內，惑亂人心」，「以秦始皇為千古一帝，以孔子之是非為不足據，狂誕悖戾，未易枚舉」。神宗以「敢倡亂道，惑世誣民」的莫須有罪名在通州逮捕李贄，焚毀他的著作。

李贄在獄中說：「衰病老朽，死得甚奇，真得死所矣。如何不死？」三月十五日，李贄在鎮撫司獄中用剃刀自殺，結束自己七十六歲的生命，錦衣衛寫給皇帝的報告則稱李贄「不食而死」。

蘇州織工反稅監

●時間：西元一六〇一年
●人物：葛成　孫隆

萬曆年間，明神宗派遣大批稅使、礦監四出搜刮，激起許多手工業工人和工商業者的暴動，其中蘇州織工的反稅監抗爭是其中最為突出的一例。

⊙孫隆督稅

明神宗「好貨成癖」，追求享樂生活。把國庫揮霍一空後，便向民間搜刮，不放過任何斂財機會。

明代中後期，農業生產和手工業逐步發展，東南沿海一帶的商業也逐漸繁榮。明神宗見有利可圖，於萬曆二十六年（一五九八年）開始派宦官到工商業發達的城市收稅，這種宦官就叫做稅監。稅監不但徵收苛捐雜稅，並敲詐勒索，中飽私囊，百姓苦不堪言。

蘇州絲織業特別發達，富裕的機戶開始開設工場，僱用機工，城裡的機工有幾千人。萬曆二十九年（一六〇一年），稅監孫隆來到蘇州。孫隆當過蘇杭提督織造，熟悉絲織業內情，一到蘇州，就與地痞惡棍勾結，在城內各處設立關卡，凡是綢緞布匹進出，一律徵收重稅。

商販交不起稅，就沒法進城買賣，又碰上兩個月間連綿陰雨，許多桑田淹沒，機戶只好停工。在這種情況下，孫隆還要向機戶收稅，規定每臺織機收稅銀三錢，每匹綢緞收稅銀五分，逼得許多機戶關閉，機工失業。

⊙蘇州民變

蘇州玄妙觀的機記殿是蘇州絲織業集會議事之地，這年六月六日，機工葛成率領數千織工在玄妙觀誓神。眾人與葛成商定後分成六隊，每隊由一人帶領，以搖芭蕉扇為號，浩浩蕩蕩殺向稅官家和稅署。

織工先湧到葑門稅卡，把黃建節、徐怡春兩個稅棍當場打死。長洲知縣眼見來勢不妙，慌忙將稅監湯莘、徐成等關進牢裡，明捕暗保。織工包圍縣衙，知縣只好將湯莘、徐成枷示玄妙觀前，憤怒的織工一擁而上，將兩個惡棍打死。葛成等分路找

衣飾上的龍鳳紋樣
明時絲綢紋樣的設計順應了人們追求吉祥如意、福貴平安的願望，龍鳳圖便是其中的代表。

到孫隆的十二個爪牙家，全部點火燒毀。

接著，在葛成率領下，萬名織工包圍孫隆的稅監司衙門，在一片「捉孫隆，罷私稅」的吶喊聲中，孫隆嚇得魂不附體，從後牆逃走。天黑後，孫隆在地方官的保護下喬裝打扮、狼狽逃往杭州。

延伸知識

絲織業的發展

絲織業是中國古老的手工業，明代繼續發展。明初政府規定農民必須種植桑麻，向政府交納的賦稅中必須有絲棉和麻製品，因而栽桑養蠶在全國許多地方都很盛行。到了明朝的中後期，江浙地區的蘇州、杭州和山西的潞安府都是全國聞名的絲織業中心。

明代絲織業和前代相比，從養蠶、繅絲到紡織及紡織工具都有新的改進。其中一個重要的表現是絲織機分兩種：一種是「花機」，專織上等的絲織品。另一種是「腰機」，專織平面紋的絲織品。

明代絲織品的種類齊全，花樣繁多。不僅有紗、絹、綾、羅、綢、緞、錦、綺、絨等各類絲織品，而且每類又有許多不同的花色品種。例如羅，僅蘇州就有花羅、素羅、刀羅、河西羅、秋羅等，泉州有硬羅、軟羅等，其中花羅，僅《天水冰山錄》所載就達五十五種之多。

⊙葛成出首承責

織工的反抗聲勢浩大，並得到市民擁護，蘇州知府朱燮元被迫宣布撤銷新加的各項稅收，抗稅以織工勝利告一段落。

之後，明神宗命撫、按衙門追捕「亂民」。葛成為了讓眾人免受連累，主動來到蘇州府衙門，獨自承擔「倡亂」之首的「罪責」。

葛成入獄那天，成千上萬的蘇州市民前來送行。入獄後，帶著酒飯、衣服慰問的市民絡繹不絕。葛成判處死刑，明政府恐怕眾怒難犯，一直沒有執行，關押十二年後，葛成終於釋放。

捕蝗圖 明 壁畫

明代商品經濟的繁榮

明初，朱元璋為了恢復和發展社會經濟，制定了一系列的政策。到了明朝中後期，農業和手工業的發展達到了前所未有的水準，國內外市場繁榮，工商業市鎮興起，白銀成為普遍流通的貨幣。

工商業市鎮的興起

十六世紀的明朝，全國各地興起了一大批工商業城鎮，比較突出的是江南地區出現了很多繁榮的小市鎮。

這些市鎮都是因為某種手工業，如絲織業、棉紡織業、搾油業或造紙業而興起的。譬如因絲織業興起的蘇州盛澤鎮、震澤鎮，嘉興濮院鎮、王江涇鎮，湖州雙林鎮、菱湖鎮。以棉紡織業著稱的有松江楓涇鎮、洙涇鎮、朱家角鎮。搾油業有嘉興石門鎮。造紙業有江西鉛山石塘鎮等。這些市鎮不僅以手工業著稱，而且逐漸繁榮商業，擴大人口。

紫檀四開光坐墩

明代的小說《醒世恆言》中記載，蘇州盛澤鎮明初只有五六百戶人家，到了明後期已成為「煙火萬家」，成為至少擁有五萬人口的大鎮了。嘉興的王江涇鎮在明初只是一個市集，到明後期，有七千多戶，估計也有三四萬人。

地區性商幫的興起

明朝中後期，全國各地出現了更多的大商人和小商販。大商人結成了商幫，有西商、徽商、江右商、吳越商等，其中以西、徽二商最為活躍。他們賣糧食、鹽，經營典當業，同時也做其他轉販活動。轉販雖然與

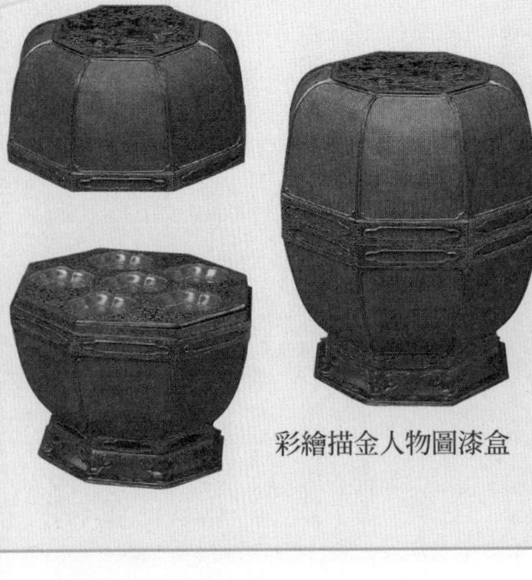
彩繪描金人物圖漆盒

生產無直接關係，但有繁榮商業的作用。

在手工業發達的地區，有的商人收買個人絲、棉花，或絲綢、棉布，另外加工，直接投資手工業。據明朝人的記載，福州商人「貨湖絲者，染翠紅而歸織之」。明末松江有商人設布號收布，附設染房、踹房，將收來的布進行染踹加工。

國內外市場的繁榮

明朝中期以後，農民、手工業工人生產的糧食、棉花、棉布、絲綢、紙張、鐵器、瓷器等，除一部分為國家控制，成為貢、賦、地租外，其餘的產品，特別是手工業產品，較大部分已在國內外市場上廣泛流通，尤其是在國外的市場。

明朝後期基本上是開關的，海外貿易也很興盛。倭寇打退以後，正常的海外貿易得到發展。隆慶元年（一五六七年），明穆宗准許私人遠販東西二洋。從此，東西洋貿易網正式形成。此時，歐洲商人也開始來到東南亞。這些殖民主義者一方面大肆掠奪，另一方面也要求通商。明朝初年所謂的朝貢貿易，到了此時瀕於崩潰。這一時期，商船盛行，海禁鬆弛，瓷器、絲綢和棉布大量賣給歐洲商人，再轉運南洋各地。日益擴大的對外貿易為明王朝輸入了大量白銀。

貨郎圖（夏景）

皇都積勝圖（局部）

這幅長卷是明朝中、後期北京城繁勝景況的再現。畫面從盧溝橋經廣寧門（今廣安門）進入北京城區，又經正陽門、棋盤街、大明門、承天門（天安門）、皇宮等街市，向北延伸至居庸關。畫面著重描繪市區商業街道面貌，街道上車馬行人熙來攘往，茶樓酒肆店鋪林立，招幌牌匾隨處可見，馬戲、小唱處處聚集，有成群看客，金店銀鋪人潮如湧。所示畫面是長卷中正陽門、棋盤街和大明門一帶的繁華景象。

【民抄董宦】

●時間：西元一六一六年
●人物：董其昌　董祖常

董其昌是明朝著名的畫家，在家鄉擁有千頃良田，富甲一方。但董氏父子卻為富不仁，橫行鄉里，結果激起了轟動江南的民變——民抄董宦。

⊙無行文人

董其昌（一五五五～一六三六年），字玄宰，松江府華亭縣（今上海松江）人。萬曆十七年（一五八九年），董其昌中進士，先後擔任翰林院編修、明光宗朱常洛的講官，歷仕神宗、光宗、熹宗、思宗四朝。天啟年間，董其昌由禮部侍郎升為南京禮部尚書。

董其昌精通字畫，稱絕一代，名揚海內外。但董其昌的人品與其他青史留名的名士大相逕庭，非常貪財，只要有利可圖，便不擇手段。以作畫來說，因為董其昌畫得好、名氣大，求畫的人很多，但他不親眼見到錢財和厚禮便不會動筆。

董其昌同時還是個缺德的惡霸。做官時貪贓受賄，辭官回鄉後又霸占良田，欺壓百姓，作惡一方。董其昌的大兒子董祖常倚仗父親的勢力，在

贈稼軒山水圖軸　明　董其昌

董其昌作，墨色明爽秀雅，筆法挺秀遒勁，表現出畫家追求的「平淡天真」的意境。

鄉里驕橫跋扈，到處惹是生非。

董氏父子專門僱傭了一幫爪牙和打手，敲詐勒索鄉鄰，欺行霸市。一旦看上的田產房舍，就千方百計要弄到手，或者放高利貸，或者利誘，或者威逼，甚至設計陷害，不達目的，決不罷休。

⊙搶奪使女

華亭縣秀才陸兆芳家的使女徐英長相出眾，董祖常看中，想買來作妾。陸兆芳不同意，董祖常便召集二百多名打手半夜進陸家搶人。陸兆芳告到府縣，但董家權勢太大，連地方官也不敢招惹。後來幾位鄉紳出面調解，陸兆芳只好忍氣吞聲。

華亭縣說書人錢二在茶鋪中說《黑白傳》，講的就是董氏父子強搶使女一事，人們聽了都十分解氣。董氏父子得知非常惱火，把錢二抓來私刑逼問。錢二說話本是生員范昶給的，董氏父子將范昶抓來逼供不成，又強令范昶到城隍廟對著神靈發誓，百般侮辱。范昶受了這場惡氣，回家後一病不起，沒過幾天就死了。

范昶的母親帶著媳婦、婢女到董家哭訴，董其昌不僅不理會，更縱容兒子大肆辱罵。范母爭辯了幾句，董祖常便把范母的轎子砸爛，扔進河裡。又說范妻身穿孝服，沖了家中的喜氣，把范妻的孝服撕破，扒去范家使女的衣服，踢打羞辱。門外圍觀的街坊都憤憤不平。

不久，范昶的母親也羞憤而死。

⊙民憤難遏

董家的做法令松江府三縣民眾群情激憤，萬曆四十四年（一六一六年）三月，數萬百姓匯聚到董府門前。護院慌忙關上大門，上房守護，砸下磚頭瓦片襲擊靠近的人。民眾更加憤怒，拔下董府門前的旗竿，董府爪牙用磚瓦投擲，很多人都受了傷。

這時只聽喊打聲，萬眾揮臂，磚石雨點般砸向董宅。董府爪牙招架不住，躲進屋裡。有人翻牆進入，打開董府大門，人們一擁而入，將傢俱擺設一應抄走砸毀，轉眼數十間富麗的廳堂便砸得稀爛，現場一片狼藉。

消息很快傳開，上海、青浦、金山等縣的百姓紛紛趕來。來人越集越多，混亂中，有人點燃了房子，火愈燒愈烈。一夜間，董府數百間雕樑畫棟的豪華宅第化為灰燼。

這場鄉民對抗鄉宦惡霸，在明末轟動一時，稱為「民抄董宦」。

歷史詞典

松江畫派

董其昌是明代後期的書畫大家，他的書畫風格對當時和後世都有很深的影響。尤其是董其昌在畫論上別出心裁，巧妙地以佛教禪宗的南北兩宗來譬喻歷代山水畫風格，提出中國美術史上文人與非文人兩種創作思維和審美情趣影響下形成的兩大山水畫流派，即南宗和北宗。此論一出，引起了強烈的反響，迅速風靡當時畫壇。

後人按籍貫將董其昌及其藝術主張的追隨者稱為「松江畫派」。他們的藝術主張與創作實踐，後人奉為繪畫的正統派，並在清朝受到人們的喜愛與推崇，影響深遠。

徐霞客遠遊探險

●時間：西元一五八七～一六四一年
●人物：徐霞客

從二十二歲到五十五歲，徐霞客走遍了大半個中國，後人將他考察遊歷中寫下的旅遊日記整理成書，這就是舉世聞名的《徐霞客遊記》。

徐霞客是十七世紀初期中國一位偉大的旅行家，同時也是一位知識淵博、富有實踐精神的地理學家。徐霞客用畢生的精力行走於中國大地，探訪名勝，以飽滿的激情，流暢的文筆，縱情歌頌祖國山河的美麗風光。

徐霞客像

⊙走出書齋

徐霞客（一五八七～一六四一年），原名徐弘祖，字振之，號霞客，南京常州府江陰縣（今屬江蘇）人。自幼聰慧過人，過目不忘，落筆成文。徐家是江陰名門望族，徐霞客的父親為人耿直，厭惡達官貴人，不與官僚鄉紳來往。父親的性格和興趣愛好對徐霞客產生了深遠影響，十五歲童子試落榜，從此摒棄仕途，立志讀書。

徐霞客最喜歡閱讀歷史、地理和遊記類書籍。徐霞客讀得愈多，興趣愈濃，深為書中描繪的壯麗山河所吸引。同時他也發現由於缺乏實地調查，地理書中有不少錯誤的記載，決心走出書齋，投身到大自然的懷抱。

徐霞客的母親性格開朗，通情達理，勤勞持家，精於紡織。不顧年老體衰，獨自承擔了所有家務，支持兒子旅行。母親並親自為徐霞客準備行裝，縫製衣帽，以壯行色。有了這位偉大母親的支持，徐霞客不畏艱險寒暑，遍遊中國名山大川。

⊙探險勘誤

萬曆三十五年（一六〇七年），二十一歲的徐霞客第一次走出家門。徐霞客首先來到家鄉附近的太湖，「登眺東、西洞庭兩山，訪靈威丈人遺蹟」。自此，迷上了旅遊，並堅持書寫日記。

徐霞客的旅行探險時間多則六個月，少則一兩個月，主要目的是勘察歷史名蹟，飽覽江山奇秀風光，瞭解山河大勢，考訂山海圖志的正誤。

明朝時，華山、恆山、泰山、黃山、廬山等雖已是天下知名的勝地，但絕非現代意義上的旅遊景點。這些地方路險難行，沒有良好的遊覽條件。而徐霞客為了探索山水之奇，路線更是一般遊人罕至之處。

徐霞客在浙江雁蕩山時，為了查明大龍湫瀑布的源頭和雁湖的確切位置，冒著墜身深壑的危險，幾次攀登雁蕩頂峰。途中，徐霞客碰到一面絕壁，就解下足布，接起來懸於崖頂，攀援上下。他不畏艱險，反覆實地考察，終於證實雁湖之水與大龍湫風馬牛不相及，糾正了以前志書中「宕在山頂，龍湫之水即自宕來」的錯誤。

歷史詞典

徐霞客探洞

為了探尋自然界的奧祕，徐霞客獵奇而從，見險而行，登山必登最高之巔，下洞必到最深之地。

一次，在湖南茶陵要考察麻葉洞，消息傳出，轟動了周圍的鄉親，砍柴的拿著鐮刀，種田的拿著鋤耙，燒飯的停下煙火，織布的停住機梭，甚至連十幾歲牧童也十分好奇起來，密密麻麻把洞口包圍著。

當徐霞客準備下洞時，圍觀的人群一下子沸騰了，有人說：「洞中有神龍。」有人說：「洞中有精怪，不會法術的人是不能降服這些東西的。」眾人你一言，我一語，探頭下望，沒有一個人不為徐霞客擔心。

然而徐霞客卻毫不畏懼。從容脫下外衣，拿著火把下洞探察。洞中不僅沒有遇到人們傳說的各種神龍精怪，反而親身感受了另一番幽深奇異的世界。

當徐霞客考察完畢回到洞門口時，守候在洞口的近百人一下子圍住，他們的疑惑和擔心煙消雲散，無不對徐霞客的驚人之舉投以敬佩的目光。

⊙天下奇書

徐霞客日記的內容包括對山脈江河、地形地貌、奇峰異洞、瀑布溫泉等自然風光的描述，對風土人情、民族關係、邊疆防務的介紹和看法，還有對礦石物產、江河源流、水文氣候的觀察記述和考察研究等。這些文字經後人編輯刊行，成為舉世聞名的《徐霞客遊記》。

《徐霞客遊記》既是文學名作，又是傑出的地理學文獻。在這部著作中，徐霞客通過實地考察中國東南、中南和西南部岩溶地貌最發達的地區，全面系統記錄了這些地區的地貌、分佈、類型和成因，得出基本符合科學的結論。作為世界上有關石灰岩地貌研究的最早文字記錄，《徐霞客遊記》比歐洲同類書籍早了約兩百年。有人稱讚說：「徐霞客乃千古奇人，遊記乃千古奇書。」

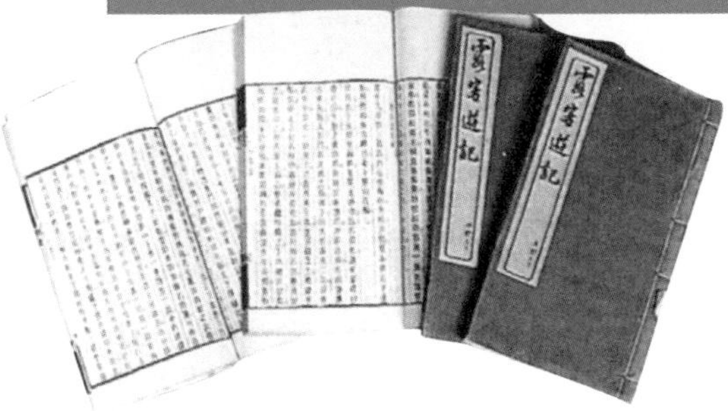

《徐霞客遊記》書影

《徐霞客遊記》是中國地理學史上一顆閃光的明珠，在世界科學史上也占有一席之地。全書文筆生動，所以也是一部優秀的遊記文學作品。

廣西桂林蘆笛岩岩洞

此岩洞為典型的石灰岩岩洞，完美呈現了石灰岩地貌特徵。《徐霞客遊記》中對我國西南廣大石灰岩溶蝕地貌的描述，成為世界上有關石灰岩地貌研究的最早文字記錄。

【宋應星與《天工開物》】

●時間：西元一五八七～約一六六六年
●人物：宋應星

中國在十七世紀三〇年代誕生了一本名為《天工開物》的書。這本書傳到西方後，令歐洲人驚奇不已，稱為「中國十七世紀的工藝百科全書」。

⊙百科全書式的學者

宋應星（一五八七～約一六六六年），字長庚，江西南昌府奉新縣北鄉人。宋應星的曾祖歷任南京吏、工、兵三部尚書，但到他出生時，家境已漸沒落。宋應星自幼聰穎好學，興趣廣泛，哲學、地理、數學、技藝等方面的書籍都有涉獵。宋應星不僅讀書認真，而且善於獨立思考，鑽研問題十分細心。

萬曆四十三年（一六一五年），二十九歲的宋應星與其兄一起參加鄉試，兩人都考取舉人，而且名列前茅，被稱為「奉新二宋」，在當地一時傳為美談。

但之後十多年裡，他一直沒有考取進士。宋應星斷了科舉之念，著手研究農業和手工業，作了多年考察和廣泛社會調查。

崇禎八年（一六三五年），宋應星就任分宜縣教諭，主要教授縣學生員。這個工作讓宋應星有了許多業餘時間，在分宜縣的四年裡，他不停寫作，從哲學、政治、天文、音律到科學技術都有著作出版，取得豐碩成果。

其後，宋應星曾任汀州府推官、亳州知州等職，清軍入關後，棄官回鄉，大約在順治末年逝世，享年八十歲左右。

宋應星的作品主要可分為四大類：一是自然科學和技術科學著作，如《天工開物》《觀象》等。二是以《野議》為代表的人文科學類著作。三是介於前兩者之間的《原耗》等書。四是文學作品，如《思憐詩》。遺憾的是，他的大多數著作現在都已失傳。

⊙《天工開物》

宋應星的著作中，除《野議》反映了他在政治上要求改革的進步思想外，最有名和最有影響的就是科技鉅著《天工開物》。由宋應星搜集、整理並編撰的《天工開物》，是世界上第一部有關農業和手工業生產的百科全書。

《天工開物》共三卷十八篇，上卷六篇多與農業有關，中卷七篇主要為手工業技術類，下卷五篇也屬工業類，包括栽培、養蠶、紡織、染色、顏料、糧食加工、製糖、釀酒、搾油、燒瓷、造紙、採礦、冶鑄、錘鍊，以及兵器和舟車製造等眾多門類，幾乎涉及當時所有重要的農、工業部門的生產技術和生產過程。

《天工開物》中記述了許多當時中國比較先進的技術和工藝。譬如冶煉方面，出現了鍊鐵聯合作業、灌鋼、鍊鋅、泥型鑄釜、失蠟鑄造等方法，不少工藝至今仍在使用。又如生產刀剪的夾鋼、鑽鋼技術，以及紡織方面的許多技術，在當時的世界上也是首屈一指。

此外，宋應星記述生產過程的同時，又在調查研究的基礎上，提出了不少科學見解。

《天工開物》還有一個很大的特點，為了對文字敘述加以說明，全書配有一百多幅插圖，直觀展示有關的工、農業生產過程。

《天工開物》出版後，很快流傳到日本，得到重視，廣為傳抄和刻行，刺激了「開物之學」在日本的興起。後來翻譯成法、英、德等文字，成為世界著名的科學經典著作，流傳各國。外國學者認為宋應星的書足可與十八世紀法國啟蒙學者狄德羅（Encyclopedia）主編的《百科全書》匹敵，稱他為「中國的狄德羅」。

歷史詞典

明代琉璃製品

明代燒製琉璃的工藝日益成熟，在琉璃製品的種類、色彩、燒製方法上，都比前代有所發展和進步。

明代的琉璃工藝製品，種類繁多，十分豐富，有琉璃瓦、琉璃碗、琉璃燈、琉璃瓶、琉璃袋等，可見當時已有不同用途的琉璃製品。琉璃製品的色彩繁多，包括紅、青、黃、紫、黑、白、綠、天藍、褐等等。關於琉璃製品的燒製工藝，有一次燒成法和兩次燒成法。

在宋應星的《天工開物》、李時珍的《本草綱目》以及託名劉基所作的《多能鄙事》等書中，都有關於琉璃工藝製品的相關記載。

製錨圖

《天工開物》在金屬的熱處理和加工工藝中，從「重千鈞」的大鐵錨到「輕一羽」的繡花針等不同製品的生產過程均有講述。

「三言」與「二拍」

●時間：明末
●人物：馮夢龍　凌濛初

明朝中後期，隨著城市工商業的發展，社會舊有的道德價值體系面臨巨大的衝擊。在這樣的背景下，通俗文學得到很大的發展，產生了中國文學史上最負盛名的話本、擬話本小說集「三言二拍」。

「三言」是《喻世明言》《警世通言》和《醒世恆言》的合稱，「二拍」是《初刻拍案驚奇》和《二刻拍案驚奇》的合稱，「三言」和「二拍」編著年代相近，內容形式類似，後人合稱為「三言二拍」。

⊙馮夢龍與「三言」

馮夢龍（一五七四～一六四六年），字猶龍，別號墨憨齋主人，長洲（今江蘇蘇州）人。馮夢龍早年進學，科舉屢試不中，直到五十七歲才補為貢生，六十一歲選任福建壽寧知縣。

馮夢龍把主要精力貢獻在搜集、整理通俗文學上，編寫或改寫的著作不下數十種，其中最為有名的便是「三言」。明滅後，清兵南下，馮夢龍輾轉於浙閩之間，刊行《中興偉略》等書，進行抗清宣傳。

清順治三年（一六四六年）春，馮夢龍憂憤而死（一說清兵所殺）。

馮夢龍是通俗小說的積極倡導者，收藏了很多古今通俗小說。天啟年間，馮夢龍擇其可以「嘉惠里耳者」，與自己的作品，編成一百二十卷，分三次刊行，各四十卷，這就是廣為人知的《喻世明言》《警世通言》和《醒世恆言》。

「三言」中收錄的作品包括宋元話本舊篇、明代新作的擬話本，和馮夢龍創作的篇目，前兩類作品都經過了馮夢龍不同程度增刪和潤飾。這些作品題材廣泛，內容多樣，有對官僚醜惡行徑的譴責和對正直官吏德行的讚揚，有對友誼、愛情的歌頌和對背信棄義、負心薄倖行為的斥責，也有宣揚倫理綱常、神仙道化的情節。

值得注意的是，「三言」中有不少作品涉及到市民階層的日常生活乃至經濟活動。在〈杜十娘怒沉百寶箱〉〈賣油郎獨占花魁〉等作品中，強調人的感情和價值應該受到尊重，就是當時市民階層感情意識和道德觀念的反映。

三言之外，馮夢龍尚留有《平妖傳》和《新列國志》兩部長篇小說。

在「三言」問世前，馮夢龍於萬曆四十年（一六一二年）前後編印了兩部民間歌曲集《掛枝兒》和《山歌》，收錄吳中民歌八百多首。馮夢龍在〈山歌序〉中提出要「借男女之真情，發名教之偽藥」的文學主張，表現了衝破禮教束縛、追求個性解放的時代特質。

明天啟本《警世通言》插圖

馮夢龍也是一位戲曲家，留有傳奇作品《雙雄記》和《萬事足》兩種。另外，更定湯顯祖的《牡丹亭》《邯鄲夢》、李玉的《一捧雪》《占花魁》等傳奇作品數十種，糾正創作脫離舞臺的案頭化偏向，繁榮了明末戲曲。

⊙凌濛初與「二拍」

凌濛初（一五八〇～一六四四年），字玄房，別號空觀主人，浙江烏程（今湖州）人。凌濛初出身書香門第，十八歲時補廩膳生。之後，凌濛初在科場中屢遭挫折。直到「二拍」完成後，於崇禎七年（一六三四年）赴京謁選，以優貢授上海丞，六十三歲時任徐州通判，分署房村。

崇禎十七年（一六四四年）正月，亂軍包圍房村，凌濛初動員鄉兵對抗，最後心力交瘁，嘔血而死。

凌濛初一生著述極豐，最為後人稱道的就是小說集《初刻拍案驚奇》與《二刻拍案驚奇》，這是中國最早的文人獨立創作的白話小說集。

明本《二刻拍案驚奇》插圖

《初刻拍案驚奇》《二刻拍案驚奇》分別寫於天啟七年（一六二七年）和崇禎五年（一六三二年），各四十卷。

「二拍」中有大量描寫商業活動的作品，刻畫了眾多商人形象，可以看出當時經商已被市民階層視為正道、善業。描寫愛情和婚姻的作品在「二拍」中也占有很大比重，其中大部分都肯定了青年男女，特別是年輕女性對愛情的堅貞和大膽追求。另外還有一些描寫官吏活動的內容，暴露了統治階層的貪婪凶殘與荒淫好色。

與「三言」相比，「二拍」選取的社會內容貼近普通百姓，更真實反映了世俗社會的生活風貌和反抗禮教、爭取個性自由的時代精神。但從總體藝術魅力而言，「二拍」還遠未達到「三言」的水準。

歷史詞典

《金瓶梅》

《金瓶梅》是明代「四大奇書」之一，約成書於隆慶至萬曆年間。作者真實姓名不可考，從所署「蘭陵笑笑生」來看，作者大約是山東人。因蘭陵（今山東棗莊）在山東地區，且書中存在著大量的山東方言。

《金瓶梅》借用《水滸傳》中的一個情節，即西門慶與潘金蓮的關係，由此鋪陳，敷衍成一部借宋代的人物和故事展示明代中葉廣闊社會現實的百回長篇小說。全書以富商、惡霸、官僚西門慶一家的興衰榮枯為中心，描繪了上至朝廷中專權的奸臣，下至地方官僚鬼蜮橫行的世界，深刻展示了世態人情，暴露了現實黑暗。

《金瓶梅》是中國文學史上第一部由文人獨創的長篇小說。之後，文人創作逐漸成為小說創作的主流。《金瓶梅》又是第一部以家庭生活為題材的長篇小說，結束了此前章回小說大多取材於歷史故事和神話傳說的局面，開創了以現實社會及家庭日常生活為題材，著重描摹市井世俗情態的「世情小說」的先河。

《金瓶梅》在題材、寫作手法和細節刻畫等方面都對後來的小說創作產生了重大的影響。不過，小說中存在大量露骨的色情描寫，使全書美學價值受到嚴重損傷。

明代印刷業

明代的印刷業發展到一個新的高峰，在印書數量和品種、印刷技術和工藝、印刷體系和分佈等方面都大大超過了宋元時期。雕版、活字版和彩色套印都已普遍應用。明代從中央到地方都建有一定規模的印刷機構。明中後期出現了一些規模較大的印刷作坊，作坊中分工很細，雕版、印刷、裝訂往往由不同的作坊完成。

銅活字印刷

十五世紀末十六世紀初，銅活字印刷在中國南方一帶開始流行。

宋代畢昇首創的泥活字印刷術是中國的四大發明之一，享譽世界。以後又出現用木、錫製成的活字版印刷書籍。

明代，銅活字印刷得到比較普遍的應用。無錫華氏、安氏兩家的銅活字印書最有名。明弘治三年（一四九〇年），華燧（一四三九～一五一三年）首次用銅活字印成《會通館印正宋諸臣文集》五十冊，後又印行《錦繡萬花谷》《百川學海》等書，保存了不少古籍。

《藝文類聚》書影

此書為正德十年（一五一五年）印本，是中國早期銅活字印本之一。

銅活字印刷的流行，是繼泥活字印刷發明以來在印刷技術上的又一大改進，也是中國印刷術發展成熟的重要標誌。

餖版與拱花

餖版與拱花是明代彩印技術方面的又一項傑作。

餖版採用套版印色，用於印畫，遠比一般文字套色複雜。先按彩色畫稿的不同顏色逐一勾描，每色刻一塊版，逐色由淺入深依次套印，有如拼湊，故稱餖版。一幅畫通常需刻幾十上百塊版，畫面色彩濃淡深淺率真，極富層次感，幾乎與原作無異。

拱花是採用凹凸兩版相嵌擠壓的印法，即在繪刻圖紋凹陷的「陰版」上，置宣紙拱砑，使凹處低伏，凸處隆起，顯現出浮雕的圖像，立體感十足，用以表現花葉脈絡及鳥羽、行雲

《蘿軒變古箋譜》

據明天啓六年（一六二六年）刻本重印。縱三十一·五公分，橫二十一公分，是現存最早的多色套印拱花、餖版印刷的印本。

流水、衣紋等，效果極佳。

現在可見的早期餖版、拱花印本有天啟年間江寧吳發祥在南京所刻的《蘿軒變古箋譜》。

彩色套印

明朝中後期，彩色套印和餖版、拱花等印刷工藝開始出現。

彩色套印是將同一版面分成幾塊同樣大小的版，各著一色，依次加印在同一張紙上。用水墨及顏料在木刻版上刷印，使同一書頁有不同的顏色。

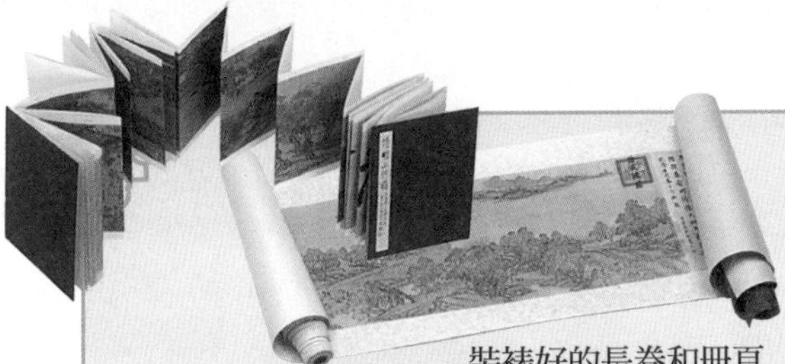

裝裱好的長卷和冊頁

唐、宋的雕版印刷幾乎完全使用水墨，文圖都是黑色。元朝至元六年（一三四〇年）出現朱墨兩色套印的《金剛經註》。明代正德以後，朱墨套印逐漸推廣，並有靛青印本及藍朱墨三色、藍黃朱墨四色、朱墨黛紫黃五色套印本。清代中葉又有六色本。

現存最古的套印書《閨範》，刊於萬曆中期。萬曆末年以後，浙江烏程的閔齊、凌濛初、凌瀛初等人都用套版印刷了很多書籍。

圖刻的彩色套印最初是在一塊版上塗幾種顏色，如花上塗紅色，枝幹塗棕、黃色等，然後覆紙刷印。如萬曆年間滋蘭堂刻印的程氏《墨苑》中《天姥對廷圖》《巨川舟楫圖》及萬曆刻本《花史》等。稍後發展為幾種顏色分版套印。

明代官刻、私刻和坊刻

明代的刻書業，在宋、元兩代的基礎之上得到發展，成為中國出版業和印刷技術發展史上的繁盛時期。明代由於各級官府重視，官刻本盛行。與此同時，刊刻精良的私家刻本也盛行一時，坊刻本廣泛流行，印刷裝幀技術日益完善。

明代官刻書以內府刻本、監本和藩刻本為代表。內府刻本指宮廷刻書，由司禮監宦官主持，附設經廠，其刻書多為制詔律令及經史文集。監本即國子監刻本，以南京國子監重印圖籍最為著名。藩刻本為明王朝分封的各藩王府所刊刻之書，刻書最多，校刊精當，成為明代官刻的特色。

除了官刻書，明代私家刻書風氣甚盛，以江、浙兩省為最。隨著出版印刷技術的發展，出現了集編、刻、售三位於一體的書業專行。這些書業專行刊行大量的醫書和小說，圖文並茂，深受讀者歡迎，行銷海內外。

明代《西廂記》版畫插圖

十三副遺甲起兵

●時間：西元一五八三～一六一六年
●人物：努爾哈赤

明朝實行傳統保守的民族政策和邊疆政策，女真民眾長期處於原始、落後的生存狀態。貧窮帶來的是無盡的戰爭。終於有一天，在戰火的磨礪下不斷壯大的民族將把戰火引入關內。

⊙民族政策失衡

女真族群居住在中國東北的白山黑水之間，分為建州女真、海西女真和「野人」女真（或稱東海女真）三大部。

明代在女真地區設置了三百多個衛所，治理方式相對鬆散。同時明王朝採取羈縻懷柔政策，對各個部族的首領、酋長賜予都督、都指揮、指揮、千百戶、鎮撫等職務，要求各部族效忠明朝，按時納貢。

後來，明王朝增設建州左衛，封猛哥帖木兒為指揮使。猛哥帖木兒的堂姊妹是明成祖寵愛的妃嬪，因此得到賞識，升為都督，史稱「都督孟特穆」。清朝建國後，尊稱猛哥帖木兒為「肇祖」，意為肇始之祖宗。

另外，明王朝對女真各部採取分而治之的辦法，「分其枝，離其勢，互令爭長仇殺，以貽中國之安」。在陰暗的政治目的策動下，明朝官員不斷在女真各部之間製造衝突，離間分裂，各部落彼此猜忌，互生仇隙，女真社會動亂不安。

⊙互市與朝貢漸衰

明朝中後期吏治日趨腐敗，和女真接觸的邊吏更是無法無天，索賄無度。

明初時，朝廷按照厚往薄來的政策，與女真各部交易都是按貨給值，邊吏也遵紀守法，不會侵吞女真人的財物。各個馬市、關市都是貨物「流通」的場所，女真各部落在互市貿易中都得到實惠，與漢族的關係十分融洽。

成化以後，朝貢、互市的傳統及規定逐漸廢棄，女真各部互市、朝貢必須經過邊官驗放。這時，邊吏中貪污者很多，虧少馬價、偷竊貨物的事

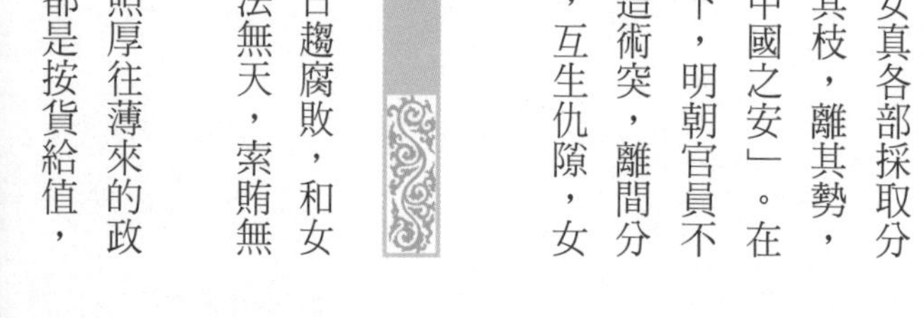

努爾哈赤御冊

情時有發生，甚至對女真人敲詐勒索，千方百計索取財物，動輒隨意謾罵。

經濟上的封鎖禁運，使動盪的女真社會雪上加霜，「男無鏵鏟，女無針剪」，嚴重影響了女真人的生產和生活，破壞了女真社會的穩定。

一盤散沙般的建州女真自知力量弱小，不得不委曲求全。為了表示忠心，建州衛幾乎年年進京向明廷朝貢，然而即使是納貢車隊也難逃官吏敲詐。

過去，女真首領入京朝貢，明朝一定設宴款待。明中葉以後，光祿寺居中剋扣，徇私舞弊，貪圖賄賂，不肯用心盡職，以生冷的飯食和摻水的酒招待來使。朝廷頒賞也一拖再拖，最後賞賜的往往都是殘次品，種種冷遇令貢使備感侮辱，心懷不滿。

努爾哈赤玉璽

努爾哈赤像

⊙女真部族混戰

在政治和經濟資源匱乏的情況下，女真各部落首領為了部族生存，必須積聚財富，擴大權勢，因此不斷發動戰爭，同族戰殺，骨肉相殘。

但是，女真之間的戰爭並沒有給中原帶來安寧，反而將明朝捲入戰爭之中。

正統十四年（一四四九年）七月，「土木堡之變」中，明英宗被瓦剌軍所俘，五十餘萬明軍全軍覆沒，朝廷威望一落千丈。

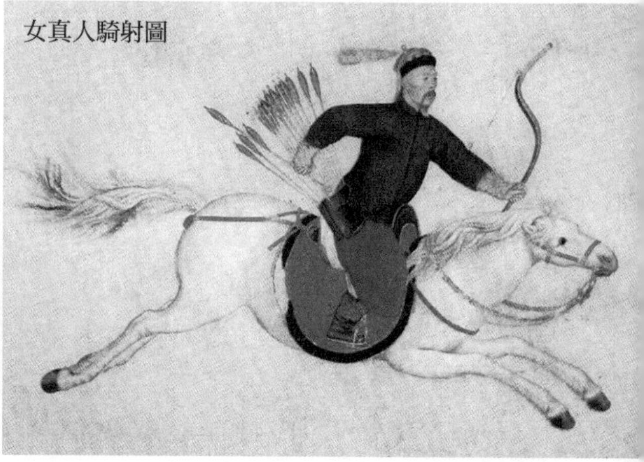

女真人騎射圖

這一年，居住在蘇子河畔的建州女真乘機向明邊境進攻，此後又多次配合瓦剌蒙古侵擾明邊境，試探明朝的反應。

明朝對建州女真進行過多次打擊，稱為「犁庭掃穴」。僅明宣德八年至成化十五年（一四三三～一四七九年）的四十六年間，明軍就進行了五次大規模討伐，建州女真「流離四散，其餘存者無幾」，數十年後才得以復甦。元氣大傷的建州女真不得不恢復對明朝的朝貢，以防止雙方關係進一步惡化。

經歷過戰爭的女真人痛恨明朝統治，渴望和平，渴望強大，迫切要求從分裂割據、戰亂不休的困境中解脫，正需要一位有膽量、有遠見的領導者。努爾哈赤就是在這樣的歷史背景下來到人間。

⊙努爾哈赤父祖被殺

努爾哈赤生於明嘉靖三十八年（一五五九年）。剛滿二十四歲時，祖父（猛哥帖木兒的玄孫覺昌安，追稱為景祖）和父親（塔克世，追尊為顯祖）同時遇難，年輕的努爾哈赤被推到了歷史的最前沿。

事情起因於努爾哈赤父親塔克世的舊部尼堪外蘭，與建州衛都右指揮王杲的兒子古勒城城主阿太章京不和。尼堪外蘭為洩私憤，竟然請求明遼東總兵寧遠伯李成梁出兵攻打古勒城。李成梁認為雙方的衝突符合明朝分而治之的基本方針，欣然接受尼堪外蘭的請求，派兵出征。

阿太章京向妻子的祖父覺昌安（同時也是努爾哈赤的祖父）求救。覺昌安大驚，星夜馳援，塔克世隨同護持父親前往古勒城。

李成梁的部隊到達古勒城外，立刻展開進攻，但由於城牆十分堅固，明朝部隊久圍不下。尼堪外蘭派人祕密混入城內，收買下屬殺害了阿太章京。尼堪外蘭和明朝官兵趁勢攻入城內，展開屠殺，共二千二百人死於刀下。覺昌安被大火燒死，塔克世也被官兵殺害，這一年正是明萬曆十年（一五八二年）。

努爾哈赤聽聞噩耗後悲痛不已，憤然與明朝派駐遼東的官員交涉，要求朝廷嚴懲凶手，主持公道。

覺昌安父子多年效忠明廷，在這件事上明朝也覺得理虧，萬曆十一年（一五八三年）二月，為了安撫努爾哈赤，明朝將覺昌安父子的遺體送回，並冊封努爾哈赤為「龍虎將軍」，任命為建州左衛都督，同時贈與敕書三十道、馬三十四，但拒絕了努爾哈赤提出的逮捕尼堪外蘭交由他處置的要求。

⊙十三副遺甲起兵

為了報仇雪恥，努爾哈赤在萬曆十一年（一五八三年）五月，以祖父和父親留下的十三副盔甲起兵，攻打尼堪外蘭。尼堪外蘭戰敗，逃到甲版城。努爾哈赤修整兵甲後，重新部署，再攻尼堪外蘭。尼堪外蘭再次出逃至撫順，要求進入「柳條邊」。

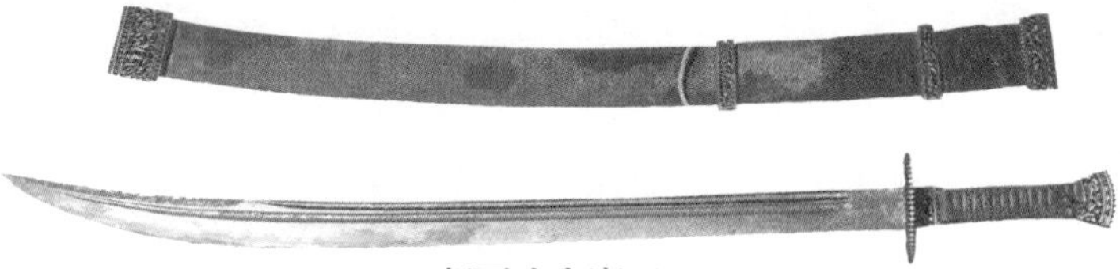

努爾哈赤寶刀

「柳條邊」是明初為警惕蒙古鐵騎騷擾，在今遼寧、吉林兩省插柳結繩，以劃分內外邊障，也稱為「柳牆」。明朝的柳條邊南起山海關，逶迤向東北，沿熱河、遼寧兩省邊界到達開原威遠堡，向東抵達松花江。

明朝沒有接受尼堪外蘭「入邊」的請求，尼堪外蘭只好一直北逃至齊齊哈爾西南部，修築城牆，躲避努爾哈赤追擊。但尼堪外蘭終究沒有逃過努爾哈赤的復仇之箭。

從此，努爾哈赤拓土開疆，一展鴻圖。萬曆四十四年（一六一六年），努爾哈赤打敗「野人」女真，建立後金，稱金國汗，年號「天命」，定都赫圖阿拉。努爾哈赤用了三十多年的時間統一女真各部，基本結束女真族內長期分裂、割據、動亂的局面，推動了女真社會的發展和滿族共同體的形成。

赫圖阿拉老城

赫圖阿拉老城在長白山脈北麓，是努爾哈赤建立後金政權後所定的第一個都城。

熊廷弼冤死刑場

傑出的軍事戰略家熊廷弼雄才大略，卻因為王化貞丟掉遼東而遭到閹黨集團的陷害，含冤受死。

●時間：西元一六二二年
●人物：熊廷弼　王化貞　張時雍

⊙「實內固外」,「以夷攻夷」

遼東是明朝九邊之一，負山阻海，為京師屏障，地理位置十分重要。萬曆三十四年（一六〇六年）八月，遼東鎮守總兵官李成梁等主動放棄寬甸等六堡八百里疆土，強迫六萬餘戶居民遷入內地，然後以召回逃人有功，向朝廷邀賞。

三十六年（一六〇八年）六月，李成梁受到朝臣彈劾。朝廷任命熊廷弼為巡按御史調查此事，經過實地勘察，熊廷弼指出李成梁確實犯了死罪。

熊廷弼又詳細考察遼東地理形勢，深入瞭解敵我情況，為防範建州的努爾哈赤，制定了「實內固外」「以夷攻夷」的方略，奏摺中指出：「實內之事非一，而屯田積儲為大；固外之事非一，而修邊並堡為大。」屯田積儲，修邊並堡，「虜來則拒，去則勿追，而一以生聚教訓為主」，即以守為戰。「以夷攻夷」則是指發動女真族其他部落和蒙古族反對努爾哈赤，使其自顧不暇，窮於應付，無力進攻明朝。

熊廷弼任巡按期間，修建自海州衛、蓋州衛、三岔河起，經遼陽、瀋陽到開原、鐵嶺、北關止七百多里的邊牆，修築清河等七座城池，修墩臺一百餘座。並建造糧倉十七所，三年之內積穀三十萬石。同時，熊廷弼整頓軍隊，革去弊端，改變作風，嚴格軍紀，充實營伍，僅僅四年，遼東軍威大振。

⊙節制三方，以一事權

泰昌元年（一六二〇年）九月，熊廷弼因固守策略受到內閣首輔方從哲等人大肆攻擊，最後革職，改以袁應泰經略遼東。

天啟元年（一六二一年）三月，瀋陽、遼陽相繼被後金攻下，袁應泰自殺身亡，朝廷再次起用熊廷弼，希望扭轉頹勢。

廣寧城只剩千餘名老弱殘兵，其餘的人都逃進關內。面對這種形勢，熊廷弼制定了收復遼東的「三方佈置策」：陸上以廣寧為核心，集聚重兵固守，沿遼河西岸築壘，從正面牽制後金兵力。海上以天津為一區，登州、萊州為一區，各配舟師從遼東南部打擊後金側背。聯合朝鮮李氏王朝，出兵鴨綠江聲援，待後金回師東顧時乘勢反攻，奪回遼陽，「節制三方，以一事權」。接著，熊廷弼派謀臣到朝鮮，與朝鮮軍民聯合，構成收復遼東的第四方。

六月，熊廷弼開始實施復遼方略，但向朝廷請調的援兵遲遲不到，廣寧巡撫王化貞也怯敵畏戰不肯配合。兩位大員一個主戰，一個主守，誰也不服，只好奏報明廷。

兵部尚書張鶴鳴、首輔葉向高輕信王化貞，令王化貞專力圖遼，不受熊廷弼節制。給事中李精白上言請皇帝授王化貞尚方寶劍，使其自行處事。熊廷弼苦於沒有兵權，言語難免過激，朝中大臣因此倒向王化貞。

⊙丟失遼東，冤死刑場

天啟二年（一六二二年）正月十八日，努爾哈赤親自率領後金五萬人馬，分三路向河西進攻。後金大軍很快渡過遼河，攻占西平堡。

王化貞急忙調廣寧、閭陽守兵前來攻打努爾哈赤，正中後金的圈套，三萬明軍全軍覆沒。廣寧失守，王化貞逃走，明軍失去立足之處，熊廷弼只得退至山海關，山海關以外整個遼東地區被努爾哈赤占領。消息傳到北京，舉國憤慨。

二月，朝廷逮捕王化貞、熊廷弼，聽候審理。經刑部和大理寺審判，二人都處以死刑。

四月二十八日五更，處斬熊廷弼的聖旨到達，山東司主事張時雍接旨後，命看守監獄的官員將熊廷弼騙來。

熊廷弼早已覺察，但仍然從容不迫，梳洗整衣，並說：「我是大臣，一定要拜讀聖旨，怎能草率行事？」走到庭院時，張時雍迎住熊廷弼說：「封疆大地失守，應得一死，你還有甚麼可說的？」熊廷弼不以為然。

張時雍見熊廷弼胸前掛了一個小袋子，就問：「這是何物？」熊廷弼朗聲說到：「這是謝恩的上疏。」張時雍說：「你沒讀過〈李斯傳〉嗎，囚徒怎能上疏？」熊廷弼瞪大眼睛，旁若無人說：「這是趙高的說法。」張時雍竟一時語塞。

最後，熊廷弼在西市問斬，頭顱傳到九邊鎮示眾，屍棄荒野。熊廷弼全家受到株連，妻子在衙門受審，長子被逼自殺，女兒吐血而死，財產也被沒收。

十三陵神道石刻（武將） 明

梃擊案

●時間：西元一六一五年
●人物：張差　朱常洛

防衛重重的紫禁城後宮，竟有莽漢手持木棍橫衝直撞，一直闖到皇太子的住處，這麼離譜的事情是怎麼發生的呢？

⊙後宮奇事

萬曆四十三年（一六一五年）五月初四，一個鄉村莽漢手持棗木棍衝進皇宮，見人就打，一直闖入皇太子朱常洛居住的慈慶宮，打傷守門的內官，最後才被捉住。

第二天，巡城御史劉廷元受命提審，莽漢狀似瘋癲，只說名叫張差，此外甚麼也沒審出來。

幾天後，刑部官員再審張差，這時張差似乎清楚了些，大意是說來京訴冤，進了京城卻不認識路，正好碰到兩個男子，哄騙他說找一條槓子便可當作冤狀，於是便找來一根棗木棍，從東華門進入皇宮，一直走到慈慶宮門前，打傷了守門官。刑部官員奏報神宗，建議處斬張差。

事情到此似乎已經了結，沒想到第二天卻又出現了新的線索。

一個管監獄的官員上奏說，他到獄中發飯時，見張差年壯力強，並不似瘋癲之人，便再次審問。這次張差招供說，他的同鄉馬三道、李守才許諾事成之後給他幾畝地種，讓他跟著一個不知姓名的太監走，進京後到了一處不知街名的大宅院，裡面的太監鼓動他闖進宮門，對他說撞著一個便打死一個，如果能打著小爺（太子），就吃穿不愁了，這個太監還說，出了事自會有人救他。

這個奏疏一上，明神宗便命刑部十八位官員會審張差。張差再次供出帶他進京的太監叫龐保，住大宅院的太監叫劉成，馬三道、李守才常往龐保那裡送炭，是龐保和劉成商量，讓馬、李二人逼他打進宮中。

十二旒冕

明代皇帝禮帽，以漆竹絲做胎，面敷黑紗，紅絹做裡，桐木做延，前後各垂十二旒，旒以五彩絲繩穿玉珠十二顆。冕圈呈筒狀，上部兩側各有一孔，貫一長方形玉衡，用以維冕。下部有玉簪貫髮髻，兩側各有玉瑱，簪兩端繫以紅絲纓結於頷下。《明會典．冠服》載，皇帝在祭天地、宗廟、社稷、先農及正旦、冬至、聖節、冊拜等大典時服袞服戴十二旒冕。

⊙國本之爭

上述供詞一出，牽扯出更重要的人物。原來，龐保和劉成都是萬曆皇帝的寵妃鄭貴妃宮中的太監。

鄭妃生得花容月貌，很得神宗寵愛，最大的遺憾卻是沒能早點生個兒子，偏是不得寵的王宮人為神宗生下長子，取名常洛，王宮人因此封為恭妃。朱常洛五歲時，鄭妃生了兒子朱常洵，皇上立即晉封鄭妃為貴妃。

這紙詔令在大臣中掀起軒然大波：皇長子已經五歲，恭妃也沒有封為貴妃，鄭妃剛生下皇子，就立即晉封，這樣下去，神宗說不定會做出廢長立幼的事來。古時候立儲是國家的頭等大事，稱為「國本」。明朝立儲的原則是：有嫡立嫡，無嫡立長。

大學士申時行和大臣姜應麟等相繼上書，請求冊立太子。刑部主事孫如法並因為上奏質疑，被神宗貶謫到偏遠的廣東。儘管如此，大臣還是上書不斷。

神宗只好推說皇后還年輕，倘若日後生了兒子，成了兩個皇儲就不好辦了，不如再等幾年。大臣仍舊不斷上書，請求立儲。

這件事從萬曆十四年（一五八六年）鬧到二十九年（一六〇一年），朱常洛已經二十歲，才冊立為太子，朱常洵封為福王。歷史上將此事稱為「爭國本」。

⊙草草收場

國本之爭本來已經過去多年，張差之案一出，人們又想起這段往事，大臣都認為此案與鄭貴妃有關。

性命險些難保，外面廷臣又議論紛紛，這時處境最為窘迫的就是太子朱常洛。這天，神宗親自來到慈慶宮，又把大臣和幾個皇孫都召來。神宗拉著皇太子對大臣說：「這個兒子很孝順，我非常喜歡，現在外廷生出許多說法，實在不足採信。」

太子也義憤填膺，說：「瘋人張差闖進東宮傷人，你們在外面議論紛紛，你們誰無父子，怎麼忍心離間我們父子呢？」

最後，神宗下令把張差處死，馬、李二人流放遠地，又下令在內廷把龐保、劉成打死，案子就這樣處理完了。這就是著名的明末三案中的「梃擊案」。

十三陵神道石刻（文臣）　明

紅丸案

●時間：西元一六二〇年
●人物：朱常洛　崔文昇　李可灼

萬曆四十八年（一六二〇年），明神宗病逝，做了十九年太子的朱常洛終於當上了皇帝。但僅僅過了一個月，朱常洛便在服下兩粒紅丸後暴斃身亡。

⊙初登大寶

度過了備受冷遇的皇子生活和多年膽戰心驚的太子生涯後，朱常洛終於等到登上皇位的這一天，是為光宗。

即位之初，光宗胸懷大志，想做一個有為之君。明神宗於萬曆四十八年（一六二〇年）七月二十一日去世，八月初一，光宗即皇帝位。短短幾天內，光宗一反神宗大肆斂財的做法，兩次發內帑共計一百六十萬兩，賞賜遼東及北方前線防軍，以振奮軍心。

接著，光宗下詔撤回萬曆末年激起多次民變的礦監和稅監，重新啟用萬曆年間上疏言事遭貶謫處罰的大臣。朝中正直之士歡欣鼓舞，一種全新的政治面貌似乎馬上就要出現。

⊙鄭貴妃的心機

神宗一死，當年寵冠後宮的鄭貴妃惶惶不可終日。鄭貴妃得罪新帝的地方不少，如果光宗記仇，她註定難逃一死。最初的國本之爭中，神宗因為偏向鄭貴妃生的皇子朱常洵，令身為長子的朱常洛一直拖到二十歲才立為太子。後來的梃擊案雖然不了了之，但明眼人都能看出背後肯定與鄭貴妃脫不了干係。

為了保全性命，鄭貴妃想盡辦法討好光宗。拉攏光宗寵幸的李選侍，又進獻美女以討光宗歡心。

歷來備受冷落、供奉淡薄的光宗免不了貪淫縱慾，起居無節。光宗本來因為生活壓抑身體虛弱，突然承受這麼多的政事，再加貪戀美色，夜夜縱樂，終於元氣大傷，臥床不起。

⊙兩次進藥

八月十四日，司禮監秉筆兼掌御藥房太監崔文昇進大黃涼藥，實際上相當於一種瀉藥。光宗服下後，一晝夜腹瀉三四十次，病情更加嚴重。廷臣紛紛指責崔文昇不懂醫術，胡亂進

煉丹爐

明代煉丹已沒有魏晉南北朝至隋唐那樣盛行，但少數人仍企望通過煉丹來獲得長生不死的仙藥。光宗就是因服用丹藥而死的。

藥。崔文昇是鄭貴妃的心腹太監，因此懷疑是受鄭貴妃指使。

二十九日，鴻臚寺丞李可灼至內閣，自稱有「紅丸」仙藥要呈獻皇上。內閣大臣調查用藥效果後，認為不可輕用。但李可灼通過熟識的中官向光宗啟奏，得以診視光宗並說得頭頭是道。

光宗自知命在旦夕，已經開始著手安排後事，見李可灼進藥，便抱著希望，在中午時分服下一粒紅丸。服藥後，光宗感覺不錯，想吃東西，並大讚李可灼是忠臣。

到了黃昏，光宗要李可灼再進紅丸。儘管御醫都表示反對，但在光宗的堅持下，李可灼又進一粒紅丸。光宗服下第二粒紅丸後，次日凌晨便死了。這便是明末三案中的「紅丸案」。

首輔方從哲曾以光宗的名義頒銀五十兩賞賜李可灼，群臣大嘩，方從哲改罰李可灼奪俸一年。

東林黨人認為紅丸是鄭貴妃藥殺光宗的陰謀。御史王舜臣首先上疏，請求重治李可灼。接著，內外官員紛紛上奏彈劾，認為崔文昇是鄭貴妃的心腹，故意加害光宗，而身為內閣首輔的方從哲沒能極力阻止進藥，也有不可推卸的責任。

最後，李可灼下獄受審，流戍邊遠，崔文昇發遣南京，方從哲致仕而去。

天啟年間，魏忠賢掌權後重翻紅丸案，李可灼免戍，崔文昇受任總督漕運。直到魏忠賢失勢，崔文昇才重新下獄。

延伸知識

一體堂宅仁醫會

明代，醫藥學的發展更趨向於全面展開，基礎學科、臨床分科與治療經驗總結、衛生保健與衛生事業管理等都進入了一個更為廣闊的領域。明代醫藥學的進步並與學術團體的創辦有著較為密切的關係。

約創辦於隆慶二年（一五六八年）前後的「一體堂宅仁醫會」，是中國醫學史上由醫學家私人創辦的最早的學術團體。這個學會是當時客居順天府（今北京）的外地醫學家聯合組織的，宗旨在於探討歷代醫術，切磋提高醫療技術，講求醫療道德修養。醫會對其成員有二十二項嚴格要求。當時入會者共四十六人，多為名醫，如徐春甫、支秉中等，均有醫學著作流傳後世。

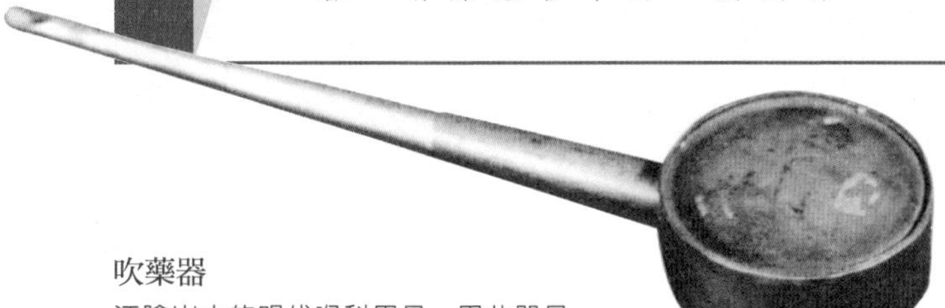

吹藥器

江陰出土的明代喉科用具，用此器具將藥散噴到喉部，設計十分巧妙。

剔彩福祿壽龍紋葵瓣式盤　明

徑三十四．四公分，高四．五公分。盤為委角葵瓣式，邊分成十格。色漆層次自下而上為紅綠、紅黃、綠紅等色。盤中開光內用松、竹、梅、桃、山石、雲紋等圖案，上雕一黃身綠鬣龍，龍首上方雕篆文：福、壽、祿。盤邊十格分雕形態各異的鳳、鶴紋。

移宮案

●時間：西元一六二〇年
●人物：李選侍　楊漣

乾清宮是內廷的正宮，是帝后專用之所。但熹宗即位之初，竟然發生了前朝妃子賴在宮內不走的事情。

⊙前朝舊事

光宗即位後，鄭貴妃為贖前愆，曾選八名美女進獻。其中，選侍李氏最受光宗寵愛，光宗並把兩個兒子朱由校和朱由檢都交給撫養。光宗在位僅一個月，沒有來得及冊立後宮嬪妃，這些沒有封號的妃子都稱為選侍。

光宗臨終前，召朝臣入宮交代後事，讓李選侍到內房迴避。光宗與群臣商議，封李選侍為皇貴妃（地位僅次於皇后）。李選侍並不滿足，把朱由校叫進內房叮囑了一番，朱由校出來後便跪在父皇床前，懇請冊封李選侍為皇后，光宗沒有答應，在場的朝臣也對李選侍蠱惑太子爭取封號的做法極為不滿。

⊙群臣奪帝

泰昌元年（一六二〇年）八月，光宗朱常洛死後，長子朱由校即位，是為熹宗，年號天啟（一六二一～一六二七年）。

起初，李選侍仍然住在乾清宮，把朱由校帶在身邊，企圖挾以自重。內廷司禮監掌印太監王安告訴朝臣，李選侍欲擁立太子以仿前朝垂簾故事。兵部右給事中楊漣首先出來反對，並建議立即到乾清宮引太子出宮。

群臣來到乾清宮求見皇太子，李選侍的親信太監擋在門前。楊漣厲聲斥責道：「皇帝晏駕了，新皇帝還小，你們這些奴才竟然攔住宮門不讓進去，難道是想造反嗎？」太監這才讓開。

李選侍把朱由校藏在房裡，不讓他出來。太監王安走進房內，假說太子出去就回來。王安把朱由校帶到宮門口，李選侍又反悔了，叫太監帶回來，太監上前拉住朱由校的衣服，被楊漣斥退。朱由校登上小轎，大臣劉一燝、周嘉謨、張維賢、楊漣等人等不及轎夫前來，抬轎倉促前行。

群臣簇擁著朱由校來到文華殿，請即日登基，朱由校不同意，只答應初六登基。隨後，朱由校在大臣的護衛下住到慈慶宮，準備登基。

顧繡・韓希孟刺繡花鳥冊

延伸知識

露香園顧繡

明中葉以後，刺繡品相當流行，北繡系統有衣線繡、魯繡、緝線繡等實用性刺繡，而以畫繡為主的南繡系統則以「顧繡」最負盛名。

明朝嘉靖年間，進士顧名世的內眷繆氏長於刺繡，自繡人物和佛像，形象逼真。顧名世曾在上海築「露香園」，故世稱其家刺繡為「露香園顧繡」或「顧氏露香園繡」，簡稱「露香園繡」或「顧繡」。顧繡繼承宋代刺繡的傳統手法，並加以創新發展，並配四色淡雅協調，暈色自然，以繪補繡，繡繪結合，具有繪畫的水墨韻味。

韓希孟是顧名世之次孫妻，她的刺繡常「覃精運巧，寢寐經營」，注重調查、收集、整理、臨摹宋元名人的書畫，以作為刺繡的範本，同時也表現現實景物。曾於崇禎七年（一六三四年）春搜訪宋元名蹟，摹繡《洗馬圖》《百鹿圖》《女后圖》《鷯鳥圖》《葡萄松鼠圖》《扁豆蜻蜓圖》《花溪漁隱圖》《仿黃鶴山樵筆》等八種古畫，匯作方冊，名《宋元名蹟方冊》。

因顧繡多仿繡名人字畫，故又稱「畫繡」或「繡畫」，深受文人士大夫的喜愛，生動呈現了文人藝術對工藝美術的影響。

⊙李選侍移宮

經過這場爭奪，群臣對李選侍更加憤慨，尚書周嘉謨等請李選侍移宮，即搬出乾清宮。

李選侍想找朱由校，企圖讓他壓制群臣。但派出的太監被楊漣擋住，楊漣義正辭嚴地說：「殿下在東宮時是皇太子，現在已經是皇帝了，選侍有甚麼資格召見皇帝！」

第二天，群臣齊集慈慶宮外，要求朱由校下詔，令李選侍搬出乾清宮。楊漣提議由首輔方從哲進宮催促朱由校，方從哲以為遲幾天也沒關係，楊漣說：「太子馬上就要登基為天子，哪有天子住在太子宮，反讓一個選侍住在正宮的道理！如果今天李選侍還不搬出乾清宮，我們死也不走！」其他朝臣高聲附和。

朱由校於是下旨讓李選侍移宮。在這種情勢下，李選侍只得搬到宮中宮妃養老處——仁壽殿噦鸞宮。

仕女吹簫圖　明　唐寅

唐寅的人物畫多描寫古今仕女生活和歷史故事。仕女形象，造型優美。此圖繪仕女撫玉簫吹奏，神態憂鬱，吹不盡無窮憂愁。

嵌赤銅阿拉伯文銅香爐　明

以銅爐身和浮雕抽象紋理的紫檀木器蓋組成，爐腹兩面嵌赤銅阿拉伯文，一面意為「使者說」，另一面意為「最美最好的祈禱真主」。

寧遠大捷

●時間：西元一六二六年
●人物：袁崇煥　努爾哈赤

寧遠大捷中，明寧前參政袁崇煥避敵之長，擊敵之短，發揮明軍火砲的優勢，憑城堅守，用不足二萬的兵力擊退後金十餘萬大軍的圍攻，取得明朝對後金作戰以來的第一次重大勝利，保衛了山海關和關內的安全。

袁崇煥像

天啟六年（一六二六年）正月，努爾哈赤率大軍圍攻寧遠。袁崇煥命守軍全部撤進寧遠城內，堅壁清野，又宰牛殺馬，慰勞將士。全軍上下同仇敵愾，鬥志昂揚，浴血奮戰，多次擊退敵人進攻。

情急之下，努爾哈赤親自指揮作戰，被砲石擊中，受傷墜馬，血流不止，後金軍隊退回瀋陽。這是努爾哈赤自二十五歲征戰以來唯一一次敗績，袁崇煥因此聲威大振，名揚邊境。

⊙黑雲壓城，堅壁清野

天啟六年（後金天命十一年，一六二六年）正月十四日，努爾哈赤親率眾貝勒及八旗勁旅，號稱十三萬大軍，向明王朝發動進攻。

正月十六日，後金軍抵東昌堡。次日，渡過遼河。明兵部尚書遼東經略高第膽小怕死，下令從錦州、右屯衛、大凌河、松山、塔山等城撤防，盡驅屯兵、居民入山海關，又命焚燒屋舍，遺棄米粟十多萬石，錦州等城兵民「死亡載途，哭聲震野，民怨而軍益不振」。

後金兵「如入無人之境」，幾乎沒有遇到任何抵抗，於正月二十三日抵達寧遠城郊。努爾哈赤想不戰而屈人之兵，向袁崇煥傳信，「二十萬大軍前來，寧遠必破，不如投降，還有官做」，關外一時人心惶惶。

明朝經略高第和總兵楊麒守在山海關內，不敢發兵援救。努爾哈赤帶兵越過寧遠城五里，在通往山海關的大路上紮營，截斷明軍退路，將寧遠圍得水洩不通。

袁崇煥與總兵滿桂、副將左輔、朱梅、參將祖大壽、守備何可剛等召集將士，以威武不屈的大丈夫氣概激勵士氣，誓死守城。

袁崇煥以總兵滿桂為前敵總指揮，把守通往錦州方向的城東南角，副將左輔守城西，參將祖大壽守城南，副將朱梅守城北，自己總督全局，分區劃守，相互支援。

延伸知識

茅元儀編《武備志》

茅元儀（一五九四～一六四四年），字止生，號石民，歸安（今浙江湖州）人，自幼喜讀兵農之書，熟悉用兵方略、九邊厄塞，曾任經略遼東兵部侍郎楊鎬幕僚，後為兵部尚書孫承宗所重用，因戰功升任副總兵。

茅元儀為振興明末日益衰馳的武備，彙集前代兵書兩千餘種，歷時十五年編成《武備志》。該書是明代大型軍事類書，共二百四十卷，約二百餘萬字，附圖七百三十八幅，全書由兵訣評（評點《武經七書》等兵書）、戰略考（評點從春秋到元代有參考價值的戰例）、陣練制（配三百一十九幅圖介紹歷代陣法，介紹選士練卒之道）、軍資乘（分營戰、攻守、水火等細目介紹行軍佈陣、旗號、屯田等內容）、占度載（記載五行奇門占驗、天文氣象知識，圖文並茂介紹地理形勢、關塞險要等）等五部分組成，其下分類編排資料，每類前有序言，中有眉批、旁批、夾註等大量內容。書中並載錄了明代中國及日本、西洋等國先進武器，《鄭和航海圖》也附在書中。

該書體例龐大統一，條理清晰，是中國古代篇幅最大的軍事百科性輯評體兵書。以豐富的軍事、科技、外交史料和較為科學的編排方法，贏得了後世的讚譽和推重。對改變明末重文輕武，武備廢弛的現狀也有積極的意義。

袁崇煥通令前屯守將趙率教、山海關守將楊麒，凡有寧遠逃兵立斬不赦。親自刺血寫書，對將士下拜，並留下母親和妻子，以示準備全家犧牲和抵抗到底的決心。

袁崇煥探明後金動向，積極做好各項戰前準備：

一是堅壁清野，袁崇煥將寧遠百姓全部遷入城內，城外房屋等可為後金利用的東西全部焚毀。

二是賞罰分明，袁崇煥親自椎牛、殺馬慰勞將士，又將城中庫存的所有白銀置於城上，聲言打退敵兵、不避艱險者，當即賞銀一錠，如臨陣退縮，則立斬於軍前。

三是查捕奸細，袁崇煥命人在城內沿街巡邏，對私自行動或出城的人即行正法，不放過任何可疑人物。

四是準備火器，城中各類火器一應齊備，新造的仿西洋「紅夷大砲」此時也架上城頭，又將火藥勻篩於席或被子上捲起，實戰時拋至城下，射出火箭引燃，號稱「萬人敵」，專門用來攻擊城根大砲死角。寧遠城壁壘森嚴，準備充分，軍民士氣倍增。

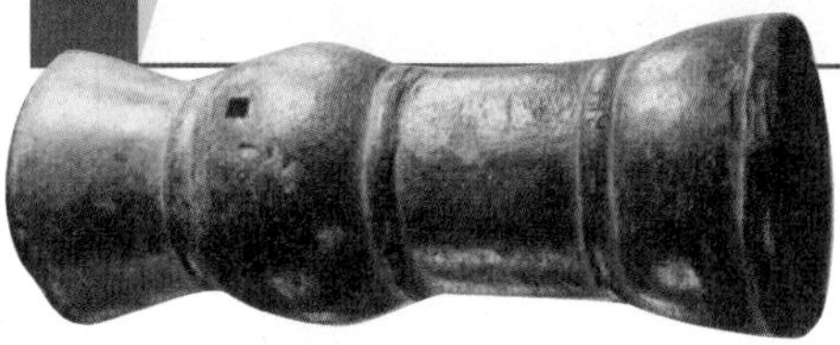
大碗口銅銃　明

⊙火砲迎敵，大敗後金

二十四日，袁崇煥部署就緒，與幕僚至鼓樓，和朝鮮使臣翻譯韓瑗等談古論今，鎮靜如常。袁崇煥先令兵民「偃旗息鼓待之，城中若無人」，

山海關明代鐵砲

靜待後金兵接近。

夜裡，後金軍開始攻城，八旗兵丁漫山遍野而來，推車、運鉤梯，先撲西南城角，明軍以猛烈的矢石、鐵銃和西洋大砲擊退。

接著，努爾哈赤派精銳兵士披著雙重鎧甲，推著鐵裹車撞城，每一次撞擊都發出巨大的響聲，使城垣受到震動和破壞。

後金步騎蠭擁進攻，萬箭齊射，城堞上箭如雨注，防禦用的懸牌被射得像刺蝟皮一般。明軍依靠堅固的城防，既不怕城下騎兵猛衝，又能夠躲避箭矢射擊。

後金兵進攻不成，死傷纍纍，移攻南城。後金軍在城門角兩臺間火力薄弱處鑿城，守城軍則以城護砲，以砲衛城。

後金兵頂著砲火，用車撞城，又冒著嚴寒，以大斧鑿城，竟鑿開高二丈餘的大洞三四處，寧遠城受到嚴重威脅。

危急時，袁崇煥動用戰前準備好的「萬人敵」，以「縛柴燒油，並攙火藥，用鐵繩繫下燒之」，並選五十名健丁用繩縋下城牆，以棉花將火藥等物點燃，「火星所及，無不糜爛」，擊斃燒傷無數後金士兵。

⊙後金首敗，寧遠大捷

二十五日，後金再次傾力攻城。袁崇煥命官兵在城上施放砲火，所過之處，後金騎兵死傷無數，懼怕畏縮不前。城裡甚至婦女孩子全都動員，替戰士送飯。每當戰士殺傷敵人，婦女就在城上吶喊助威，鼓舞士氣。

二十六日，後金兵繼續圍城。明兵不斷用火砲轟擊，擊退後金一輪輪圍攻。

努爾哈赤無計可施，只好改變策略，轉而進攻明軍儲存糧料的基地覺華島（今菊花島）。天寒地凍，水面結冰，駐守此地的明朝水卒所擅長的水戰完全派不上用場，數千水卒不敵

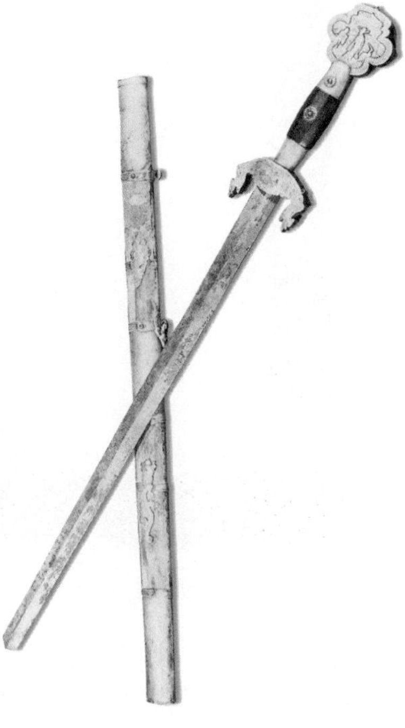
努爾哈赤御用寶劍

福陵石刻（駱駝）

後金幾萬兵士，全軍覆沒。

除覺華島之勝外，後金軍攻打寧遠，與明軍連續激戰三日，三攻三敗。

二十七日，努爾哈赤率軍撤圍，於二月初九回到瀋陽。努爾哈赤憤慨道：「我自二十五歲用兵以來，戰無不勝，攻無不克，怎麼一個寧遠孤城竟攻不下來！」

著名的寧遠之戰，明軍勝利。寧遠大捷是明朝自薩爾滸大戰失陷撫順以來的第一場勝仗，天啟帝旨稱：「此七八年來所絕無，深足為封疆吐氣！」

袁崇煥平日之恩威有以懾之維之也！不然，何寧遠獨無奪門之叛民、內應之奸細乎？本官智勇兼全，宜優其職級，一切關外事權，悉以委之。」

寧遠為山海之藩籬，關京師之安危，繫天下之存亡。努爾哈赤原計畫攻占寧遠，奪取山海關，進逼北京，不料敗在初歷戰陣的袁崇煥手下。當時袁崇煥只有四十三歲，久戎沙場的努爾哈赤已經六十八歲。努爾哈赤遭到用兵四十四年來最嚴重的慘敗，體傷可癒，心傷難醫，於當年八月鬱憤而死。

寧遠一捷，朝廷內外歡欣鼓舞，袁崇煥一舉成為中外矚目的名將。兵部尚書王永光向皇帝盛讚袁崇煥的功績：「遼左發難，各城望風奔潰，八年來賊始一挫，乃知中國有人矣！蓋緣道臣

歷史詞典

明人增加的賦役「三餉」

明朝後期，政府的賦稅日益苛重，賦稅徭役的項目層出不窮。此外，明政府又有一系列的賦稅加派，其中最為著名的就是「三餉」加派。

明神宗時，為對遼東後金作戰，明政府加派遼餉五百二十萬兩，此後遼餉成為固定的賦稅。崇禎時，為了鎮壓人民，加派剿餉二百八十餘萬兩。為了對付清兵的進攻，加派練餉七百三十餘萬兩。遼餉、剿餉、練餉，合稱「三餉」。

明政府的「三餉」加派大大加重了人民的負擔，一般人民無法承受，只好外出逃亡，造成土地大量荒蕪。實際上，「三餉」加派不僅沒有解決明朝面臨的內憂外患，反而加深了明政府的統治危機，進而加速了明朝的滅亡。

福陵碑樓

福陵建成於後金天聰三年（一六二九年），是清太祖努爾哈赤及皇后葉赫那拉氏的陵寢。因座落在瀋陽市東北十一公里處，因此又稱東陵。

明代服飾

朱元璋推翻元朝，統一天下後，禁胡服，下詔規定「衣冠悉如唐代形制」，開始從整體上恢復漢人衣冠。所以明代漢族男子服式依然沿襲了可遠溯夏商的大襟右衽交領和圓領這兩種傳統服飾式樣。官紳儒士多穿青布直身的寬大長衣，頭上戴四方平定巾，一般平民穿短衣，裹頭巾。

明代婦女的服飾主要有衫、襖、霞帔、背子、比甲及裙子等。普通婦女的禮服最初只能穿紫色粗布，不准用金繡。袍衫只能用紫、綠、桃紅等淺淡顏色，不許用大紅、鴉青和黃色，帶用藍絹布製作。下裳多穿裙，很少有穿褲的。裙子的顏色以淺淡為主。

到了明代末年，裙子的紋飾開始考究，有所謂的「月華裙」「鳳尾裙」「百褶裙」等等。

明代霞帔

花綾手巾

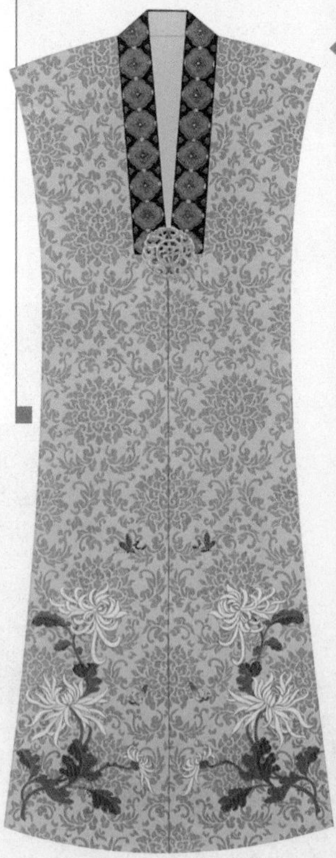

比甲展示圖

比甲的名稱雖然多見於宋元以後，但這種服裝的基本樣式卻早已存在，隋唐時期的半臂，就與比甲有著一定的淵源關係。明代比甲大多為年輕婦女所穿，而且多流行在士庶妻女及奴婢之間。到了清代，這種服飾更加流行，且不斷有所變革，後來的馬甲就是在這個基礎上經過加工改製而成的。

△五蝠捧壽紋大襟袍展示圖

明代貴族男子的便服多為袍衫，其制為大襟右衽，衣袖寬大，下長過膝。便服的質料以綢絹為主，也有用織錦緞製作的。此圖所繪，是以藍色綢緞製成，用金色、銀色及淺藍色盤繡紋樣的大襟袍展示圖。袖端的紋樣是傳統的螭龍圖案，衣身部分用團花紋飾，在雲蝠中間嵌一圓型的「壽」字，名「五蝠捧壽」。這種紋樣在明末清初特別流行，不僅呈現在服飾上，在其他的日用器皿及建築裝飾上也有大量反映。

▽高底弓鞋

明代婦女大多纏足，穿弓鞋，以香檀木為高底。老年婦女多穿平底鞋。

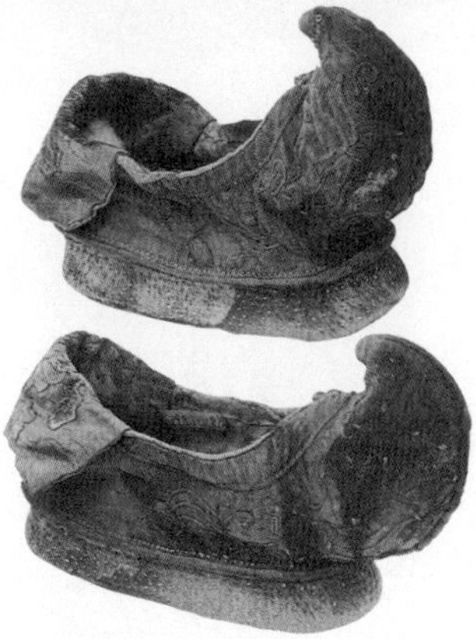

▷水田衣展示圖

水田衣是一種以各色零碎織錦料拼合縫製成的服裝，形似僧人所穿的袈裟，因整件服裝織料色彩互相交錯形如水田而得名。具有其他服飾所無法具備的特殊效果，簡單而又別緻，所以在明代婦女中間贏得普遍喜愛，史籍中有不少記載，文藝作品裡也有描述。水田衣的製作，開始的時候比較注意勻稱，各種錦緞織料都事先裁成長方形，然後有規律編排縫合。到了後來就不再拘泥，織錦料子大小不一，形狀也各不相同，形似補丁，類似戲臺上的「百衲衣」。

魏忠賢專權

●時間：西元一六二〇～一六二七年
●人物：魏忠賢

光宗朱常洛死後，一個月前還只是皇太孫的長子朱由校，突然成為一國之主。正是在這樣的背景下，大宦官魏忠賢出現在政治舞臺上，並且把明代宦官專政推到了登峰造極的地步。

⊙市井無賴的發跡

魏忠賢，河間肅寧（今河北肅寧）人。魏忠賢從小不務正業，也不讀書識字，是個慣於吃喝嫖賭的市井無賴。二十多歲時，因為欠下賭債，走投無路，索性自行閹割進宮當了太監。

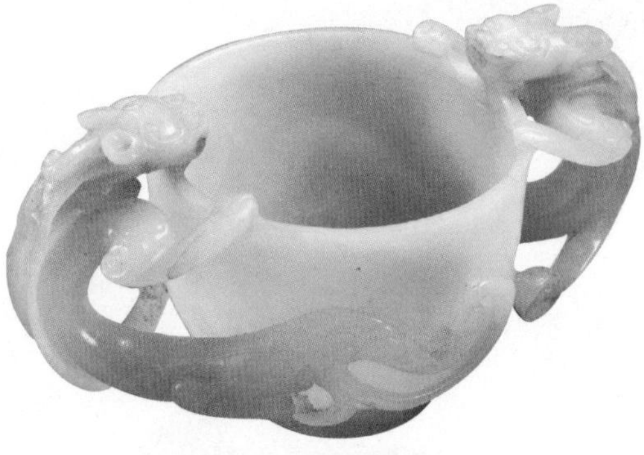

白玉雙螭耳杯　明

進宮後，魏忠賢投在太監魏朝門下，改姓李，名進忠。魏忠賢以花言巧語討得魏朝歡喜，把他推薦給大太監王安。開始時，魏忠賢在司禮監秉筆太監孫暹手下，管理甲字庫房，並恢復原姓「魏」。後來，魏朝又把魏忠賢推薦給王才人管理伙食。王才人是朱由校（即後來的熹宗）的生母，魏忠賢正是利用這層關係開始接近朱由校。

當時，朱由校還只是太子朱常洛的長子。朱常洛不得神宗喜愛，朱由校在很長一段時間內倍受冷落，有些太監甚至藉故離去。賭徒出身的魏忠賢卻把賭注押在了朱由校身上，他看到朱由校對奶媽客氏的感情十分深厚，就千方百計向客氏獻殷勤，和她結成名為「對食」的假夫婦。客氏於是經常在朱由校母子面前說魏忠賢的好話。

朱由校稱帝後，魏忠賢倚仗皇帝的寵信，和客氏串通一氣，將當初提拔他的太監王安、魏朝兩人排擠出宮廷。司禮監是皇帝身邊的機要中樞部門，詔令聖旨都由這裡簽發，按規定，沒有讀書的宦官不能在司禮監任事。但在客氏的幫助下，目不識丁的魏忠賢竟然代替王安，當上了司禮監的秉筆太監。

⊙結黨營私

魏忠賢攫取要職後，便努力博取皇帝的歡心，引導皇帝沉迷聲色犬馬，不理朝政。

明熹宗有一個特殊的嗜好，特別喜歡做木工，不但會用斧鋸，會蓋房、上漆，更精於雕琢製作小型器件。明熹宗做這些事時總是聚精會神，如果有人奏報國家大事，便很不耐煩。魏忠賢故意趁熹宗忙於木工時送上奏章，熹宗往往讓魏忠賢處理。這樣一來，許多事都可以不經奏報，魏忠賢的意志便成為皇帝的旨意。群臣明知如此，也只得照辦。

控制皇帝之後，魏忠賢開始大力結交朝臣，安插親信，迫害異己。在魏忠賢的淫威下，趨炎附勢之徒紛紛投效，形成臭名遠播的「閹黨」。其中，以文臣崔呈秀、田吉、吳淳夫、李夔龍、倪文煥組成的「五虎」，和武將田爾耕、許顯純、孫雲鶴、楊寰、崔應元組成的「五彪」最為死忠，另有尚書周應秋、太僕寺少卿曹欽程等組成的「十狗」，以及「十孩兒」「四十孫」等，這些走狗門下的爪牙又更是不可勝數。

魏閹用高官厚祿餵養的鷹犬橫行朝廷內外，朝臣稍有異議，便羅織罪名投進監獄，立即置於死地。

黃花梨衣箱　明

⊙楊漣冤獄

魏忠賢黨羽貪婪橫暴，紊亂朝綱。朝中正直的大臣遭到排擠、誣陷，個個丟官、削籍，甚至冤死。

左副都御史楊漣十分氣憤，上疏彈劾魏閹二十四大罪狀，每條都可置魏忠賢和客氏於死地。奏章傳出後，

歷史詞典

復社

復社是明代江南地區形成的一個以士大夫為主的文學、政治團體。明中葉以後，知識分子往往結成社團，以文會友，研究學問，參與政治。

影響最大者為東林黨，後遭到殘酷處置，但又有許多有政治責任感的人接過東林旗幟，繼續結社與上層對抗。影響最大的是張溥、張采領導的復社。

崇禎二年（一六二九年），張溥、張采以天下為己任，合南北各地文社為一，在江蘇吳江尹山成立了復社。以忠君愛民為宗旨，「期與四方名士共興復古學，將使異日者務為有用，因名曰復社」。其活動除組織尊師會友，賦詩撰文外，為擴大政治影響，並於崇禎二年在尹山、三年在金陵、六年在虎丘召開三次大會，以繼承東林自居，要求改良政治，清除閹黨勢力，重振朝綱。故人稱「小東林」。

復社發展迅速，由江南而擴展到全國，黨羽遍佈天下。崇禎後期復社捲入士大夫門戶之爭，削弱了清議黨派的作用。南明時馬士英等掌權，復社名流多被殺戮。清軍入關時成員曾參加抗清，順治時復社遭到取締。

碧雲寺

碧雲寺始建於元朝。明朝天啓年間，魏忠賢大修碧雲寺，在墓地兩側佈列了刻工精美的石雕，想葬身於此，但他作惡多端，自縊後分屍懸首，黨羽將衣冠葬於墓中。清朝時下令拆毀他的墓。

得到朝中正直大臣的贊同與支持。

魏忠賢急忙招來客氏和王體乾等心腹，到熹宗面前假意哭訴，表示對皇上忠心，又要辭去東廠兼職，以免楊漣等人攻擊。客氏從旁進讒言，王體乾也歪曲楊漣奏章原意。熹宗不辨真偽，下令嚴責楊漣。

楊漣無端受責，激起全體大臣的義憤。都給事魏大中、僉都御史左光斗等七十餘人群起參奏，彈劾魏忠賢。昏潰的熹宗不納眾議，反將此事交由魏忠賢處理。魏忠賢立刻以熹宗名義降旨責斥大臣，同時佈置殺害楊漣等人的計畫。

魏忠賢先用廷杖威脅廷臣，工部郎中萬燝曾上書涉及魏忠賢，被活活打死。不久，包括楊漣在內的數十位大臣被罷退，許多正直的大臣紛紛辭官。魏忠賢並沒有善罷甘休，又一手製造了楊漣冤獄，編造假口供，將楊漣、左光斗等人抓捕入獄，折磨而死。

接著，魏忠賢殺害遼東經略熊廷弼，毀壞遼東邊防，方便了建州女真蠶食遼東。魏忠賢並藉故罷免尚書李宗延、張向達等五十位大臣，朝署為之一空，魏忠賢黨羽便占據了朝廷各個要害部門。株連所及，魏忠賢連稱讚過楊漣奏章的大臣也不放過，中樞吳懷賢曾在讀楊漣奏章時拍案讚歎，後來由於家奴告發被殺，家產查抄。

⊙大建生祠

魏忠賢通過大清洗，對朝臣進行大換班，實際成為天下的主宰。魏門聲勢顯赫，無人能及。

魏忠賢的爪牙想辦法取悅他。天啟六年（一六二六年），浙江巡撫潘汝楨提出為魏忠賢建生祠。此奏一上，正中魏忠賢下懷，立刻以熹宗的名義批准。

潘汝楨下令聚資營建，百姓傾家蕩產。在潘汝楨的督造下，經過兩個多月，第一座魏忠賢生祠出現在杭州西湖畔。生祠規模雄偉，建築精巧，簡直和宮殿一樣。祠中的魏忠賢像用純金鑄成，腹中五臟六腑均用珠寶瑪瑙製作。生祠落成那天，潘汝楨率當地文武官員向魏像三拜五叩。

各地爭相仿效，一名國子監監生竟然荒唐的主張，在國子監旁為魏忠賢立生祠，讓目不識丁的魏忠賢配祭孔子。

互相攀比下，生祠越建越大，每修建一座生祠至少要花費數萬兩銀子，多者達到數十萬兩。僅開封一地就因修建生祠拆毀了兩千多間民房。這種禍國殃民的做法遭到正派官員反對，但反對者無一逃過魏忠賢及爪牙的毒手。

⊙魏閹末日

正當魏忠賢權勢薰天時，靠山忽然坍塌。做了七年皇帝的熹宗突然去世，年僅二十三歲。熹宗無子，遺命其弟信王朱由檢（即明思宗）繼位，年號崇禎。

崇禎帝繼位不到兩月，便罷免兵部尚書崔呈秀，為魏忠賢始立生祠的浙江巡撫潘汝楨也罷官。接著，兵部主事錢元慤、嘉興貢生錢嘉徵上書彈劾魏忠賢，要求清除魏門奸黨。

天啟七年（一六二七年）十一月，崇禎帝將魏忠賢貶謫至鳳陽祖陵司香，不久，又下令將其逮捕。正走到阜城（今屬河北）的魏忠賢得知，慌忙上吊自殺。

魏忠賢生祠

明末武清侯李誠銘出資為魏忠賢所建的生祠，崇禎即位後誅魏忠賢，改此祠為藥王廟。

東林冤案

●時間：西元一六二〇～一六二七年
●人物：魏忠賢　左光斗　高攀龍

魏忠賢閹黨羅織罪名，搜捕「東林黨人」，汪文言、左光斗等人被誣冤死獄中，稱為「前六君子」，後又有高攀龍等東林黨人被捕赴死，稱為「七君子之獄」。

從萬曆十四年到四十二年（一五八六～一六一四年），圍繞確立太子的「爭國本」問題歷時近三十年。東林黨就是在這場黨爭中湧現出來的反對派。

十三陵神道石刻（石像）　明

萬曆二十二年（一五九四年），吏部郎中顧憲成力主冊立朱常洛為太子。在推舉閣臣時，又力薦因擁立朱常洛而解職的原首輔王家屏。顧憲成因此遭到神宗嫉恨，削職罷官。

⊙東林勢盛，眾正盈朝

此後，顧憲成帶著「忤旨」罪回到原籍無錫。孜孜國事，卻獲罪罷官，朝野上下都為失去這樣一位正直無私的官員扼腕歎息。顧憲成在學界、政界都有很高的聲望，慕名前來求教的人很多。顧憲成於是和弟弟顧允成將家鄉的東林書院重新整修，集合志同道合的朋友高攀龍、錢一本等講學，不論貧富貴賤，一視同仁，熱情歡迎接待。

顧、高等人重視社會政治，關心世道人心，以天下為己任。這時正值明末社會問題日趨嚴重，宦官當權，政治腐化。東林人士要求廉正奉公，振興吏治，開放言路，革除朝野積弊，提出反對權貴貪贓枉法，反對礦監稅吏掠奪，減輕賦役負擔，發展東南地區經濟等，得到社會廣泛支持，同時也遭到宦官及各種依附勢力的激烈反對。

萬曆三十六年（一六〇八年），顧憲成被任命為南京光祿寺少卿。

天啟初年，由於在「移宮案」中扶持熹宗即位有功，大批東林黨人重新起用。東林黨人竭誠坦蕩，贏得朝中正直官員支持，形成了一股較大的政治勢力。首輔劉一璟、葉向高、吏部尚書趙南星、禮部尚書孫慎行、兵部尚書熊廷弼都是東林黨人或東林黨的支持者。東林黨由此成為主持朝政的主要力量，《明史》記述：「東林勢盛，眾正盈朝。」

⊙慘遭迫害

魏忠賢曾想籠絡東林黨人，遭到

嚴厲拒絕，雙方形同水火。魏忠賢與熹宗乳母客氏狼狽為奸，竊據司禮監秉筆太監兼掌東廠事等職，開始對東林黨人實行血腥制裁。

天啟四年（一六二四年），東林黨人楊漣首先發難，上疏歷數魏忠賢「專權亂政，欺君藐法」等二十四大罪。隨即被捕，與左光斗、魏大中等數十人同時遇害。魏忠賢杖死工部郎中萬燝，罷斥大學士葉向高、吏部尚書趙南星、左都御史高攀龍、吏部侍郎陳于廷等人，隨後在中央內閣、六部以至地方遍置死黨，又向全國頒示《東林黨人榜》，公開逮捕迫害東林人士。

天啟六年（一六二六年），魏忠賢殺害高攀龍、周起元、周順昌、繆昌期、周宗建、黃尊素、李應昇七人，又借紅丸、梃擊、移宮三案，打擊東林黨。魏忠賢指使黨羽新都御史王紹徽編纂《東林點將錄》，仿照水滸「三十六天罡」和「七十二地煞」，盡列東林黨名單。魏忠賢又遷怒於講學，矯旨拆毀全國各地書院，禁止講學活動。

僅三年時間，曾經掌握朝政的東林黨幾被趕盡殺絕，慘遭殺害的有數十人，下獄遣戍者數百，革職、蒙冤、株連、打擊者幾千人以上。

歷史詞典

陳子龍與《皇明經世文編》

陳子龍（一六〇八～一六四七年），字臥子，號軼符、大樽。松江華亭（今上海松江）人。崇禎年間進士，曾任紹興推官、兵科給事中。後見朝政腐敗，辭職回鄉。陳子龍曾參加「復社」，為後期領袖，並與夏允彝、徐孚遠創建「幾社」。明亡後，聯絡松江水師抗清，事敗被捕，乘間投水而死。

陳子龍生前著作甚豐，被譽為明詩殿軍。陳子龍同時也是著名的選家（編輯家），對後世影響最大的是崇禎十一年（一六三八年）與徐孚遠等人一起編輯的《皇明經世文編》。

《皇明經世文編》又名《明經世文編》，為政書體史籍。陳子龍選編的目的是要儒者能經世實用，擬古通今，以扭轉「俗儒是古而非今，擷華而捨實」，不務實際的壞風氣。

全書正文五百零四卷，另補遺四卷，總目一卷。收明代文集自宋濂至陳祖綬等四百二十五家，載文三千一百四十五篇。全書以人為綱，以年代為序，輯錄論著、奏議、文牘、雜文。該書取材廣泛，囊括時政要務，包括兵餉、馬政、邊防、邊情、火器、番舶、災荒、農事、治河、水利、海運、漕運、財政、錢法、鈔法、稅法、役法、科舉等諸多領域。

這部書的編輯出版，對當時的文學、學風是一個挑戰，對之後黃宗羲、顧炎武等人講求經世致用之學也有先行的作用。

「東林書院」舊址

姑蘇五義士

●時間：西元一六二六年
●人物：周順昌　顏佩韋

東林黨蘇州人周順昌大罵魏忠賢獲罪，激起蘇州民憤，爆發數萬人參加的抗暴運動，領袖五人被殺，後張溥為之著有〈五人墓碑記〉。

⊙「東林後七君子」

天啟六年（一六二六年）二月，魏忠賢下令逮捕「東林後七君子」：前左都御史高攀龍，吏部員外郎周順昌，蘇松巡撫周起元，諭德繆昌期，御史李應昇、周宗建、黃尊素。

高攀龍是東林黨魁，官至高位，在位時處處與魏忠賢抵牾。魏氏大將崔呈秀吃過高氏大虧，最為痛恨。

周順昌也是令魏忠賢頭痛的人物，楊漣彈劾魏忠賢「二十四大罪」的奏疏就是由他起草的。周順昌赴湖廣任鄉試考官時，在題目中提到歷史上的太監趙高、仇士良。高攀龍、趙南星解職返鄉時，周順昌公然送至郊外，執手歎息。

周順昌掌管人事大權，清廉正直，關注民間疾苦，為閹黨所不容，魏忠賢列名《東林點將錄》。魏忠賢指使內閣將周順昌削職回鄉，周順昌「行李一肩，都門歎為稀有」。

天啟五年（一六二五年），被迫害的「六君子」之一魏大中被捕，路過蘇州，周順昌激於大義，同起同臥三天，並把女兒許嫁給魏大中的孫子。

周宗建是朝中彈劾魏忠賢第一人，甚至公開指責魏忠賢目不識丁，大揭其短。

李應昇、黃尊素等人也都積極追隨楊漣攻擊魏忠賢。李應昇在奏疏中嚴厲斥責：「忠賢之罪千真萬確，無可復辯。千罪萬罪，又不勝辯。臣為陛下計，莫若聽忠賢亟自引退，以全旦夕之命。為忠賢計，又莫若早自引決，以乞帷蓋之恩。不然，惡稔貫盈，他日欲保首領而不可得！」

魏忠賢沒有對這些身在江南的宿敵放鬆警惕，時時監督，定期稟報。後來，魏忠賢乾脆找來空白奏疏，令心腹李永貞用李實的假名填寫上奏，彈劾周起元私吞錢糧，圖謀不軌，並把周順昌等人的名字寫進去，然後矯旨逮捕七人下獄。

⊙五義士就義

天啟六年（一六二六年）三月，魏忠賢與蘇州巡撫毛一鷺、織造太監李

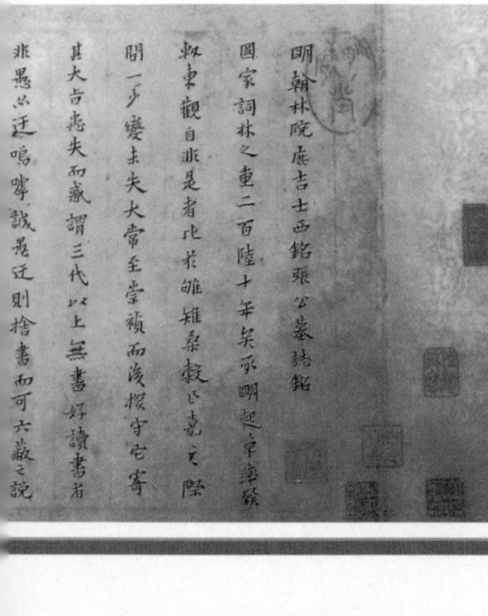
明翰林院庶吉士西銘張公墓誌銘
國家詞林之重二百陸十年矣承明起草[illegible]
[illegible]東觀自非是者比者雖雄桀[illegible]之際
間一步變未失大常至崇禎而後探守它寄
其大旨亮失而盛謂三代以上無書好讀書者
非愚必迂嗚嘑誠愚迂則捨書而可六藝之說

實等勾結，派錦衣衛到蘇州逮捕周順昌，蘇州數萬市民懷憤而起。

高攀龍在家鄉無錫得信後，自知在劫難逃，先去道南祠拜謁先賢，為文以告，然後回家與兩位學生對飲於後花園的水榭中，以示訣別。

晚上，高攀龍向皇上寫下〈遺表〉，整好衣冠，自沉水池，以死相抗。〈遺表〉稱：「臣雖削奪，舊為大臣。大臣受辱則辱國。」真正實現了「士可殺而不可辱」的古誡。

雞翅木翹頭案　明

周順昌被捕之日，全城數萬人，舉香為周吏部請命。錦衣衛見此情形十分生氣，大聲斥罵道：「我們東廠逮人，你們這些鼠輩竟敢如此！」

當時，另一支準備赴浙江逮捕黃尊素的人馬泊船在蘇州胥門外，被蘇州人圍住痛打，船也擊沉。錦衣衛跳水逃命，把捕人的憑據駕帖也弄丟了。

十八日宣詔時，「市人」顏佩韋、楊念如、周文元、馬傑、沈揚五人為伸張正義，率眾蜂擁突襲公堂，擊殺錦衣衛李國柱等，呼聲震天。魏忠賢以吳民亂為由，派兵鎮壓，顏佩韋等五人仗義執言，以首亂者被捕，同年七月慘遭殺害。五義士在刑場「顏色不改」，慷慨就義。

事後，為了抗議殺害五人，蘇州市民曾倡議拒用天啟錢達十個月之久。原本氣焰囂張的魏忠賢「逡巡畏義」，從此「不敢復有株治」。

魏忠賢垮臺後，蘇州人追念五義士恩德，在虎丘旁造了很有氣派的合葬墓，復社領袖張溥寫了著名的〈五人墓碑記〉。

《張溥墓誌銘》（局部）　明　黃道周

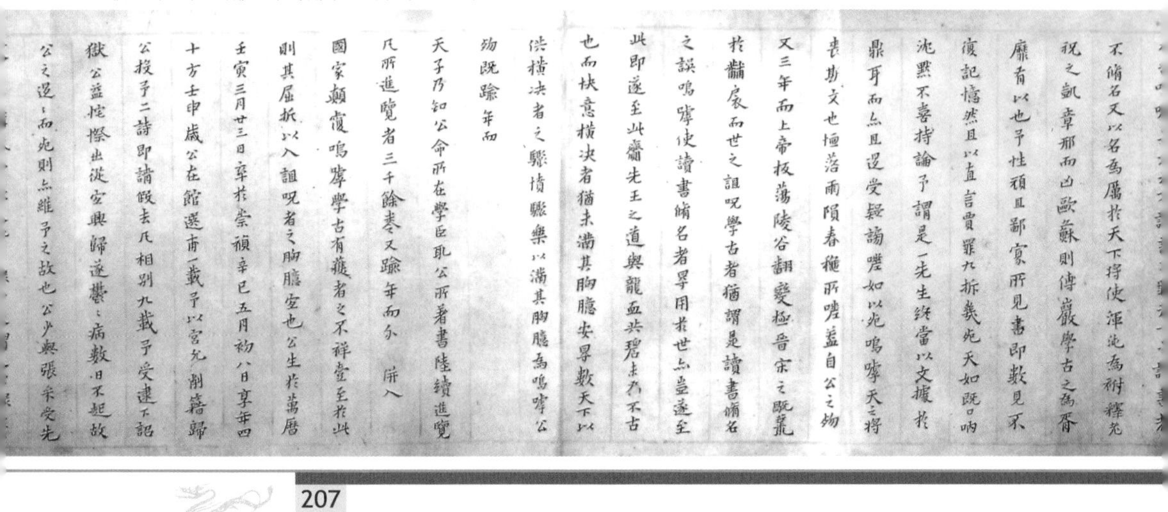

不脩名又以名為厲於天下將使渾沌為衍釋先
祝之氪章邪而凶歐蘇則傳嚴學古之為胥
靡有以也予性頑且鄙寡所見書即數見不
復記憶然且以直言賈罪九折幾死天如既吶
沉默不喜持論予謂是一先生終當以文擄於
鼎耳而亦且退受疑謗嗟如以死鳴嘷天之將
喪斯文也墮落兩隕春稚所嗟蓋自公之歾
又三年而上帝板蕩陵谷翻變極晉宋之既亂
於黼扆而世之詛呪學古者猶謂是讀書脩名
之誤嗚嘷使讀書脩名者畢用於世亦豈遂至
此即遂至此嚮先王之道與龍血共碧未為不古
也而抉意橫決者猶未滿其胸臆安畢數天下以
供橫決者之騁憤騁樂以滿其胸臆為嗚嘷公
歾既踰年而
天子乃知公命所在學臣耴公所著書陸續進覽
凡所進覽者三千餘卷又踰年而今　所入
國家頹覆嗚嘷學古有獲者之不祥豈至於此
則其屈折以入詛呪者之胸臆宜也公生於萬曆
壬寅三月廿三日卒於崇禎辛巳五月初八日享年四
十方壬申歲公在館選甫一載予以宮允削籍歸
公投予二詩即請假去凡相別九載予受逮下詔
獄公益恇懆出從安興歸遂鬱鬱病數日不起故
公之逕逕而死則亦維予之故也公少與張釆受先

誅殺閹黨

●時間：西元一六二七年
●人物：朱由檢　魏忠賢

崇禎帝朱由檢繼位後，剷除了魏忠賢及閹黨集團。魏忠賢自知罪惡深重，在貶往鳳陽守陵的途中上吊自盡。

崇禎帝即位後，做得最漂亮的一件事，就是除去了權傾朝野的魏忠賢黨羽。崇禎皇帝即位不久，就把熹宗乳母客氏趕出皇宮。同時，各地官民上奏參劾魏忠賢達數百本，崇禎帝片紙不遺，親自批閱。閹黨所為令人髮指，崇禎帝大怒，下詔擒拿魏忠賢等人，抄沒家產。

天啟七年（一六二七年）十一月，魏忠賢免去司禮監和東廠職務，謫發鳳陽看守祖陵。不久，崇禎帝命錦衣衛擒拿魏忠賢。魏忠賢在途中接到密報，懸樑自盡。崇禎帝下令將魏忠賢分屍，懸其首級於河間示眾，又下詔在宮中浣衣局殺死客氏，同時貶、殺魏氏黨羽，抄沒家產。

鍍金銅佛塔　明

塔通體鍍金，由塔基、塔身、塔剎三部分組成。頂端為寶蓋和日月寶珠。

⊙韜光養晦

天啟七年（一六二七年）八月二十二日，天啟帝（即熹宗）去世。由於天啟帝沒有子嗣，按照兄終弟及的慣例，朱由檢受遺命入繼皇位，定次年改元崇禎。

天啟二年（一六二二年），十二歲的朱由檢封為信王。在幾位進士出身的翰林院官員的悉心調教下，朱由檢長進很多，善書法、詩文，也善於彈琴，而且從小養成了獨立奮鬥的剛毅性格。

魏忠賢以司禮監秉筆太監提督東廠，親信田爾耕為錦衣衛提督，崔呈秀為兵部尚書，朝廷自內閣、六部乃至四方總督、巡撫，遍佈魏氏死黨。朱由檢繼承皇位時，正是魏忠賢等人活動最為猖獗的時期。閹黨在「九千歲」魏忠賢的縱容下，無法無天，禍亂後宮，把大明王朝推向了毀滅的深淵。朱由檢雖然羽翼未豐，不敢輕舉妄動，但一一看在眼裡，記在心上，韜光養晦，默默等待時機。

⊙閹黨作亂

天啟七年（一六二七年）八月二十

三日，朱由檢入宮，徹夜未眠。朱由檢隨身帶著佩劍，又牢記熹宗皇后張氏的告誡，只吃袖中私藏的麥餅。朱由檢深知，要除去魏忠賢，必須先確保地位和安全。朱由檢仍然像哥哥熹宗一樣，優待魏忠賢和客氏，又將王府中親信的宦官和宮女調到身邊。

魏忠賢希望繼續控制朱由檢，便用女色勾引崇禎帝。一日，魏忠賢送上四名絕色女子，崇禎帝怕魏忠賢懷疑，將美女全部留下。崇禎帝對四名女子仔細搜身，發現裙帶頂端都繫著一顆細小的藥丸，宮中稱為「迷魂香」，是一種能自然揮發的春藥。

魏忠賢千方百計引導崇禎帝做一個荒淫的皇帝，又派小太監手持「迷魂香」坐在宮中的複壁內，使室中自然氤氳著一種奇異的幽香，達到催情的效果，但也被崇禎帝識破。

魏忠賢乾脆採用更直接的試探方式。當時，一些大臣仍在不停上疏為魏忠賢大唱頌歌。魏忠賢在九月二十五日向皇帝上〈久抱建祠之愧疏〉，請求停止為他建造生祠的活動。崇禎帝順水推舟，批覆道：「以後各處生祠，其欲舉未行者，概行停止。」既抑止了朝野上下對魏忠賢的進一步崇拜，又不致引起他的惱怒。

崇禎帝不斷嘉獎魏忠賢、王體乾、崔呈秀等人，不動聲色暗中削弱魏忠賢的勢力，靜候時機。

⊙不露聲色，剷除閹黨

天啟七年（一六二七年）十月十三日，朝野怨聲載道之際，同為閹黨的御史楊維垣上疏彈劾崔呈秀。時任兵部尚書的崔呈秀是魏忠賢門下「五虎」之一，魏氏視為得力大將和左右手。崇禎帝藉機免除崔呈秀兵部尚書一職，令崔呈秀回鄉守制。

敏銳的官員們覺察到政局動向，揭發彈劾魏忠賢的奏疏接連出現。十月二十二日工部主事陸澄源上疏，十月二十四日兵部主事錢元慤上疏，十月二十五日刑部員外郎史躬盛上疏。崇禎帝不露聲色，直到二十六日。

十月二十六日，海鹽縣貢生錢嘉徵上疏，列舉魏忠賢十大罪狀：一、并帝，二、蔑后，三、弄兵，四、無二祖列宗，五、剋削藩封，六、無聖，七、濫爵，八、掩邊攻，九、傷民財，十、褻名器。崇禎帝立即掌握時機，開始行動。

崇禎帝召魏忠賢，當面宣讀錢嘉

花卉紋金杯　明

徵的奏疏。魏忠賢「震恐傷魄」，立即向原信王府太監徐應元討教對策。徐應元勸魏忠賢辭去爵位，或許可保富貴。次日，魏忠賢請求引疾辭爵，得到崇禎帝批准。

十一月初一，崇禎帝斥責徐應元，將魏忠賢貶往中都鳳陽祖陵司香。接著，崇禎帝對魏氏爪牙痛下殺手，魏忠賢孤立無援。

魏忠賢過慣了權勢生活，出京時竟然帶了衛兵一千人、大車四十餘

剔紅雙龍牡丹紋圓盒　明

盒面髹朱漆，蓋心雕一顆火焰寶珠，圍繞寶珠兩側蟠曲浮游兩條五爪長龍，龍體豐厚，鱗甲分明。以牡丹花及枝葉為襯地，更顯得豐滿華美。

何天章行樂圖　明　陳洪綬

畫家陳洪綬把何天章畫得如一尊魁梧的造像，而愛姬嬌小輕盈。圖名為行樂圖，但兩人面部表情漠然，皆無喜悅之色，實無樂可言，藉以諷刺禮教。陳洪綬善於利用誇大人物個性特徵和襯托對比的手法，給觀者留下深刻的印象。在技法上，他用筆拙如古篆，剛中見柔，力度雄健，不落俗套。

輛，浩浩蕩蕩南下。這種蔑視皇帝權威的作法給了崇禎帝藉口，崇禎帝於是下旨命錦衣衛旗校將魏忠賢緝拿回京。

十一月初六，親兵散盡的魏忠賢自知罪惡深重，在阜城縣南關的旅舍中自縊而亡。

崇禎帝下令將魏忠賢磔屍河間，懸其首級示眾。崇禎帝將閹黨二百六十多人或處死，或遣戍，或禁錮終身，其中包括客氏和她的兄弟、兒子，以及魏忠賢的一個從子。全國各地的魏忠賢生祠或推倒，或派作他用。

崇禎帝下令重修泰昌朝實錄，並在翰林院倪元璐的懇求下，將魏忠賢的《三朝要典》的底版焚毀。

崇禎帝對魏忠賢弄權時被害者的家屬公開表示關切，許多烈士受到贈恤，遺族得蔭官職。臣民讚頌不已，譽為「神明自運，宗社再安」。

殘餘的東林集團及支持者逐漸召回主持朝政。崇禎元年（一六二八年）末，韓爌回到北京，成為首輔。韓爌奉命聯合官員編製魏忠賢黨羽的名單，並刊布全國。崇禎帝恢復袁崇煥東北前線最高統帥的職務。東林黨人錢謙益也推為閣臣。

在崇禎帝的嚴厲督責下，崇禎二年（一六二九年）三月十九日，閹黨逆案終於結案。

崇禎帝自毀長城

●時間：西元一六二九年
●人物：袁崇煥　朱由檢

為了消除勁敵，皇太極巧用反間計，借崇禎帝之手處死了能征善戰的袁崇煥，掃清了後金進軍的障礙，同時拆毀了大明王朝最堅固的一道屏障。

明天啟六年（後金天命十一年，一六二六年）的寧遠一役，努爾哈赤率領後金兵在遼東守將袁崇煥構築的防線前慘敗而歸，努爾哈赤戰後不久憂憤而卒。

⊙反間計定

皇太極登位後，繼承父志，繼續對明朝用兵。天啟七年（一六二七年）五月，皇太極親率大軍，分兵三路，呼嘯南下，向寧遠襲來。駐守寧遠的袁崇煥親自到城頭督率將士，用大砲猛轟皇太極的軍隊，同時外聯城外援軍。在明軍的內外夾擊下，皇太極和父親一樣，沒能攻破袁崇煥的防線。皇太極調轉方向，把人馬撤到錦州。但錦州同樣被明軍守得嚴嚴實實，滴水不漏。後金士氣低落，皇太極只得暫時退兵。

袁崇煥墓碑

此後不久，明朝政局發生變化。昏庸的明熹宗去世，弟弟朱由檢即位（即崇禎帝）。崇禎帝上臺，力圖有所作為。懲辦閹黨，平反冤獄，並升袁崇煥為兵部尚書，主責河北、遼東軍事，准許全權行事。

皇太極在寧遠戰敗後，決定繞過防守嚴密的寧遠、錦州，避開袁崇煥，直逼明都北京。崇禎二年（一六二九年）十月，皇太極率領數十萬大軍，浩浩蕩蕩繞道山海關，取道古北口入長城，直撲北京，一舉深入北京郊區。

袁崇煥急點九千騎兵，行軍兩晝夜，終於趕上後金軍隊，雙方在京郊展開激戰。

袁崇煥身先士卒，帶領部眾取得廣渠門和左安門兩捷，京師轉危為安。但是，危機並沒有過去。這場在皇城腳下的戰鬥引起朝野震動，崇禎帝心慌意亂，宦官閹黨趁機散布謠言，說是袁崇煥引後金軍隊繞道來取北京。

皇太極吸取努爾哈赤強攻寧遠城失敗的教訓，眼見無法達到目標，決定用反間計除去袁崇煥。皇太極俘虜了明朝的兩個太監，故意透露「機密」，已與袁崇煥達成攻取北京的密約，隨後故意放走兩人，把「機密」

轉告崇禎帝。

⊙千古奇冤

崇禎帝本來猜疑心極重，再對照前些日子京城裡的傳言，便認定袁崇煥背叛國家，出賣了明朝。

十二月初一，崇禎帝以商議軍餉為名急調袁崇煥進京。袁崇煥進入紫禁城後，北京城戒嚴，九門緊閉，崇禎帝並未議餉，而是將他逮捕下獄。

第二年八月十六日，一代名將袁崇煥在北京西市被砸死。袁崇煥被害後，邊疆將士痛心疾首，對朝廷失望至極。

崇禎帝作為一國之主不能識人、信人，對皇太極的反間計深信不疑，使忠君愛國的一代名將蒙受不白之冤。崇禎帝一手鑄成的袁崇煥冤案，早已不是其個人的人生不幸，而是自毀長城的國家悲劇。

清朝入主中原後，編寫清太宗皇太極實錄，如實敘述此事，才使真相大白，洗清袁崇煥的冤屈。

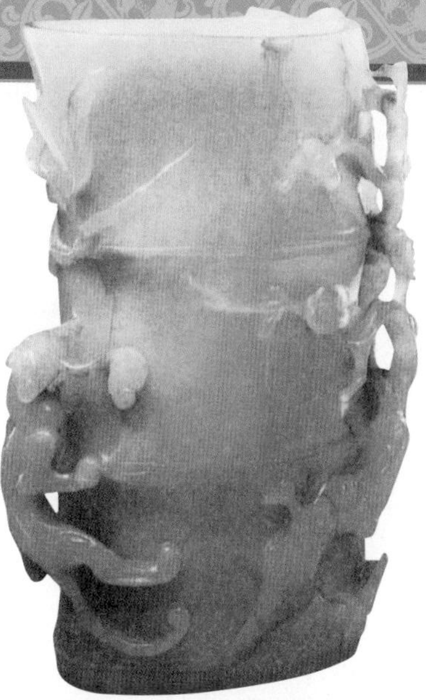

螭紋青玉竹筒形杯　明

高十五公分，寬十．五公分，北京故宮博物館藏。為扁圓的三節竹筒形，杯口向一側傾斜，杯底一節作削去竹根後留下的圓圈紋，中間一節鏤雕竹枝和竹葉。一側鏤雕折枝梅花為柄，另一側下部鏤雕螭虎，伏而欲動。取形於梅竹，高雅不凡，伏螭寓意祥瑞。應為明代宮廷用器。

明長城遺址

約西元前二二〇年，一統天下的秦始皇，將修建於早些時候的一些斷續的防禦工事連接成一個完整的防禦系統，用以抵抗來自北方的侵略。在明代（一三六八～一六四四年），又繼續加以修築，使長城成為世界上最長的軍事設施。在文化藝術上的價值，足以與其在歷史和戰略上的重要性相媲美。

闖王李自成

●時間：西元一六〇六～一六四五年
●人物：李自成

明朝末年，民間動亂。李自成領導的民軍出生入死，幾經危難，最後攻破北京城，推翻了明朝長達二百七十多年的統治。

⊙投奔民軍

李自成（一六〇六～一六四五年），陝西米脂人。天啟年間，陝北災荒不斷，官府糧差卻分文不減，李家世代務農，生活艱難，幼年的李自成靠牧羊度日。後來父母相繼去世，為了謀生，二十一歲的李自成到銀川驛站當了驛卒。

不久，李自成因為無力還債，打死了債主，便和姪兒李過跑到甘肅做了守邊士兵。這時候，明朝政治腐敗不堪，經濟完全崩潰，邊關糧餉不足，加上軍官貪污剋扣，兵士經常挨餓受凍，生活非常困苦。

李自成鑄造的銅印

崇禎二年（一六二九年），後金大舉南下，進逼北京，明朝政府調集四方軍隊趕赴京城，李自成、李過叔姪隨參將王國從甘肅開拔。隊伍路經金縣（今甘肅榆中），兵士要求發餉，王國卻剋扣不發，士卒蠭擁而起，殺了王國，準備四散逃命。

李自成平日敦厚朴實，辦事精幹，又有謀略，深受兵士敬重，他說服同伴，組織了一大批士兵，參加王左掛和不沾泥（張存孟）領導的隊伍。

⊙從闖將到闖王

王左掛和不沾泥投降後，李自成帶著李過和部下加入闖王高迎祥的隊伍。李自成作戰勇敢，處事果斷，籌謀縝密，很快得到高迎祥的信任，成了一名「闖將」。

高迎祥和其他幾支民軍聯合，轉戰山西、河北等五省，聲勢越來越大。官軍到處圍剿，卻接連失敗。

崇禎七年（一六三四年），朝廷為了消滅民軍，以陳奇瑜為山西、陝西、河南、湖廣、四川五省總督，試圖把各路民軍全部包圍，一舉剿滅。

高迎祥的軍隊在陝西興安（今安康）和陳奇瑜率領的數倍軍隊的明軍相遇，經過幾天激戰，民軍始終不能擺脫敵人，困在車箱峽達兩月之久。時值雨季，大雨綿綿，民軍糧草殆盡，人馬死傷過半，再僵持下去，就有全軍覆沒的危險。危急關頭，李自成建議詐降。陳奇瑜不知是計，見明軍也已疲憊不堪，於是接受投降條件，下令停戰，並部署附近州縣供民軍駐紮，給以必要的糧草供應，使民軍獲得休整之機。

不久，李自成率軍連闖七個州

縣，脫離險境，隊伍很快重新發展。追悔莫及的陳奇瑜因圍剿無功免職。

崇禎八年（一六三五年），各路民軍被五省總督洪承疇率領的官軍圍困在河南，為了衝破包圍，高迎祥約十三家民軍頭領在滎陽開會，共商破敵之計。各領袖在作戰問題上分歧很大，莫衷一是，爭論不休。這時，李自成提出應分幾路出擊，打破敵人包圍。

經過一番商量，十三家分成五路，主力指向實力較薄弱的東部明軍，南、北、西三面部署一定力量牽制敵人，以確保東部作戰勝利。

之後，高迎祥、李自成和另一支由張獻忠領導的民軍向東打出包圍圈，直取江淮地區的鳳陽。鳳陽是明太祖朱元璋的家鄉，出擊鳳陽，就是要打擊明王朝的氣焰。高迎祥、張獻忠勢如破竹，不到十天，就攻下了鳳陽，明廷上下大為震驚。接著，高迎祥和李自成回到陝西。

第二年，高迎祥進攻西安，陝西巡撫孫傳庭在盩厔（今陝西周至）的山谷裡埋下伏兵攔擊，激戰中高迎祥被捕犧牲。在部眾的擁戴下，李自成做了「闖王」，帶領民軍繼續戰鬥。

延伸知識

民軍焚燒明皇陵

崇禎八年（一六三五年）正月十五，高迎祥、李自成、張獻忠率領民軍攻下明中都鳳陽。鳳陽防守嚴密，有官兵六千多人。但是鳳陽軍民因飽受鎮守太監的欺凌，積極歡迎民軍。

民軍乘霧攻下了鳳陽，俘獲企圖穿囚服矇混於監獄中的知府，歷數其罪並殺之，同時殺宦官六十多人，斬明中都留守朱國相及官兵四千多人。民軍並釋放囚犯，把戰利品和府庫糧食分給人民。為表示對明王朝的痛恨，民軍縱火燒掉了明朝皇陵的享殿以及朱元璋少年時出家的皇覺寺，砍光皇陵幾十萬株松柏，拆除周圍建築，並豎起「古元真龍皇帝」的大旗，慶賀勝利。三天後，明軍趕至，民軍主動撤出。

崇禎皇帝獲悉此事大為吃驚，穿素服哭告於太廟，撤兵部尚書職，逮捕鳳陽巡撫和鎮守太監等官員，或殺或遣戍，並大舉徵兵討伐民軍。

北京正陽門城樓

⊙再起商洛

各路隊伍關係鬆散，不能協同作戰，多被各個擊破。從崇禎九年到十一年期間（一六三六～一六三八年），領袖有的投降，有的迫於形勢被招撫。

十一年（一六三八年），李自成從甘肅轉移到陝西，準備出潼關。洪承疇、孫傳庭事先探知後，在潼關附近

李自成進北京圖

入北京城前，李自成連發三箭，和民軍約法說：「軍人入城，有敢傷一人者，斬以為令。」進城的當天，他又張榜宣布：大軍進城，秋毫無犯，敢有搶掠人民財物的立即處死！百姓高興奔走相告，店鋪很快開張營業，城內外迅速恢復正常生活。

的崇山峻嶺中佈下埋伏，故意讓開通向潼關的大路，引誘李自成進入包圍圈。

李自成到達潼關附近的山谷地帶時，兩面山中殺出大批明軍，經過幾天幾夜的搏鬥，李自成的隊伍散亂，數萬名犧牲，李自成和部將劉宗敏等十七人衝出包圍，逃到陝西東南的商洛山區。

此後一段時間，李自成白天騎射，晚間讀書，總結失敗的教訓，等待時機，以圖東山再起。

崇禎十二三年間（一六三九～一六四〇年），明朝統治者不顧河南災荒嚴重，仍舊催索錢糧，致使民怨沸騰。李自成認為時機成熟，東出河南，再舉大旗。飢民蠭起響應，很快由幾十人發展成數萬人的隊伍。

李自成攻城掠地，開倉濟貧，提出「均田免糧」的口號。這個口號立即產生了巨大的力量，人們像潮水般加入李自成的隊伍。各地都在傳唱：「吃他娘，穿他娘，吃穿不盡有闖王；不當差，不納糧，大家快活過一場。」盼望著闖王的隊伍早些到來。幾十天內，李自成的隊伍擴大為幾十萬人馬。

⊙一路凱歌

李自成帶領重新組織的民軍轉戰河南各地，他嚴肅部隊紀律，所經之地秋毫無犯。李自成很重視對敵軍的宣傳瓦解工作。明軍內部腐敗，將領剋扣糧餉，士卒缺衣少糧，困苦不堪。李自成每當對陣時，便在陣前喊話勸降，明軍士卒往往陣前倒戈，大批加入。加上指揮有方，戰略戰術運用得當，很快便在河南「五覆官軍」，攻破洛陽，殺死福王朱常洵。自願參加的百姓如流水一般，日夜不絕，很快發展成百萬人的隊伍。

崇禎十六年（一六四三年）正月，李自成揮師南下，不到一個月，幾乎占領湖北北部各縣。為了徹底推翻明朝統治，李自成在襄陽（今湖北襄樊）召開軍事會議，確定新的戰略方針：

進軍關中，消滅當時唯一有實力的明軍孫傳庭部隊，然後東渡黃河，經山西直搗北京。

八月，李自成和孫傳庭在豫西郟縣、汝州（今河南臨汝）激戰兩次，孫傳庭的數十萬大軍遭到毀滅性打擊。李自成乘勝前進，在十月攻破潼關，進占西安。

⊙攻入北京

崇禎十七年（一六四四年）正月，李自成在西安建立大順政權，年號永昌。二月，李自成大軍直指太原，明軍望風投降。李自成兵分兩路，一路由驍將劉方亮率領，出故關（今山西娘子關南），奔真定（今河北正定），切斷敵人南逃的退路。一路親自率領，克忻州（今山西忻縣）、代州（今山西代縣），破寧武，陷大同、宣府，直取北京。

大軍過關斬將，銳不可當。三月上旬，進入居庸關，占領昌平。十六日，大軍包圍北京城。李自成勸崇禎皇帝投降，遭到拒絕，於第二天對北京發起攻擊。十八日，三面環攻，在彰義門（今廣安門）、西直門、平則門（今阜城門）、德勝門等處展開激戰。傍晚，攻克彰義門，進攻內城各門。城內達官貴人驚恐萬狀，絕望之際，崇禎皇帝手刃妃子、女兒，隨後在煤山（今景山）上吊自殺。

李自成家鄉米脂縣的民居

崇禎十六年（一六四三年），李自成在西安建立大順政權，改米脂縣為田保縣，隸屬延安府。

第二天黎明，宣武、正陽各門被李自成驍將劉宗敏、姪兒李過等攻破，大軍湧入北京城。中午時分，李自成頭戴氈笠，身穿青布衣，騎著烏駁馬，在數百名精兵的護衛下，進入北京城。

張獻忠建大西

●時間：西元一六三〇～一六四六年
●人物：張獻忠

明末張獻忠起兵反明，一度受到朝廷招撫，後又重新舉起反明大旗。張獻忠的軍隊作戰英勇，取襄陽，過湖廣，最終入川建立了大西國。

明朝末年，賦稅沉重，災荒連連，各地亂事不斷。天啟七年（一六二七年），王二率領陝北澄縣飢民衝進縣城，殺死知縣張斗耀，揭開了明末混戰的序幕。次年，王嘉胤聚眾數千人起事，王二率部趕來匯合。緊接著安塞的高迎祥發動人民，因戰功卓著，稱為「闖王」。張獻忠也是其中傑出的領袖之一。

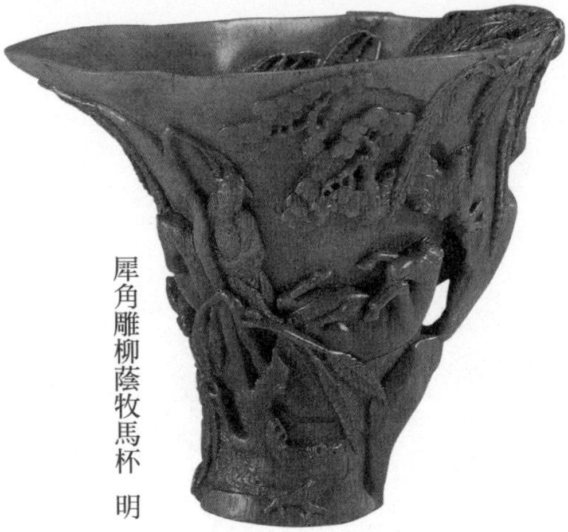

犀角雕柳蔭牧馬杯　明

⊙「八大王」

張獻忠（一六〇六～一六四六年）出身貧苦家庭，從小聰明倔強，跟著父親販賣紅棗。張獻忠做過捕快，後來到延綏鎮當了邊兵。張獻忠生性剛烈，愛打抱不平，為此幾乎丟了性命。一次遭人陷害，將被處死時，「主將陳洪範奇其狀貌，為請於總兵官王威釋之」，最後以「鞭一百免」。革役後，張獻忠逃回老家，流落鄉間。

崇禎三年（一六三〇年），張獻忠積極響應王嘉胤號召，在米脂聚集十八寨人民。張獻忠自號「八大王」，又因「身長瘦而面微黃」，軍中稱為「黃虎」。次年，張獻忠參加王自用聯軍，為三十六營之一。張獻忠幼時讀過書，又受過軍事訓練，為人多智謀，果敢勇猛，很快顯示出卓越的指揮才能，逐漸成為領袖。

⊙朝廷招安，先降復叛

陝北的一系列事件震驚了明朝統治者，崇禎皇帝準備剿撫兼施，盡快平息亂事。三邊總督楊鶴執行以撫為主、以剿為輔的政策，企圖瓦解民軍。

為避開明軍主力，王嘉胤率軍入晉，中心轉移到山西。王嘉胤死後，張獻忠、羅汝才、李自成等歸附高迎祥，高迎祥稱闖王，張獻忠、李自成號闖將。

崇禎八年（一六三五年），為了迎擊明軍，十三家七十二營領導人聚會河南滎陽，商決對策。回民領袖馬守應主張北渡黃河，轉移山西，遭到張

劍閣圖　明　仇英

獻忠等人反對。李自成提出「分兵定所向」的戰略，主張聯合作戰，分兵迎擊明軍，得到大會贊同。

會議決定分兵五路：一路向南，阻擊湖廣、四川明軍。二路向西阻擋陝西明軍。三路屯兵滎陽、汜水一帶，扼守黃河。四路高迎祥和張獻忠等東征安徽等地。五路馬守應往來策應。

高迎祥犧牲後，大軍逐漸分成兩支，一支由張獻忠領導，在湖北、安徽、河南一帶活動。另一支由繼承「闖王」稱號的李自成領導，在甘肅、寧夏、陝西一帶活動。

崇禎十年（一六三七年），張獻忠遭明軍總兵官左良玉部攻擊，在南陽、麻城戰敗投降。次年正月，張獻忠率本部進駐穀城受朝廷招安，授予副將，駐地王家河易名太平鎮，以示休兵。

經過一年休整，崇禎十二年（一六三九年）五月，張獻忠在穀城再次起兵，重舉反明的大旗。張獻忠採用「避實搗虛」、「以走制敵」的戰術，在羅山殲滅明軍主力左良玉部。又轉入四川，在達州戰役中大獲全勝。隨即兵進湖廣，於崇禎十四年（一六四一年）二月攻陷襄陽。李自成、張獻忠相繼攻占洛陽、襄陽，明朝的圍剿計畫失敗。

⊙奇襲襄陽，攻取湖廣

總兵左良玉一敗塗地後，暴怒的崇禎帝派兵部尚書楊嗣昌到湖廣圍攻張獻忠。楊嗣昌帶領十萬人馬來到襄陽，率左良玉等將領把民軍四面包

鏤空雕竹節邊框門條環板　明

圍。張獻忠轉移到瑪瑙山時，由於隊伍混進奸細，陷入包圍之中，被明軍打敗，損失了大量金銀、戰馬，張獻忠的妻子、兒子被俘虜。張獻忠帶領一千名騎兵，從湖廣轉移到四川。楊嗣昌跟蹤追擊，把行轅遷到重慶，準備在四川消滅敵軍。

楊嗣昌到處張榜說：有能抓住張獻忠，賞給黃金萬兩，晉封侯爵。第二天，在楊嗣昌的行轅裡出現了許多標語，寫著：「有能斬楊嗣昌頭的，賞銀三錢」。楊嗣昌派出大批官軍到處追剿，張獻忠卻忽東忽西，讓官軍捉摸不定。當明軍將領猛如虎、劉士傑帶著疲勞不堪的兵士趕到，張獻忠卻繞到明軍背後，殺退敵人。

崇禎十四年（一六四一年），楊嗣昌將重兵調駐四川，襄陽兵力空虛。張獻忠發現，設法擺脫明軍，突然離開四川，往東轉移，一天一夜急行三四百里，把楊嗣昌大軍遠遠甩在後邊。民軍在湖廣當陽遇到另一支明軍堵截，張獻忠派將領羅汝才留守，親自率領精銳部隊直奔襄陽。

楊嗣昌在重慶得到消息，連忙派使者趕往襄陽傳令嚴守，半路被張獻忠截獲，派義子李定國混進襄陽城中。當天晚上，在城裡多處放火，百姓從睡夢裡驚醒，發現到處火光沖天，全城大亂。混亂中，城門打開大軍進入，官軍來不及抵抗。進城後打開監獄，救出被俘的民軍和家屬。又直奔襄王府，殺死襄王朱翊銘。楊嗣昌得知襄陽失陷，親王被殺，害怕崇禎帝怪罪，自殺身亡。

⊙建立大西國

崇禎十六年（一六四三年）五月，張獻忠攻下武昌，將楚王投入江中。同年，張獻忠在武昌稱大西王，初步建立政權。不久，攻克長沙，宣布免徵三年錢糧，從者愈眾。

次年，張獻忠帶兵入川，於八月攻陷成都，明朝巡撫龍文光、蜀王朱至澍及嬪妃全部自殺身亡，其他官員當了俘虜。民軍進入成都，號稱六十萬眾，很快控制四川大部分州縣。

在成都，張獻忠先號稱秦王，接著宣告建立大西國，改元大順，以成都為西京，建章設制，大西政權初具規模。

張獻忠建立大西後，政治上，設置左右丞相、六部尚書等文武官員，頒行《通天曆》，並開科取士，選拔三十人為進士，派任郡縣地方官。經濟上，設錢局鑄「大順通寶」行用，同時對西南各族百姓「蠲免邊境三年租賦」。軍事上，設五軍都督府，分兵一百二十營，四面出擊，逐漸占據四川全境。不久，四川明將曾英、李占春、于大海、王祥、楊展、曹勳等紛紛聚集兵馬，襲擊民軍，屠殺大西政權地方官員，給張獻忠帶來很大威脅。對此，張獻忠進行了嚴厲的鎮壓。

為了確保四川的安全，張獻忠向北平定漢南地區，又攻打漢中，被李自成部將賀珍擊敗。

清順治二年（一六四五年）十一月，清朝用剿撫兼施的策略，以何洛會為定西大將軍進剿四川，又派人下詔誘降。

張獻忠反而更加堅定了抗清的決心，一面與明朝在四川的殘餘軍隊、地方武裝對抗，並和清軍激戰。

清順治三年（一六四六年）初，清朝以肅親王豪格為靖遠大將軍，和吳三桂等統率滿漢大軍，全力向大西軍撲來。張獻忠大敗，退回成都。

七月，張獻忠決定放棄成都，北上陝西迎擊清軍。臨行前，張獻忠在四川進行空前的燒殺破壞，先以開科取士為名，殺知識分子於青羊宮，又坑殺成都民眾於中園，殺明朝衛軍九十八萬，遣四將軍分屠各縣，將億萬寶物擲入錦江，決水放流，自謂「無為後人有也」，行為殘忍至極。

十一月，張獻忠大軍紮營西充鳳凰山。二十六日，豪格護軍統領鰲拜等分率八旗護軍輕裝疾進，出其不意，突然發起襲擊。二十七日晨，清軍隔太陽溪與張獻忠相遇。張獻忠臨急應戰，指揮馬步兵分兩面抗擊清軍，不幸中箭身亡，年僅四十一歲。

張獻忠犧牲後，其部將孫可望、李定國、劉文秀、艾能奇、馮雙禮等率領大軍向南，後與南明永曆政權聯合，共同抗擊清軍，轉戰西南各省廣大地區近二十年，直到清康熙初年。

竹雕騎馬人　明

作者採用圓雕技法，以韓愈詩「雪擁藍關馬不前」為題材，刻一個頂風冒雪騎馬人的形象。人物頭戴風帽，聳肩縮頸騎於馬背之上。馬雙目圓瞪，四足叉開，雙耳直豎，立止不前。刻工圓潤細緻，人物、馬匹神態生動逼真。

崇禎帝自縊煤山

●時間：西元一六四四年
●人物：崇禎帝

崇禎帝即位之初就立志做「中興」之主，但所做的所有努力已經無法挽回王朝沒落的頹勢，明朝已和它的末主一起走到了窮途末路。

崇禎帝初登皇位便開始清除魏忠賢閹黨，接著重新起用天啟朝被陷害罷黜的大臣，考覈眾官，整頓吏治。在邊政方面，崇禎帝起用天啟年間軍功顯赫的袁崇煥，又裁減驛卒、清查錢糧以籌兵餉。在位十七年間，崇禎帝成為明代後期少見的勤政皇帝。但此時的明朝積弊已深，各種問題重重交織。加上崇禎帝狂躁偏狹和多疑的性格，明王朝已經走到了崩潰的邊緣。

⊙京城被圍

崇禎十五年（一六四二年）二月，清軍克松山，祖大壽於錦州降敵。九月，李自成攻破開封，此時的明軍已經喪失了抵禦能力。

十六年（一六四三年），李自成一路攻城掠地，並於第二年在西安建立大順政權。崇禎帝悲歎：「朕非亡國之君，事事皆亡國之象。」

到崇禎十七年（一六四四年）三月，京城已是人心惶惶。三月十六日，崇禎帝召集群臣商議對策時，突然接到緊急奏章：李自成已由居庸關入昌平，焚毀明十二陵享殿，大軍四十萬包圍京城。崇禎帝大驚失色。

十七日早朝，崇禎帝與群臣相對而哭。中午，彰義門、平則門、西直門砲聲大震，城外三大營潰降。

十八日，大順軍架雲梯攻西直、平則、德勝諸門。明軍已經數月未發軍餉，士兵都極度厭戰。李自成來到彰義門外，用吊籃送已經投降的太監入城勸降，被崇禎帝斥退。下午，掌管東廠的太監曹化淳打開彰義門，迎大軍進入外城。崇禎帝急召大臣協商，準備巷戰。

當夜，崇禎帝和太監王承恩一起登上煤山（景山），見滿城火起，徘徊片刻，便回到乾清宮書寫上諭，讓成國公朱純臣負責督軍，並輔佐太子。然而此時已無人侍應，上諭無法送出。

定陵出土的金盞玉杯　明

十三陵總神道　明

神道兩側帶有寫實風格的精美石雕群，稱為「石儀衛」或「石像生」，在設置上具有象徵墓主生前儀衛和「保護」陵園的意義。

⊙自縊煤山

崇禎帝眼見末日來臨，讓三個兒子化裝出宮，然後揮劍砍死袁妃，周皇后於坤寧宮自盡。崇禎帝來到壽寧宮，長平公主牽衣而哭。崇禎帝歎道：「汝為何生我家？」揮劍砍去，長平公主舉臂遮擋，被砍斷右臂，昏死過去。接著，崇禎帝砍殺小女兒昭仁公主和幾個嬪妃。

崇禎帝換上便服，混在幾十名太監中，騎馬出東華門，到朝陽門時，假稱王太監奉命出城。守門軍士怕內城有變，堅持等天亮驗明後才能放行。崇禎帝無法，只好從白家柵欄（臺基廠附近）繞出，奔東四什錦花園成國公朱純臣府邸。家人說朱赴宴未歸，崇禎帝又趕去安定門，但門已封固。崇禎帝走投無路，回到宮中。

十九日天剛破曉，太監王相堯開宣威門投降。接著，正陽門、朝陽門守軍先後出降，北京內城破。崇禎帝親自在前殿敲鐘召集大臣，但無人前來。徹底絕望的崇禎帝和王承恩一起爬上煤山壽皇亭，在樹下自縊而死。崇禎十七年（一六四四年）三月十九日，明亡。

十九日中午，李自成帶領大順軍進入北京城。李自成進宮後沒有找到崇禎帝，便下令懸賞緝拿。

兩天後，終於在煤山發現崇禎帝的屍體。第二天，大順政權將崇禎帝和周皇后的屍體一起停在東華門外臨時搭建的靈棚中。四月初，二人的棺木草草葬入昌平田貴妃墓穴。

史可法孤軍守揚州

●時間：西元一六四五年
●人物：史可法　多鐸

清兵在揚州的大屠殺是最為清末民初革命黨人所詬病的事情，這件慘案因為明朝遺民王秀楚的《揚州十日記》而流傳甚廣。

⊙揚州被圍

史可法（一六〇二～一六四五年），字憲之，號道臨，河南祥符（今開封）人。史可法少時家境清寒，但仍苦學不懈，很有抱負。

崇禎元年（一六二八年），史可法中進士，授陝西西安府推官，後因協助洪承疇平定陝北亂事有功，升戶部雲南司主事。崇禎八年（一六三五年），史可法自請赴皖西鎮壓亂事，官至安廬兵備道。

史可法身材瘦小，目光炯炯，強悍善戰，又能與士卒同甘共苦，驅馳江淮十幾天衣不解帶。

崇禎帝在煤山自縊後，史可法與鳳陽總督馬士英等人擁立福王朱由崧建立南明政權，後因受到馬士英排擠，自請離開南京，督師揚州。

史可法在揚州招納四方豪傑，共襄時艱，欲挽狂瀾於既倒。清順治二年（南明弘光元年，一六四五年）四月，清軍進取亳州（今屬安徽），史可法赴南京求餉。史可法尚未進城，弘光帝便發出諭旨，命他速回江北抵抗清兵。史可法只得向南京城叩首，遙祝母親、妻子平安，匆匆渡江北上。

這時，清軍已在豫親王多鐸的率領下渡過淮河，占領盱眙等地，泗州（今安徽泗縣）守將李遇春投降，江北幾已無險可守。史可法策馬趕回揚州，希望據守這個江南門戶之地，阻止清兵南下。

四月十八日，清兵將揚州城圍得水瀉不通，同時不斷向城中發出招降書。史可法並不啟封，將招降書投入火中，誓不投降。

⊙史可法死守揚州

清軍大隊人馬源源不斷而來，史可法明知大勢已去，卻決意固守，「誓與城同殉」，並寫下一封言詞蒼涼的遺書。

清軍派李遇春前來勸降，遭到史可法嚴詞拒絕。部將李栖鳳、高鳳岐見形勢危急，打算祕密挾持史可法出城投降。史可法識破後，正色斥責李、高二人，但二人還是乘夜率部出城，投降清軍。揚州城內的守備力量更為薄弱，糧餉也難以為繼。

史可法自守舊城西門險要處，多次擊退清軍進攻，殺敵數千，清軍遇到南下以來最頑強的抵抗。

二十三日，多鐸調來紅夷大砲助陣，親率精銳部隊猛攻揚州城西北角。揚州軍民在史可法的率領下，前仆後繼，浴血奮戰，擊退清軍數十次瘋狂進攻。

四月二十五日凌晨，清兵詭稱是明軍援兵，混入揚州城。入城後，清兵逢人便殺，城內頓時血流成河。史可法見揚州城破，長歎一聲，拔出劍來，決心以身殉國。部將趕忙將史可法救下，護擁著出小東門，不料遇到清兵，史可法被俘。

⊙揚州十日

史可法被押到多鐸面前，多鐸很看重硬骨頭的史可法，說：「前幾天我用書信請先生投降，你為了保全忠義不肯答應。今天你力戰被俘，已經為南明盡忠盡義，我再次請求你投到我的麾下，幫我掃平江南。」史可法義正詞嚴回答：「我到這裡來只求一死，沒有甚麼別的念頭。」

清軍官員及降將輪番勸說了三天，史可法仍然拒絕投降。多鐸只好下令處死史可法。臨死前，史可法請求多鐸不要殺害揚州百姓。但在史可法死後，多鐸就命令屠城。

揚州城內的南明官員部分投降，免於一死，寧死不降的便被殘忍的殺害。揚州知府任民育家中男子自刎，婦孺投井而亡，知府穿著整齊的官服，端坐在府衙內，等到清兵衝進來的時候被殺。揚州府同知曲從直和兒子戰死於東門。總兵劉肇基和部下四百多人堅持巷戰，殺死幾百名清兵後，力盡而亡。

清兵在揚州城內「十日不封刀」，繁華都市頓成廢墟。據後人統計，在十來天中，約有八十萬人死於這場屠殺，這就是著名的「揚州十日」。

揚州四景圖　清　袁耀

秦淮俠女柳如是

●時間：西元一六三八～一六六四年
●人物：柳如是 錢謙益

南宋洪邁曾這樣評論中國女子英烈：「能以義斷恩，以智決策，斡旋大事，視死如歸，則幾於烈丈夫矣！」秦淮俠女柳如是當是受之無愧。

柳如是原是蘇州名妓，後結識並嫁給東林領袖錢謙益。

明崇禎十一年（一六三八年）初冬，常熟才子禮部侍郎錢謙益因賄賂上司免去官職，時年五十七歲。錢謙益離京南返，自覺仕途渺茫，心境十分悽涼。途經杭州時，錢謙益前往西湖遊玩，在杭州名妓草衣道人家中遇到柳如是，欣賞柳如是的才情，二人同遊西湖，相聚甚歡。

兩年後的崇禎十三年（一六四〇年）冬，柳如是女扮男裝，到錢家登門拜訪。西湖一別，錢謙益歸鄉後很少與外界往來，萬沒想到柳如是會到常熟，不覺分外驚喜。兩人踏雪賞梅，詩詞相贈，情投意合，半年後便結為秦晉之好。

⊙深明大義諫夫君

崇禎十七年（一六四四年），李自成攻入北京，崇禎帝自殺。不久，清軍入關，明朝舊臣在江南擁立福王朱由崧，奸臣馬士英當權，錢謙益則當上禮部尚書。

雞翅木雕琵琶 清

隨後，清軍攻破南京，福王、馬士英逃脫。是繼續追隨舊主，還是迎接清軍，錢謙益面臨著艱難的選擇。柳如是面對家國破敗，內心無比悲涼，勸錢謙益以死全節，並表示願意追隨於九泉之下。錢謙益頗受感動，兩人約好投湖自盡。當柳如是拉著錢謙益來到湖邊時，錢謙益卻後悔了，推說湖水太冷，年老體弱禁不起寒涼。柳如是見錢謙益不願投湖自盡，只好說：「隱居世外，不事清廷，也算對得起故朝了。」錢謙益只是唯唯而已。

⊙樹欲靜而風不止

其實錢謙益留戀官場，不能閒下。清廷召錢謙益入京為官，他沒有與柳如是商量就答應了，並剃掉額髮，把腦後的頭髮梳成辮子，準備赴京。柳如是非常氣憤，百般勸說，曉以大義，但毫無效果。

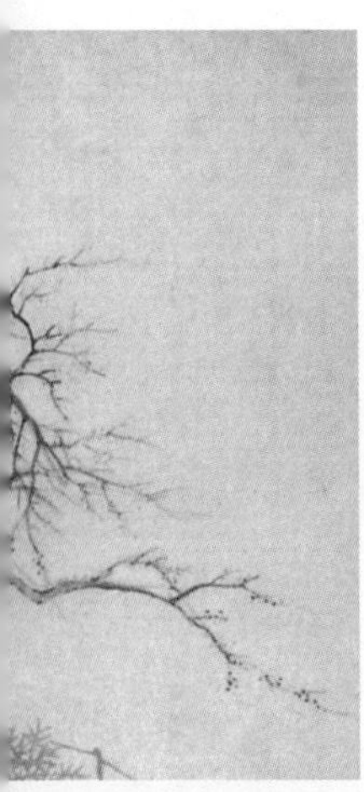

錢謙益動身那天，柳如是特地穿上象徵「朱明」的紅袍前來送行，把他和同行的降臣羞得無地自容。

錢謙益在京城並未受到重用，鬱鬱不得志。遠在杭州的柳如是不斷寫信給錢謙益，傾訴相思之苦，並勸他激流勇退。慢慢地，錢謙益被打動，最後終於辭官返鄉。

順治五年（一六四八年），柳如是生下一個女兒，錢謙益老年得女，非常喜悅。不久，錢謙益遭到牢獄之災，他的門生寫詩諷刺清廷，錢謙益受到牽連入獄。產後臥病在床的柳如是掙扎起身，上書總督府，要求代夫受刑。總督很受感動，查明錢謙益確實無罪後，便釋放他。經歷了四十天牢獄之苦的錢謙益更加看破塵世，對柳如是也愈發敬重。

⊙以死抗爭

寧靜的生活又過了十餘年，晚年的錢謙益在柳如是的鼓勵下，傾盡家產資助反清力量，祕密策劃反清戰略。康熙三年（一六六四年），八十三歲的錢謙益病故。

錢謙益死後，柳如是受到錢氏家族排斥，便用三尺白綾結束了風風雨雨的一生，時年四十七歲。錢謙益與髮妻合葬，身為妾室的柳如是只能孤獨葬於虞山腳下。

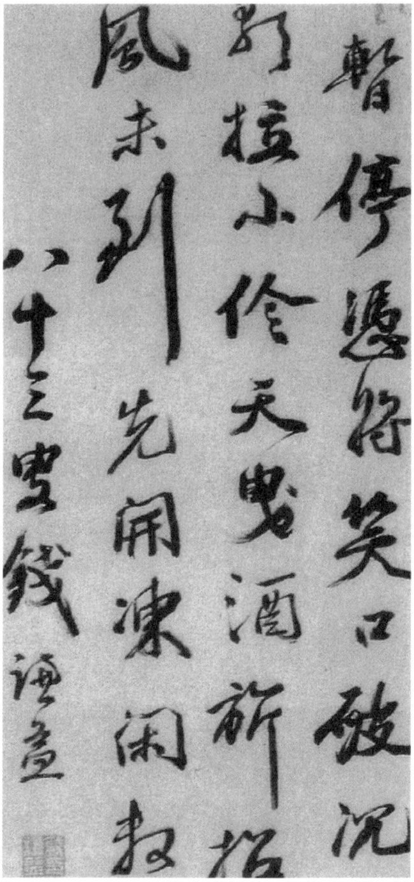

七言詩（局部） 清 錢謙益

好消息圖 清 費丹旭

夏完淳怒斥洪承疇

●時間：西元一六四七年
●人物：夏完淳　洪承疇

夏完淳，一個為國赴死的少年詩人，一生如此短暫，卻又如此不凡。他的豪氣與傲骨，他的悲壯與軒昂，足以震撼人心，振奮整個民族的精神。

清朝入關後，狼煙四起，腥風血雨席捲天下。江南文士不甘受異族統治，紛紛奮然而起，棄筆從戎，用血肉之軀舉起抗清旌旗，展現了一幅幅可歌可泣的英雄畫卷。在歷時四十多年的南明抗清戰爭中，先後有三千六百餘人殉國，夏允彝、夏完淳父子就是其中的兩位。

⊙少年英才，繼承父志

夏完淳（一六三一～一六四七年），原名復，字存古，別號靈胥，松江華亭（今屬上海）人。夏完淳的父親夏允彝、授業恩師陳子龍都是明末著名士大夫，幾社和復社領袖，文才卓著，名重一時。

夏完淳先後師從張溥、沈楫、周茂源、計東、陳子龍等大家，從小接受了良好的教育。夏完淳五歲知五經，七歲能詩文，十二歲就閱讀公報，暢談國事，很早便萌發了愛國情懷，並展現出卓越的才華。

夏允彝是江南抗清領袖之一。夏家本為江南名門望族，富甲一方，夏允彝為救國復明傾盡財富，毀家抗清。

社會的動盪和民族的危亡使夏完淳迅速成熟。順治二年（一六四五年），年僅十四歲的夏完淳追隨父親和老師，出入於太湖周圍地區，參與並組織抗清兵的活動。力量薄弱的義軍孤軍奮戰，沒有後援，最終失敗。

蘇州之役後，夏允彝決心以死鼓勵後人，九月十五日，夏允彝自沉松塘，以身殉國，享年五十歲。

父親的死給夏完淳帶來強烈震撼，國恨家仇使他義無反顧投身到抗清復明的戰爭中，與老師陳子龍一起再謀起兵。

端石刻雲龍方硯　清

⊙怒斥叛將，慷慨赴死

順治四年（一六四七年），夏完淳在家鄉松江祕密策劃變亂。由於叛徒告密，事機洩露，夏完淳不幸被捕。

夏完淳被押到南京審訊，主審官正是已經投降清廷的明朝舊臣洪承疇。

青花三友紋盤　清

直徑十七．八公分，器型規整，瓷胎緊密，釉面光亮。畫工精緻，青花發色明快。盤內繪松、竹、梅等紋飾，外壁繪庭園人物圖，底畫雙圈「大清道光年製」六字青花款。足底為泥鰍背，瓷質細密而圓滑。

洪承疇早就聽說過夏完淳，十分欣賞他的文學才華，想加以招撫。在公堂上，洪承疇為夏完淳開脫道：「看你小小年紀，不知世事，必然是受人蠱惑指使才參與其中，如果你肯歸順，肯定可以做官。」

夏完淳非但不領情，還把洪承疇奚落了一番。夏完淳假裝不知道堂上就是洪承疇，說：「當年松山兵敗，洪承疇將軍被捕，英勇不屈，以身殉節。消息傳來，舉國悲慟，崇禎皇帝親率百官御祭，這是何等的榮耀，我自當如此為國赴死。」

一番話說得洪承疇坐立不安，汗如雨下。旁邊的衙役趕緊打斷夏完淳，說明「堂上坐的就是洪大人」。

夏完淳又大義凜然說：「你們不要玷污洪先生的英名，洪先生如果叛國，今天還有何面目活在人世。」

在監獄度過八十天，十月十六日，夏完淳在南京從容就義，年僅十六歲。

在最後的日子裡，夏完淳心中充滿國破家亡、山河變色、壯志未酬的憤恨和悲涼。自覺無法收復國土，保衛民族，唯有縱情紙筆，道出大義凜然、慷慨赴死的豪情。

他留下最後的絕唱：

三年羈旅客，今日又南冠。
無限河山淚，誰言天地寬？
已知泉路近，欲別故鄉難。
毅魄歸來日，靈旗空際看。

犀角雕布袋和尚　明

鄭成功圍南京

●時間：西元一六五九年
●人物：鄭成功　郎廷佐

在清初抗擊清軍的各種勢力中，鄭成功是實力比較強的一個，也是堅持得比較長久的一股勢力。而鄭成功驅逐臺灣的荷蘭殖民者，收復臺灣，更使他彪炳千古，成為民族英雄。

⊙舉兵抗清

崇禎帝死後，明朝舊臣在南京擁立福王，建號弘光。順治二年（一六四五年），清軍進攻南京，弘光帝敗亡。

南京失陷後，明朝魯王在紹興稱監國，唐王在福州稱帝。不久，清軍攻入浙江、福建，唐王被殺，魯王流落到海上。隨後，桂王在廣西稱帝，建號永曆。

鄭成功的父親鄭芝龍投降清朝。鄭成功不願意追隨父親，召集人馬抗清，並接受桂王的封號。鄭成功以金門、廈門為根據地，逐漸占領福建、粵東及浙南沿海，兵勢日盛。魯王大將張名振、張煌言帶領軍隊南下，與鄭成功合力抗清，屢次從海道攻入長江，甚至到達南京江岸，牽制清軍進攻僻處西南的永曆政權。

順治十三年（一六五六年），永曆帝封鄭成功為延平郡王，令他進攻江南清軍。第二年，鄭成功率領大軍進駐舟山群島，準備發動進攻。

⊙兵臨南京

順治十六年（一六五九年），清軍攻陷雲南省城，永曆帝危急。五月，鄭成功與張煌言為牽制清兵，大舉攻入長江，衝破清軍封鎖，一舉攻下瓜洲、鎮江。

六月底，鄭成功收復南京附近及安徽部分地區，兵臨南京城下。鄭成功派張煌言駐守南京以西的沿江重鎮蕪湖，自己則帶兵進攻南京城。

鎮守南京的清朝兩江總督郎廷佐十分狡猾，為了拖延時間，等待援兵，對鄭成功說：「按照清朝規定，所守城池在三十天內未被攻破，守將在北京的眷屬就可以免罪。我願意投降，但為了家眷，請允許我假裝守滿三十天。」鄭成功相信了郎廷佐，延緩進攻，同時放鬆警惕，沒有包圍南京。

郎廷佐派人出城求援，十幾天後，清軍大批援兵來到，從鄭成功未駐兵的一面偷偷進城，鄭成功卻仍蒙在鼓裡。

鄭成功還在等著敵軍投降，希望兵不血刃進入南京城。七月二十二日夜，清軍在城牆挖洞鑽出，偷襲鄭軍先鋒營，抓獲先鋒。其他部隊還在熟睡中，並不知道突然變故。

第二天拂曉，鄭軍剛剛起床煮飯，清軍分幾路殺出，鄭軍猝不及

海上激戰油畫

反映了鄭成功軍隊與荷蘭艦隊戰爭的場面。

防，頓時大亂。鄭成功指揮隊伍抵抗，漸漸後退。清軍形成合圍之勢，鄭軍左突右衝，不能擺脫困境，逐漸逼到長江邊。清軍圍攻緊急，鄭軍無法上船，很多人被水淹死，被殺者達到數萬名。

鄭成功率領餘部退回廈門根據地。其後，張煌言在安徽獨木難支，遭清軍殺敗，化裝逃回浙江，安徽及南京附近地區再次被清軍占領。

鄭成功此次進攻不僅動搖了清朝在東南的統治，而且震動了北京的清朝中央政府，可惜終因輕敵失利，功敗垂成。

⊙收復臺灣

順治十七年（一六六〇年），清朝福建總督李率泰和清將達素率軍大舉進攻鄭成功的根據地廈門，被鄭成功殺得大敗，達素自殺。

順治十八年（一六六一年）三月，鄭成功命兒子鄭經留守廈門，自己率領大軍進攻臺灣。十二月，鄭成功擊敗占領臺灣的荷蘭殖民者，收復臺灣。鄭成功本想以臺灣為根據地，抗衡清軍，但剛到臺灣，明朝就失去了在大陸的根基，復國成為一場春夢。

南明小朝廷的覆亡

●時間：西元一六四六～一六六一年
●人物：永曆帝　李定國　李成棟　洪承疇

在明崇禎帝死後，明朝在各地方的宗親福王、魯王、唐王、桂王等先後稱帝，但終究未能挽回明朝的江山。在這幾位稱帝的宗親王中，桂王是在位時間最長的一位，但最終也難逃徹底覆亡的命運。

⊙明朝諸王

崇禎十七年（一六四四年），崇禎帝死後，遺臣在南京擁立福王。第二年，清軍擊敗大順軍，迫使李自成退出關中，轉而著手進攻南京的福王政權。此時的福王政權內部正在爭權奪利，清兵忽然而至，福王倉皇逃往蕪湖，最後被抓。

南京失陷後，明魯王在紹興稱監國，唐王在福州稱帝。這兩個政權偏安一隅，力量薄弱，卻不能聯合抗清，反而忙於爭奪權力和地盤。

順治三年（一六四六年），清兵攻入浙江，魯王在石浦守將張名振的擁護下轉至南澳。清兵再攻福建，唐王敗逃至汀州被俘。

隨後，桂王在肇慶稱帝，即永曆帝，所部有明朝舊將何騰蛟。鄭成功在父親鄭芝龍降清後，拒不投降，招集舊部抗清，也接受了桂王的封號。鄭成功以金門、廈門為根據地，出擊福建、粵東及浙江南部沿海。

⊙桂王抗清

桂王稱帝後，清軍將領李成棟率軍進攻廣東。永曆軍抵擋不住，退往廣西，清兵跟隨進入廣西。此時，永曆帝的主力何騰蛟軍正在湖南，身邊其他軍隊毫無戰鬥力，正在無計可施時，明朝舊部聚兵進攻廣州，清軍被迫退守廣東，永曆軍乘勢收復廣西失地。順治四年（一六四七年），清軍進攻湖南，何騰蛟被迫退入廣西。

早在順治三年（一六四六年），清軍進攻四川，張獻忠戰死，部將李定國、孫可望等退往貴州、雲南。

順治五年（一六四八年），廣東清軍將領李成棟、江西清軍將領金聲桓舉兵反清，永曆帝的形勢一度好轉。但隨後，清軍加緊了對永曆帝的進攻，金聲桓、李成棟、何騰蛟等相繼

花鳥紋提匣　明

敗亡。永曆帝輾轉於廣西與廣東肇慶之間，日益窮蹙，決定到貴州與李定國、孫可望等聯合。

順治九年（一六五二年），在李定國的率領下，明軍展開反攻，在雲南、貴州一帶連破清軍，殺死清朝兩位王爺，收復廣西及湖南南部、四川大部。李定國奏請永曆帝出兵四川，搶在清軍主力南下前，占領巴蜀和漢中地區，以圖進兵中原。

這時，清朝啟用明朝舊將洪承疇進攻永曆帝。洪承疇是明朝名將，熟知漢族事務，善於用兵。明軍不敵洪承疇的進攻，節節敗退。順治十年（一六五三年），李定國退入廣西，接著轉入廣東。十二年（一六五五年），李定國退守南寧。十三年（一六五六年），李定國保護永曆帝逃往雲南。

十四年（一六五七年），孫可望投降清軍，率部大舉進攻雲南。交戰中，孫可望的部下不聽指揮，四散潰散，孫可望逃走。此時，由於李定國將前線部分將領調回雲南，清軍三路人馬分別進攻四川、貴州、雲南，幾乎未遇抵抗。

順治十五年十二月（一六五九年一月），清兵侵入雲南，李定國分途阻擊，力保西南地區。鄭成功大軍在東南沿海自崇明進入長江，牽制清軍兵力，雖然震動了滿清朝廷，但明軍勢孤力弱，未能挽回全局頹勢，李定國被迫入滇西，永曆帝逃往緬甸。

順治十八年（一六六一年），永曆帝逃入緬甸，只餘李定國在滇緬邊境堅持抗清，清政權日趨穩定。

永曆帝進入緬甸後就失去自由，李定國曾帶兵營救，沒有成功。同年，吳三桂派兵進攻緬甸，緬甸王懼怕之下，將永曆帝交給清軍。李定國預謀在途中攻擊吳三桂未果。

不久，永曆帝被吳三桂用弓弦勒死。之後，李定國敗退緬甸，客死他鄉。

彩繪九邊圖·遼東鎮圖

此圖為明嘉靖年間墨書彩繪本。全圖由十二屏幅組成。此二幅是遼東鎮圖。圖不僅是研究明代九邊地區建置地理和軍事地理的實物資料，也是考察明代及其以前彩繪輿圖的繪法及其特點的稀世真跡，在中國圖史上彌足珍貴。

明朝　西元一三六八～一六四四年

廟號	帝王原名	年號	西元
太祖	朱元璋	洪武（三十一年）	一三六八～一三九八年
惠帝	朱允炆	建文（四年）	一三九九～一四〇二年
成祖	朱棣	永樂（二十二年）	一四〇三～一四二四年
仁宗	朱高熾	洪熙（一年）	一四二五年
宣宗	朱瞻基	宣德（十年）	一四二六～一四三五年
英宗	朱祁鎮	正統（十四年）	一四三六～一四四九年
代宗	朱祁鈺	景泰（七年）	一四五〇～一四五六年
英宗	朱祁鎮	天順（八年）	一四五七～一四六四年
憲宗	朱見深	成化（二十三年）	一四六五～一四八七年
孝宗	朱祐樘	弘治（十八年）	一四八八～一五〇五年
武宗	朱厚照	正德（十六年）	一五〇六～一五二一年
世宗	朱厚熜	嘉靖（四十五年）	一五二二～一五六六年
穆宗	朱載坖	隆慶（六年）	一五六七～一五七二年
神宗	朱翊鈞	萬曆（四十八年）	一五七三～一六二〇年
光宗	朱常洛	泰昌（一年）	一六二〇年
熹宗	朱由校	天啟（七年）	一六二一～一六二七年
思宗	朱由檢	崇禎（十七年）	一六二八～一六四四年

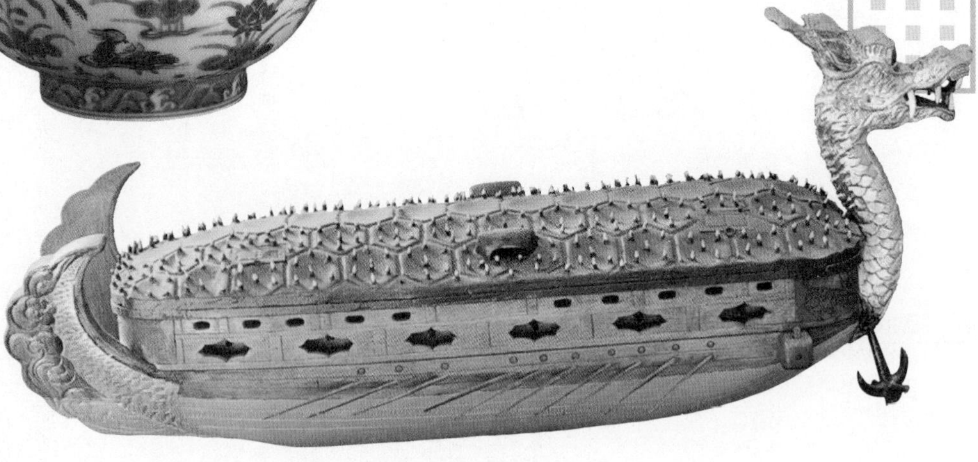

延

宗喀巴創立黃教

明朝初年，宗喀巴（一三五七～一四一九年）在西藏進行宗教改革，創立了新的宗教派別，因為教徒都戴黃帽穿黃衣，稱為「黃教」。

原來的西藏喇嘛都戴紅帽穿紅衣，公開娶妻生子，和俗人的生活差不多，稱為「紅教」。後來這些喇嘛廢馳戒行，生活放蕩。

宗喀巴看到這種情形，決心進行宗教改革。宗喀巴創立「黃教」，以噶當派教義為立說之本，建立體系，從倡導戒律入手改革，喇嘛都不許娶妻生子，不許有家室，對佛經的研究極為重視。

黃教的勢力逐漸擴大，又由於宗喀巴和明朝政府建立了密切的關係，得到明朝政府的有力支持。永樂七年（一四〇九年），在明朝冊封為闡化王的所巴堅贊等資助下，於拉薩大昭寺發起大祈願法會，這標誌著黃教正式創立，宗喀巴也被公認為西藏佛教界的領袖。

宗喀巴銅像

藏傳佛教壁畫中的宗喀巴像

太祖	洪武元年	一三六八年	朱元璋稱帝，國號大明，建元洪武，是為太祖。明將徐達率軍攻占元都城大都，元順帝北走。行大統曆。頒「洪武通寶」錢，各行省置寶泉局鑄錢。
太祖	洪武二年	一三六九年	詔天下府、州、縣設立學校。定分封諸王制。
太祖	洪武三年	一三七〇年	詔定科舉制。《元史》修成。
太祖	洪武四年	一三七一年	罷李善長，以胡惟庸為相。初行殿試。禁沿海民私出海。
太祖	洪武六年	一三七三年	始分給事中為吏、戶、禮、兵、刑、工六科。《大明律》成。
太祖	洪武八年	一三七五年	詔全國立「社學」。始印大明寶鈔，立鈔法，禁民間金銀交易。定都指揮使司制。
太祖	洪武九年	一三七六年	改行省為承宣布政使司。
太祖	洪武十三年	一三八〇年	胡惟庸獄起。罷中書省，廢丞相。定六部官秩。改大都督府為中、左、右、前、後五軍都督府。置御史大夫，置諫院官。燕王朱棣就藩北平。
太祖	洪武十四年	一三八一年	編定賦役黃冊。頒四書五經於北方學校。改國子學為國子監。
太祖	洪武十五年	一三八二年	置錦衣衛。改御史臺為都察院。置殿閣大學士。
太祖	洪武十八年	一三八五年	郭恆貪污案起。
太祖	洪武二十年	一三八七年	編定魚鱗圖冊。
太祖	洪武二十六年	一三九三年	藍玉案。頒《逆臣錄》。
太祖	洪武三十年	一三九七年	頒布《大明律誥》。
太祖	洪武三十一年	一三九八年	朱元璋卒，葬孝陵。皇太孫朱允炆即位，即建文帝。議削藩。

惠帝	建文元年～四年	一三九九～一四〇二年	靖難之役。
惠帝	建文四年	一四〇二年	朱棣攻入南京，即帝位，是為成祖。
成祖	永樂元年	一四〇三年	改北平為北京。
成祖	永樂三年	一四〇五年	鄭和首次下西洋。
成祖	永樂五年	一四〇七年	《永樂大典》修成。
成祖	永樂七年	一四〇九年	設立奴兒干都司。
成祖	永樂八年	一四一〇年	成祖親征韃靼。
成祖	永樂九年	一四一一年	宋禮疏通會河，通南北運河。
成祖	永樂十二年	一四一四年	成祖親征瓦剌。
成祖	永樂十八年	一四二〇年	唐賽兒事件。始設東廠。遣宦官侯顯出使西域。宣布定都北京。北京內城及宮殿建成。
成祖	永樂十九年	一四二一年	遷都北京。
成祖	永樂二十二年	一四二四年	朱棣第五次北征，歸途中卒於榆木川，葬於長陵。太子朱高熾即位，是為仁宗。
仁宗	洪熙元年	一四二五年	朱高熾病卒，葬獻陵。太子朱瞻基即位，是為宣宗。定會試南北卷取士例。
宣宗	宣德元年	一四二六年	漢王朱高煦叛亂，事敗廢為庶人，後被殺。
宣宗	宣德五年	一四三〇年	鄭和第七次下西洋，於八年（一四三三年）回國。
宣宗	宣德十年	一四三五年	宣宗卒，太子朱祁鎮即位。三楊輔政。王振掌司禮監。

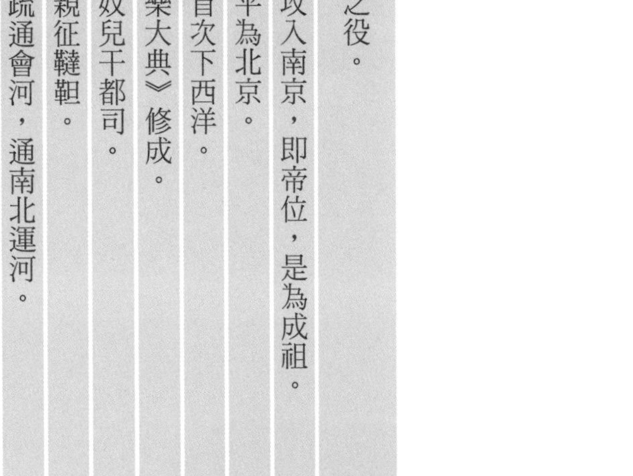

英宗	正統五年	一四四〇年	役工匠、官軍七萬餘人大修北京宮殿，乾清、坤寧二宮，奉天、華蓋、謹身三殿成。
英宗	正統十四年	一四四九年	土木堡之變，英宗被俘。弟郕王朱祁鈺即位，即景帝。于謙組織北京保衛戰獲得勝利。
景帝	景泰元年	一四五〇年	朱祁鎮自瓦剌還京，幽禁於南宮。
景帝	景泰八年	一四五七年	英宗復辟。于謙等被殺。
英宗	天順五年	一四六一年	曹石之亂。
英宗	天順八年	一四六四年	朱祁鎮卒，葬裕陵，遺詔罷宮妃殉葬。朱見深即位，是為憲宗。
憲宗	成化元年	一四六五年	劉通、石龍率領荊襄流民烽火不斷。
憲宗	成化十三年	一四七七年	設西廠，由太監汪直領之。
孝宗	弘治十年	一四九七年	《大明會典》修成。
武宗	正德三年	一五〇八年	設內行廠，以太監劉瑾領之。
武宗	正德六年	一五一一年	劉六、楊虎之亂。
武宗	正德十四年	一五一九年	寧王朱宸濠叛亂。
武宗	正德十六年	一五二一年	武宗朱厚照卒，葬於康陵。迎興獻王世子朱厚熜即帝位，以明年為嘉靖元年，是為世宗。大禮議開始。
世宗	嘉靖二十一年	一五四二年	壬寅宮變發生。
穆宗	隆慶元年	一五六七年	張居正入閣。隆慶開關。
穆宗	隆慶五年	一五七一年	封俺答汗為順義王。
穆宗	隆慶六年	一五七二年	穆宗卒，朱翊鈞即位，改元萬曆，是為神宗。張居正升任首輔。

神宗	萬曆五年	一五七七年	葡萄牙人賄買澳門，取得在澳門貿易資格。
神宗	萬曆九年	一五八一年	推行一條鞭法。
神宗	萬曆二十年	一五九二年	明朝出兵援朝抗日。
神宗	萬曆二十四年	一五九六年	始派礦監稅使。
神宗	萬曆三十九年	一六一一年	東林黨爭起。
神宗	萬曆四十三年	一六一五年	梃擊案。
神宗	萬曆四十四年	一六一六年	努爾哈赤即汗位，國號後金，建元天命。
神宗	萬曆四十六年	一六一八年	後金攻陷撫順。明廷加派遼餉。
神宗	萬曆四十七年	一六一九年	楊鎬以四路明軍進攻後金，大敗於薩爾滸。
神宗	萬曆四十八年	一六二〇年	朱翊鈞卒，葬慶陵。朱常洛於八月即位，改元泰昌，是為光宗。九月，紅丸案發，朱常洛卒。移宮案發。
熹宗	天啟二年	一六二二年	廣寧之戰。
熹宗	天啟三年	一六二三年	魏忠賢提督東廠。
熹宗	天啟五年	一六二五年	六君子之獄。努爾哈赤遷都瀋陽，更名盛京。
熹宗	天啟六年	一六二六年	袁崇煥寧遠大捷。努爾哈赤卒，皇太極即汗位。
思宗	崇禎元年	一六二八年	陝北王二衝進縣城，明末混戰正式爆發。
思宗	崇禎八年	一六三五年	高迎祥等十三家滎陽大會。
思宗	崇禎九年	一六三六年	皇太極稱帝，改國號為清。李自成為闖王。
思宗	崇禎十年	一六三七年	宋應星撰《天工開物》。
思宗	崇禎十五年	一六四二年	荷蘭侵占臺灣。松錦大敗。
思宗	崇禎十六年	一六四三年	李自成破西安，定為西京。張獻忠破武昌，稱大西王。皇太極卒，福臨即位，以明年為順治元年。
思宗	崇禎十七年	一六四四年	正月，李自成於西安建立大順政權。三月，大順軍攻入北京，思宗朱由檢自縊身亡，明政權覆滅。

圖說中國 09

明

主　編　龔書鐸　劉德麟

封面設計　陳朗思

出　版　智能教育出版社

香港北角英皇道四九九號北角工業大廈二十樓

INTELLIGENCE PRESS

20/F., North Point Industrial Building,

499 King's Road, North Point, Hong Kong

香港發行　香港聯合書刊物流有限公司

香港新界荃灣德士古道二二〇至二四八號十六樓

版　次　二〇一四年一月香港第一版第一次印刷

二〇二二年七月香港第二版第一次印刷

規　格　十六開（170 × 230 mm）二四〇面

國際書號　ISBN 978-962-8904-59-4

Published in Hong Kong

本書由知書房出版社授權本社在

香港、澳門地區獨家出版發行